U0328051

马克斯·韦伯与中国社会科学

◎李永晶 著

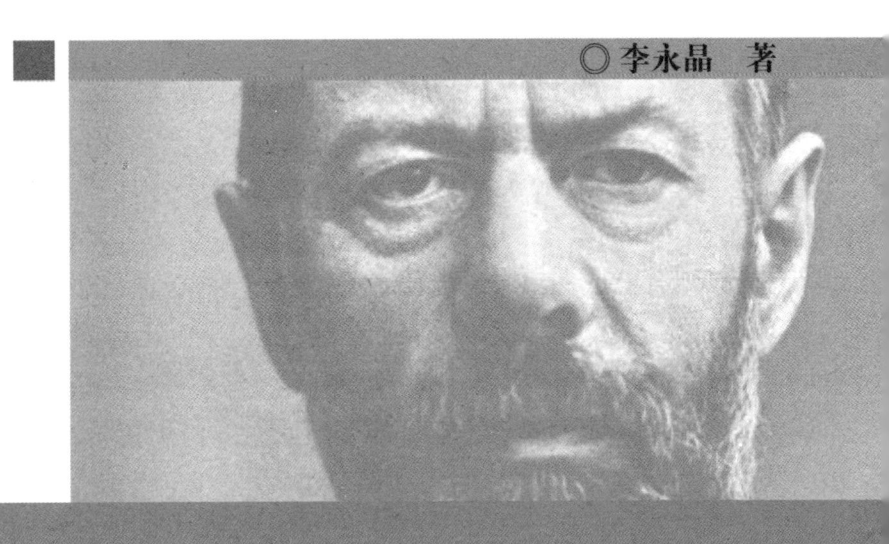

Makesi Weibo yu Zhongguo Shehui Kexue

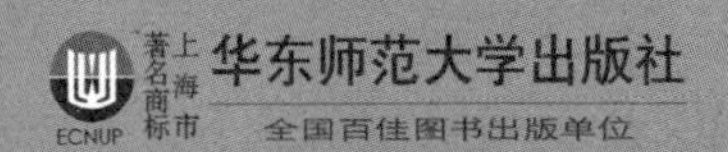

目录

第二部分　比较的视点:马克斯·韦伯在日本

第三部分　比较的视点:马克斯·韦伯在俄国

第一部分

马克斯·韦伯在中国

从现象上看，对于今日中国人文社会科学界的大多数学者而言，马克斯·韦伯(Max Weber, 1864—1920)的名字早已不再陌生。然而回顾过去，我们发现这种对韦伯及其学说的熟识历史并不长久：马克斯·韦伯的思想与学说可以说是随着1978年以后中国的改革开放而被引入中国的一种“人类文明成果”。那么，为什么韦伯会得到改革开放这一新时期的中国学人的关注？韦伯“来到”中国后，经过了怎样的具体历程？这位以“社会科学家”为其重要身份标识的学者，他的社会科学观念得到了怎样的对待？换个角度来说，中国学人从韦伯其人及其学说中，获得了知识、思想与人格上怎样的滋养与熏陶，从而吸收了“韦伯”这一人类文明的成果，并以真正的知识而非特定的意识形态服务于中国的现代化建设事业？

在本书的这一部分中，笔者将从若干侧面刻画韦伯在中国的经历，目的在于实证性地研究一个具体的问题：中国社会科学在改革开放的新时期取得了怎样的进步？依然存在着怎样的问题？显然，本书无法全面回答这一虽然重要但涉及广泛的问题。本研究的主旨仅限于，基于知识社会学的研究方法，通过对中国学者的韦伯研究与韦伯体验进行描述与分析，从特定的经验角度给出一个具体的回答。

同所有伟大的思想家、伟大的学者一样，马克斯·韦伯其人及其学术属于世界，属于世界文明。中国学人对待这种特殊文明的态度，彰显着我们与世界文明的距离。

绪　论
马克斯·韦伯研究与中国社会科学的建构

一　问题意识与研究课题

本书的研究课题属于“中国社会科学建构”问题实证研究的一部分。关于中国社会科学的现状,中国学者已经从多方面加以描述和分析;其中最值得注目的是,邓正来自 1990 年代前期开始的一系列“研究与反思”活动,将“中国社会科学”自身建构为一个学术问题与学术研究对象。这一点表现在他提出的两个彼此相关的问题上:“为什么中国社会科学在发展的过程中会缺失自主性?”“为什么中国社会科学在发展的过程中亦步亦趋地步西方社会科学的后尘?”[①]为数不少的学者对这两个问题进行了相关的分析。作为被广泛接受的解释或者说结论,中国社会科学的“问题”被认为是生成于中国社会历史变迁、中国知识分子的角色、全球化的构造等因素的相互关联当中。

然而,这种宏观的、大尺度的解释并不令人满意。我们不应忽视的是,这种理论上的总结与其说是“结论”、解释了问题,毋宁说进一步引发出了新的问题:中国社会科学具体是怎样得到建构的? 稍微具体而言,中国社会的历史变迁、中国知识分子的角色等要素,究竟在怎样的社会过程中决定了中国社会科学的性格与

① 邓正来:《研究与反思——关于中国社会科学自主性的思考·序言》,中国政法大学出版社,2007 年,第 12 页。

品格？我们再进一步思考：中国社会科学的“自主性”若被视为可欲的价值，那么这种自主性的具体内涵究竟是什么？社会科学研究需要“自主性”吗？这种发问终于将我们引向了问题的核心：“中国社会科学”究竟意味着什么？我们必须克制我们继续质疑的欲望，因为在知识上富有生产的行为不是这种无限的追问与玄思，而是更为基础性的分析工作。——这正是本研究的立场与出发点。只有通过经验层面的描述和分析，我们才能将对象，即“中国社会科学”的历史与现状揭示出来，才能对对象的问题点与历史性格加以比较精确的确定与定位。这里所说的“中国社会科学”暂定为以社会学、政治学为核心的狭义上的社会科学。

基于上述问题意识，本研究以改革开放时期的现代中国社会科学界认识、接受马克斯·韦伯及其学说的历史过程为素材，具体分析中国社会科学的建构过程——作为西方社会科学的主要学科领域，比如社会学、政治学、法学等领域最负盛名的思想家之一的韦伯，中国社会科学界在接受其学说过程中发生了怎样的变化？换言之，“韦伯学说”在中国社会科学领域获得翻译、生产与再生产、消费、流通的过程中，原有的“中国社会科学”的性格与品格得到了怎样的重塑？毫无疑问，从最终的结论上并且用法国思想家米歇尔·福柯(Michel Foucault)的说法来说，上述过程应该是一种“权力/真理/知识”复合体变容的历史，因而是一种充满了斗争与妥协、解放与压抑的历史。——不是作为结论、而是作为研究的出发点将这一历史重新呈现出来，这正是实证分析中国社会科学建构的必要条件；这也正是本研究的目标。

要言之，本研究将分析中国社会科学在韦伯研究这一层面上的建构过程。这里首先要指出的是，中国学者迄今为止并未从实证层面关注这一问题。作为例外，在中国的韦伯研究领域有开先河之功的苏国勋在一篇文章中谈及了中国韦伯研究的一些状况。然而，他只是极其简单地谈及了韦伯部分作品的翻译以及1980年代“韦伯热”的背景，比如“责任伦理”与改革的契合、周边国家韦伯研究的影响等等，因为他的主题是对新儒家牟宗三的东西文化论与韦伯的相关论述进行对比。[1] 对中国的韦伯研究进行细致的、基于文献的把握，并未进入该文作者的视野。

下面，我将依次简略阐述本课题的对象、研究方法与资料等问题。

---

① 苏国勋：《马克斯·韦伯：基于中国语境的再研究》，《社会》，2007年第3期。

二　研究对象与研究方法

1. 研究对象——为何选择马克斯・韦伯?

众所周知,改革开放后中国重新经历了一次大规模引介西方著名思想家与学者著作的热潮;尤其是在1980年代,各家各派的学术与思想纷纷在中国学界登场。那么,本研究具体选定"马克斯・韦伯"为分析素材的意图何在? 或者依照上述问题意识来说,以中国学者接受韦伯的过程为事例分析中国社会科学建构的问题,具有怎样独特的意义与价值? 这些问题的回答有待于本研究的展开,这里暂时举出三个客观上的理由。

第一,韦伯在所谓的"西方社会科学"界具有广泛的声誉,也一直在遭受质疑——注意"质疑"乃是西方社会科学的首要品格。这种韦伯认识同样对中国社会产生了相应的影响。如同韦伯论者注意到的一样,经过1980年代的"韦伯热","责任伦理"、"卡里斯玛"、"理性化"等说法已经逐渐进入媒体等社会领域。[①] 近年来,围绕这些概念的介绍与解释,更有大量的"论述"生产出来。在这种新近出现的以"韦伯"为中心的话语空间当中,作为上述各种极富原创性的概念、理论、方法的创始人,韦伯无疑给中国社会科学研究者、社会科学界带来了社会历史认识变化的契机。比如,在中国的部分论者当中,韦伯理论与中国的"市场经济"、"和谐社会"等"主旋律"建立起了关系。[②] 这种做法是否得当这里暂且不论,但作为现代社会科学奠基人之一的韦伯的理论被用于建构主流意识形态,则是事实。值得我们深思的问题在于,如何理解这种韦伯学说的"中国化"? 这一看似简单的质疑,再次迫使我们回到前面提到的问题意识。

就此而论,研究中国社会科学如何理解并接受韦伯学说,对本研究而言具有典型意义。因此,本研究将具体分析韦伯的一些具有代表性的概念以及理论得到了怎样的翻译、解读乃至误读,并进而分析它们对中国社会科学可能产生的影响。

第二,韦伯社会科学与马克思主义社会科学之间存在着巨大的差异。在西方社

---

① 顾忠华:《韦伯〈新教伦理与资本主义精神〉导读》,广西师范大学出版社,2005年,第118页。

② 比如,阳勇:《论韦伯"新教伦理"与"和谐社会"》,《船山学刊》,2006年第1期。应该说,这种类别的文章最富有"中国特色"。

会科学当中，“马克思—韦伯”对比研究乃是题中之义，认真的中国学者对此应该并不会感到陌生。这是因为，早在1980年代出版的英国学者麦克雷(D. G. MacRae)所著《韦伯》的中译本中，就有这样的介绍：英国和美国从事社会学研究的学者们最经常碰到的问题之一，就是需要讨论这样的命题：“韦伯的社会学乃是与卡尔·马克思的灵魂展开的一场辩论。”[①]这一问题对于二战后日本的社会科学家而言更是如此。那么，中国的韦伯研究者或曰韦伯论者在怎样的程度上理解并探讨了这一问题？在某种程度上，这个极为重要的韦伯研究领域对于中国社会科学而言是一个“试金石”——因为马克思主义曾被建构为中国社会科学的主流与底色，或曰，马克思主义是国家的正统社会科学，那么中国学者是否可以秉持公直的学术态度讨论这一问题？

事实上，在中国的韦伯研究当中，我们容易发现“马克思—韦伯”这一问题设定得到了相对特别的关注；其中，国外韦伯学界对马克思主义的批评成为激发中国学者亲自探讨韦伯学说的一种要因。比如，在中国学者撰写的一部《韦伯传》中，有如下表述：“这里关于马克思主义简单化和对其科学性的否定结论，我们无论如何是不能同意的，将马克思主义同脱离社会的非历史的结构功能主义相提并论，也是没有任何根据的。马克思不是先知，而是揭示世界和人类社会发展本质的思想者，马克思主义正是其思想结晶的体现。”[②]我们知道，这是一种对主流马克思主义观的简单重述，是一种宣言式的主张，而非基于严密的学术分析而得出的结论。可以说，韦伯—马克思的对比首先激发了中国部分学者护教论式的辩论热情。

本研究无意于在马克思与韦伯之间做出选择，因为任何严肃的思考都与简单的、非此即彼的二项选择无关。本研究的目标在于，分析中国韦伯论者在阅读与研究韦伯的过程中，是否以及怎样重新阅读并认识了马克思主义。如果说“中国社会科学”的性格发生了变化，那么这种变化只能在上述过程中加以确定与认识。因此，如果这样表述本研究的对象规定，那么这项研究的具体成果及其意义就将取决于这个事实：中国学者在多大的意义上与韦伯进行了灵魂上的对话。我们只有进入具体的文本分析，才能对这一问题做出准确的回答。

第三，由于韦伯在其规模宏大的“宗教社会学”研究中对中国的宗教与社会进行了讨论，可以说在某种程度上韦伯是一位“中国研究专家”。那么，韦伯的“中国研究”——以其《儒教与道教》为代表——在何种程度上影响了中国学者对中国社会的认识与把握？中国学者对韦伯命题与分析方法是欣然接受，还是产生了自然的抗拒？

---

① 麦克雷：《韦伯》，孙乃修译，中国社会科学出版社，1989年，第77页。

② 魏峰：《韦伯传·序言》，中国广播电视出版社，2003年，第2页。

抑或，他们完全不为所动、无动于衷？对这些问题的回答亦取决于中国学者对文本的解读方法与水准。不论怎样，这位著名的思想家关注了中国问题，这一现象自身就构成了中国学者关注韦伯学说的一种理由。①

要而言之，在思想、学术与话语等诸层面上，韦伯对于传统中国社会的理解将以特定的方式对解读者、对中国社会科学的实践者带来观念与认识上的影响。在这个意义上，中国学者对韦伯学说的阅读与理解将以直接的方式作用于他们对中国社会的理解，进而影响着他们的社会科学研究的实践。

2. 资料对象——中国韦伯研究资料空间的建构

本研究具体讨论的资料对象为“中国的韦伯研究”。这里，“中国的韦伯研究”是一个宽泛的定义：中国学者对韦伯学说进行的任何方式的讨论都构成本文讨论的对象。之所以采用这一宽泛的定义，笔者有两点考虑。第一，一般而言，“韦伯研究”是指韦伯专家进行的严格的学术工作；然而，在现代中国，尚未出现这种严格意义上以解说、分析、重构、发展韦伯理论为学术事业的专门学者，因而也就没有严格意义上的“韦伯专家(学者)”与“韦伯研究”。考虑到这一研究现状，本文在原则上将所有中国学者撰写的“韦伯论”——即主旨涉及韦伯及其学说的各种论述——都视为对象资料。第二，由于本文关注韦伯其人、韦伯的概念体系以及研究方法对中国社会科学建构所起到的作用，本文必须将这种建构置于“话语空间”(discursive space)当中。上述宽泛意义上的“韦伯研究”，恰好构成了这种话语空间的物质基础，从而我们可以进行知识社会学的分析。当然，这是一种新的知识社会学分析，是在所谓“语言学转向”(linguistic turn)后，将话语纳入知识生产体系的分析。②

本研究具体分析的资料设定为以下四种：(1)韦伯著作的汉语翻译资料；(2)中国学者的韦伯研究与韦伯论；(3)关于国外韦伯研究的翻译资料；(4)西方思想或社会科学译作中有关韦伯的论述，比如马尔库塞、卢卡奇、哈贝马斯、帕森斯、施特劳斯等人的著作中的“韦伯论”。毋庸说，这些资料构成了一种广义的关于“韦伯”的资料空间，

---

① 比如，我们可以看到这样的表述：“中国学者有其对韦伯能将目光聚焦在中国这个古老的国度而感到欣喜和兴奋，也对韦伯仅仅凭借间接材料就能对中国历史与社会有如此精到的见解而惊叹，韦伯研究的热情也因此而高涨。”参见魏峰：《韦伯传》，中国广播电视出版社，2003 年，第 83 页。

② 这是一种“新知识社会学”的研究方法；关于这种研究方法在方法论与认识论上的特征，请参阅本书附录所收论文。

这一资料空间以一种特定的方式镶嵌于新时期中国社会科学的结构当中。因此，本研究将首先描绘出这一资料空间的形成，在此基础上进行主题分析。

3. 研究方法——话语分析与比较分析

如上文提到的一样，针对具体的研究对象，本研究将主要采取作为“新知识社会学”研究方法的话语分析方法：通过整理、分析中国学者关于韦伯的各种言论，来解析中国学者接受韦伯学说过程中，在社会科学观念与方法上出现了怎样的变化。这种分析有益于揭示韦伯的概念与方法在微观上如何渗透、影响到中国社会科学研究者的社会认识过程，进而有助于本文主题、亦即对中国社会科学建构问题的探讨。

另一方面，为了从时空上确定本文主题的位置，本研究还将采用比较分析的方法。具体言之，笔者将以“日本的韦伯研究与日本社会科学的建构”为参照坐标，来确认中国学人在韦伯研究上的得与失。日本的韦伯研究最近数十年在国际学界也正在得到认知，日本学者被认为已然达到了可堪与欧美韦伯学者在多种层面上展开对话的水准。因此，通过参照日本的韦伯研究，有助于我们从一个具体侧面理解中国社会科学在国际社会科学体系中的地位。更重要的是，这种理解将反过来进一步促使我们对于何谓社会科学、何谓中国社会科学等问题进行反思，并激发我们主体性的建构热情。

同时，本研究也将从特定的角度关注韦伯与俄国（包括苏联时期）社会的关联，从而为本书主题提供另外一个比较的视角与参考框架。这一视角的理论与现实意义在于，中国与俄国曾有过类似的历史时期，共有过类似的世界观与价值体系，因而也有过类似的社会科学建构与研究体验。考察韦伯学说在俄国社会的经历，更有益于我们反思中国社会科学乃至中国社会自身的诸多问题。

4. 测量指标——如何从韦伯研究看中国社会科学建构

那么，如何基于上述分析最终对中国社会科学建构的相关问题做出回答？如上文所述，本研究具体通过韦伯其人及其学说进入中国知识界的这样一个事件——即本文所言的“韦伯研究”，或者退一步说是中国学者的韦伯阅读体验——，来确认中国此前的“社会科学”得到了怎样的形变乃至重构。因此，如何测量这种形变与重构，就成为这里必须明示的问题。

在我们试图确定上述测量标准之时，我们发现首先有必要指出中国社会科学的根本属性。具体论述将在本研究的正文中展开，这里仅仅要指出，中国社会科学的本质属性取决于中国马克思主义对社会历史的论述与规定。马克思主义不仅仅被视为一种全新的世界观与方法论，它还作为主流意识形态、作为国家制度的理论根据，持续地对中国社会生活的全域发生着压倒性的影响。换言之，马克思主义并不仅仅是一种社会科学。事实上，中国社会科学正是在马克思主义这一宏大的关于社会历史的理论刻画与通过权力体制的实践影响下得以建构而成。

正是在这种总体性的社会科学观念之下，我们有必要在战略上规定本文的测量指标，否则我们将无从把握这种总体性的观念的变化。依据上文阐述，本文具体设定下述三个指标：第一，在韦伯学说导入的过程中，本来作为马克思主义下位范畴的“中国社会科学”的定位，是否并且在多大程度上发生了改变？这可以说是中国社会科学的宏观观念问题。第二，中国社会科学的研究主体是否并在何种程度上接受了韦伯意义上的社会科学的影响？这是中国社会科学的主体问题。第三，在具体的社会科学研究领域中，韦伯社会科学研究纲领及其概念体系对于中国学者产生了怎样的影响？这是中国社会科学方法意识上的问题。

在后面的正文中，本研究将通过对几个主题的分析，对上述三个指标进行经验性的刻画与描述，从而达成本研究的最终目的。

三　研究构成与主要内容

基于以上阐述，本研究分为三部分，具体设定的研究主题如下所示。

首先，第一章将对中国的韦伯研究史进行时间与空间上的刻画与描述。在时间上，本章将介绍中国韦伯的接受过程；在空间上，本章将具体指出中国学者接受的韦伯学说的具体内容与结构。本章将成为以下各章的基础。

在第二章中，本研究将具体分析“马克思与韦伯”问题在中国学者中得到了怎样的接受与解释。第三章将从中国最近十年备受瞩目的“政治哲学”的视点着手，分析中国学者在理解韦伯的社会科学方法论上的得与失。第四章将聚焦韦伯几个具体的社会学文本，从一个微观层面看韦伯的社会科学概念与方法，是否并在何种程度上得到了理解与运用。上述内容构成了本研究的第一部分。

在接下来的第二部分，本书将基于比较的视点，选择日本学界韦伯研究的两个主题进行对比分析。第五章将从宏观上刻画日本的韦伯研究史及其问题意识，进而将其与日本的社会科学的存在样式建立起关联。第六章将具体刻画日本学界发生的一场围绕韦伯研究的论争。通过这一具体事例，笔者将努力把日本社会科学的主体性格——比如作为学者自律的“知性的诚实”——与日本的社会科学观念揭示出来。这两章的研究将有助于我们相对地把握中国社会科学的相关问题。

最后，在第三部分，笔者将以韦伯对俄国社会的分析为事例，具体讨论韦伯社会科学作为科学的准确性与预测能力问题。显然，这种分析将在最大程度上凸显出韦伯社会科学与苏联意识形态之间的距离。这种分析将把我们带入何谓社会科学的普遍问题上。

结论部分，笔者将对本研究进行总结，并指出留存的问题，及今后进一步研究的课题与方向。

第一章
中国韦伯研究史与研究资料概述

如前文绪言所示，本研究所分析的“中国的韦伯研究”资料包括“韦伯著作的汉语翻译”、“中国学者的韦伯研究与韦伯论”等四种。那么这些资料在时间和空间上具有怎样的生成秩序？它们又是以何种方式进入中国学术界与思想界的？这种资料空间的形成，对于中国社会科学的建构具有怎样的影响？本章通过概述中国的韦伯研究史与研究资料的成立状况，试图对上述问题进行初步的回答。

由于这种刻画揭示了韦伯研究资料在空间和时间上的具体分布状况，它将为本书后面的研究提供参照坐标——既是思想史的坐标，也是学术史的坐标。中国学者所进行的具体研究，可以在这种坐标中得到相对准确的定位。同时，这种资料空间的形成在不同的层面上影响着活动于其中的主体，即社会科学工作者。在这个意义上，韦伯研究资料空间的形成，已然意味着中国社会科学的某种变形。本章将试图解明这种变形的具体程度。

一　中国韦伯研究史及其问题意识

与经典社会理论家马克思相比，中国的韦伯介绍与研究起步甚晚；这种起步大致可以追溯至 1930 年代。中国社会学家吴文藻在 1934 年发表《德国的系统社会学派》一文，在介绍“系统社会学”（形式社会学）之前，提到了德国的历史社会学与文化社会学；

在其中的注释中，作者提到韦伯以及其"悟社会学"(Vertehende Soziologie)。[1] 这可能是韦伯的名字第一次出现在中国的社会科学文献当中。1936 年，上海商务印书馆出版了郑太朴译出的《社会经济史》，成为韦伯著作的首部汉译本。1938 年，有现代新儒家之誉的贺麟在《物质建设与思想道德现代化》一文中，对韦伯《新教伦理与资本主义精神》(下文简称《伦理》)进行了简明扼要的介绍与评论。据此我们可以得知，当时的中国学者对韦伯学说已经有了零星的认知。不过，此后韦伯的名字及其学说鲜少出现在汉语文献当中；唯一例外是，顾准在 1973 年的笔记中提到韦伯及其《伦理》一书的书名，尽管还不完整。不过，顾准的笔记最终得到公开出版，已经是 20 世纪 90 年代以后的事情了。简言之，这种对韦伯断片的认知与理解情况可以说一直持续到改革开放的新时代。[2] 进入 1980 年代，随着包括社会学在内的社会科学体制的重建以及意识形态的松动，韦伯学说开始得到比较全面的介绍、述评乃至研究。

下面，笔者依据时代的顺序，即 1980—1989 年、1990—1999 年、2000—2009 年三个时期，对中国学者接受韦伯的状况加以概述。[3] 这种以时代为区分的意义在于，1980 年代与 1990 年代的中国曾面临着不同的时代课题，这两种课题虽然可以统一概括为"现代化"，然而这两个时期所追求的现代化在具体的内涵上并不相同。进入 21 世纪后，由于中国在经济建设上的成绩日趋显著，可以说中国又开始面临新的现代化课题。如果说社会科学以事实分析为基础，那么考察中国韦伯研究是否并在何种程度上与时代课题建立了关联，将成为我们进入本书主题的一种路径。另外这里要提前说明的是，下面的重点是刻画韦伯研究史与资料空间的结构；除了个别学者的韦伯论之外，详细的文本讨论将在第二章及其后各章进行。

1. 1980 年代的韦伯研究——作为现代化理论家的韦伯

中国学者对韦伯的接触，可以说是与 1978 年以后实行改革开放的新时代同步开

---

① 吴文藻：《德国的系统社会学》，《吴文藻社会学人类学研究文集》，民族出版社，1990 年，第 118 页。罗岗在其文集《面具背后》(上海教育出版社，2002 年)中首先提到了这一事实；下文提到的贺麟以及顾准对韦伯的提及，亦分别参见该书第 54—55、60—67 页。

② 笔者逐条查阅了《全国高等院校社会科学报 1906—1949 年总目录》(刘万全编，吉林大学出版社，1984 年)与《全国高等院校社会科学报 1950—1966 年总目录》(吉林大学出版社，1986 年)，除了吴文藻的文章之外，从目录名上看，"韦伯"及其相关概念并未出现在这一时期的社会科学论文当中。注意这里所叙述的情况仅指中国大陆，不包括台湾、香港等地区。

③ 中国韦伯研究(翻译)文献出版情况，请参阅本书附录[2]:《中国韦伯研究年谱》(1980—2009)。

始。据有当代新儒家之誉的杜维明回忆，1978 年秋天，他第一次到大陆讲学；在北京师范大学主持的一次讨论会上，他提出了一个观点：“从韦伯着手，了解一个文明的发展，是否只能从上层建筑和下层建筑以及生产关系的角度？是否还要注意价值取向的问题、价值优先的原则?”显然，这是针对当时居于主流地位的马克思主义认识论的一种质疑。杜维明回忆说，他把韦伯的历史分析介绍给大陆学者，但获得了出乎意料的反应：他提出的问题“在 1977 和 1978 两届大学生中讨论得相当激烈”。[1] 在现有的文献中，这可以说是对新时期中国韦伯研究的最早记录。同样我们可以说，参与杜维明主持的讨论班的学生，应该是较早地接触韦伯的一批中国学生。

遗憾的是，由于缺乏文献记载，我们无法考证当年的学生在什么意义上接过了杜维明提出的韦伯式问题；尽管如此，从上述杜维明的回忆来看，“韦伯与马克思”、“价值取向”等韦伯研究领域的核心问题得到了介绍。我们后面将会看到，杜维明提示的韦伯研究问题，其后一直得到中国学者的关注。另外 1980 年代前期值得注意的是，1981 年中国出版了由姚曾廙翻译的韦伯的《世界经济通史》。该书的翻译据言开始于 1962 年，但其出版却是 1949 年以后中国出版的第一部韦伯作品。1982 年《社会》杂志第 3 期刊登了陆绯云的介绍文章《马克斯·韦伯》。

从文献上看，在西学研究解冻的这一时期，中国学者还较早接触了另外一种韦伯问题，那就是韦伯论述的官僚制问题。1980 年，孙耀君在《经济管理》(1980 年第 5 期)发表了论文《传统管理理论的系统化和韦伯的行政组织理论》；1982 年，《江西社会科学》(第 6 期)刊载了段涓撰写的《马克斯·韦伯的科层论》。此后，1986 年《国外社会科学文摘》、1987 年《管理现代化》都分别刊载了有关韦伯这一主题的文字介绍。

中国学者真正开始试图阅读韦伯、理解韦伯，则要等到 1985 年。1985 年，在中国学界与思想界颇有影响的《读书》杂志的编辑部召开了一次关于韦伯思想的座谈会。会议主办者的问题意识是，“由于五十年代不公正地对待社会学和长期以来学术文化方面的闭关自守，对于像韦伯这样西方迄今最重要的社会科学家，我国学术界、读书界却知之甚少，译成中文的已出版的韦伯著作仅有一本《世界经济通史》(上海译文出版社 1981 年版)，研究文章几近于无，这与我们这个泱泱大国的学术文化地位，以及对外开放和改革的形势，无疑是极不相称的”。[2] 从这段引述中我们容易读出当时中

---

① 杜维明：《“公共知识分子”与儒学的现代性发展》，《贵州师范大学学报》(社会科学版)，2001 年第 1 期，第 28 页。

② 王焱：《马克斯·韦伯：一位思想家的肖像(座谈会侧记)》，《读书》，1985 年第 12 期。另外，冯钢在其著作的后记中提及了一个他所听闻的插曲。1985 年在德国斯图加特举行的国际历史学大会上，与会者用了三天时间讨论韦伯的历史学方法理论、东方社会史论等主题，但与会的中国史学家代表团“大多数人却压根儿不知道韦伯是何许人也”。参见冯钢：《马克斯·韦伯：文明与精神》，杭州大学出版社，1999 年。

国知识分子的焦虑与积极进取的热情。这次会议还呈现出一个明确的倾向，那就是中国学者试图理解韦伯理论与现代化理论之间的关系。[①] 这可以说是时代使然：现代化是这个时期的主旋律。

正是在这种整体性的氛围中，韦伯学说愈发得到了中国学者的关注。1986 年，韦伯广为流传的重要作品《新教伦理与资本主义精神》的首个译本（节译本）出版；翌年该书的全译本出版。1988 年，韦伯关于政治与学术的两篇著名讲演得到了翻译出版。由此，中国学界出现了"韦伯热"；这一点可见于 1987—1989 年三年间出版的韦伯文集、韦伯研究二手文献的翻译等。从发表的有关韦伯的论述的数量上来看，1986—1989 年四年杂志论文达四十余篇，总数量超过此后五年（1990—1994）的数量，亦为此前 1980—1985 年文章数量的近 15 倍。[②] 从涉及的主题来看，"理想型"、"解释社会学"、"宗教伦理"、"资本主义精神"、"法律社会学"、"社会科学方法论"、"韦伯政治思想"、"现代化"、"马克思与韦伯"等一系列韦伯学说的核心问题得到了展示及相应的关注。可以说在 1980 年代的后半期，中国学者开始了全面接触韦伯学说的各个命题。重要的是，与时代背景相契合，韦伯关于现代化的学说成为中国学者接受韦伯的精神背景。1989 年一次流产的韦伯研讨会的主题设定为"韦伯与中国的现代化"，可以说是这种时代精神的产物。[③]

这一时期具有象征性的学术事件是，社会学家苏国勋于 1988 年出版了中国学术史上第一部研究韦伯的专著《理性化及其限制：韦伯思想引论》。该书是作者在 1983—1987 年间所完成的博士论文。虽然有评者认为，该书"注重一般性学说的外貌概述，对于真正的主题反而着墨有限"，[④]然而由于这是中国大陆学者研究韦伯的第一部作品，可以说具有划时代的意义。

此外值得一提的是，著名的中国思想史学家余英时的著作集《士与中国文化》在 1987 年得到出版，获得了当时学者广泛的阅读与讨论。其中，该文集收录了作者此前在台湾出版过的单行本《中国近世宗教伦理与商人精神》；该书是基于韦伯问题意识对中国历史进行研究的经典作品。在进行具体讨论前，著者余英时对韦伯的主要

---

① 参见罗岗：《"韦伯翻译"与中国现代性问题》，《中国比较文学》，2006 年第 3 期，第 45 页。

② 参见本书附录中笔者依据"中国期刊网"制作的论文数量统计表。另外，本章后面涉及论文数量时，亦请参照该附录。

③ 关于此次会议的信息，参见林端：《儒家伦理与法律文化：社会学观点的探索》，中国政法大学出版社，2002 年，第 149—151 页。

④ 顾忠华：《韦伯学说》，广西师范大学出版社，2004 年，第 122 页。

学说进行了简洁而准确的介绍与讨论，其中就涉及《伦理》与马克思主义关系的问题。作者最后得出结论说，韦伯观点的启示性"分析到最后，我们只能提出一般性的'韦伯式的'问题，但无法亦步亦趋地按照韦伯原有论著的实际内容来研究中国历史的演变。因为一涉及实际内容，韦伯的个案便变成基本上和中国史不相干了。同样的原则也适用于马克思的史学理论……"[①]这里，作者表现了作为真正历史学家的感觉：中国的史学研究不应当为了适合或证实某种理论而对具体的史料加以生吞活剥；真正的学术研究的过程毋宁说是完全相反的。不过，从这一时期以及其后发表的韦伯论来看，余英时的学术主张并未得到真正的理解与实践。

要言之，在被后人称为"新启蒙时代"的 1980 年代，韦伯学说得到了热烈的关注与介绍，形成了 1980 年代一系列西学热——诸如"海德格尔热"、"尼采热"、"萨特热"、"卢卡奇热"、"马尔库塞热"等——的一环。这一时期中国学者虽然尚缺乏对韦伯文本的阅读、缺乏比较深入的研究，但韦伯学说的多面主题却得到了比较准确的触摸与开启，进而将中国学者对于中国社会、对于现代化，尤其对于现代化的把握置于一个全新的概念空间当中。显然，这里所谓"全新"是相对于此前由马克思主义独占了社会历史解释的状况而言。[②] 对此，本书将在下一章中选取部分主题，进行细致的讨论。这里要强调的是，韦伯学说的引入导致原有的社会科学观念发生动摇，这可以说是 1980 年代中国学者韦伯论的最大贡献；中国社会科学的变形与重构，获得了现实的契机。

更重要的是，中国社会的"现代化"开始获得多元性的表述，"现代化"开始获得重新的审视，因而不再简单地等同于官方话语中的"四个现代化"，即农业、工业、国防、科学技术的现代化。思想与观念的多元化这一事实自身就是现代化成果的表征。这种思想与学术观念层面的变迁，正以其特定的方式，重塑着中国社会的历史进程。

2. 1990 年代的韦伯研究——作为现代性理论家的韦伯

新启蒙时代终止于 1989 年 6 月在北京发生的政治事件。经过三年的调整，中国社会从 1992 年起正式开始转向社会主义市场经济体制，经济体制改革得到了实质性的推进。在这个意义上，从 1992 年开始算起的 1990 年代已然不同于此前的 1980 年

---

① 余英时：《士与中国文化》，上海人民出版社，1987 年，第 448 页。

② 据称，"韦伯思想在当时被人当做最便利、最实用、最有针对性的理论工具"。参见韩水法编：《韦伯文集》，中国广播电视出版社，2000 年，第 7 页。

代——在如何推进中国社会的现代化上,“社会主义市场经济”的提出表明,中国各界已经在经济建设层面上暂时取得了共识;中国社会由此开始了此前数个世纪内未曾有的巨大变迁。

在韦伯研究领域,韦伯论得到了持续的生产与再生产。由于韦伯学说的主题在1980年代后期的“韦伯热”中几乎都得到了触及,这一时期中国学者并没有挖掘新的研究领域。不过,韦伯的重要作品,比如《社会科学方法论》(1992年,1999年)、《儒教与道教》(1995年)、《经济与社会》(1997年)等在1990年代陆续得到了翻译出版;其中,前两者还出版了不同的译本。可以说,与1980年代相比,这一时期的中国学者可以比较容易地接触到韦伯文本。

另外,1999年,冯钢出版了韦伯研究专著《马克斯·韦伯:文明与精神》,堪称是中国的第二部韦伯研究作品。不过就其内容而言,该书仍是对韦伯学说的综合复述,而非针对特定问题的学术研究。这一时期中国还出版了两部浅显的介绍性质的作品。[①] 这些作品均以中国读者容易理解的方式——比如对韦伯学说的选取——对韦伯学说进行了相应的介绍。比如在一部作品中,作者以150余页的篇幅,扼要介绍了“新教伦理与资本主义精神”、“中国宗教与中国社会”、“政治社会学”三部分内容。由于这些作品多近于读书笔记,它们成为中国读者有益的入门资料。[②]

从韦伯论的具体内容来看,这一时期中国学人的基本立场可以说发生了分裂。一部分学人接着1980年代后期的课题,继续论述韦伯理论与中国现代化之间的关系。其主旨在于,用韦伯学说为中国的现代化建设提供理论支持。发表在中国各类学术期刊上的文章表明,这种论述方式甚至成为韦伯研究的主流。然而,就思想与学术上的影响力而言,这一时期部分学者所展开的将韦伯定位为“现代性的理论家”而非“现代化的理论家”的韦伯论,则开始将中国学者引向韦伯思想的深处,因而更具有时代性的意义。换言之,作为“现代性理论家”的韦伯形象的出现,成为我们刻画1990年代中国韦伯研究特征的最重要的依据。

简言之,如果说1980年代的中国韦伯研究是在“现代化”的理论框架内展开的,那么1990年代的中国韦伯研究则是在“现代性”问题域中得到发展的。那么,从现代化到现代性,这究竟意味着什么?中国学者对此多有论述。比如,周与沉在《现代性

---

① 参见刘宗坤:《诸神时代的智者:马克斯·韦伯》,河北大学出版社,1998年;王威海编:《韦伯:摆脱现代社会两难困境》,辽海出版社,1999年。

② 刘宗坤:《诸神时代的智者:马克斯·韦伯》,河北大学出版社,1998年。

的中国探询——大陆学界现代性问题研究综述》一文中的相关总结尤为细致。[①] 作者在该文开篇即指出:“作为源出于西方的学术话语,‘现代性’已成为全球关注的问题,其得以在中国激起如此巨大的讨论热情,并将此前种种争论热点——‘激进’与‘保守’、‘民族主义’与‘全球化’等,都涵盖其中并得到充分展开,自然与当代中国的思想文化语境分不开,更与中国加速推进的现代化进程和政治经济形势,以及全球各种政治经济力量的消长博弈有着重大关联。”

这个表述颇为冗长,但其所传达的信息层次却分明:第一,“现代性”这一源于西学的问题获得了全球的关注;第二,中国学者对现代性问题表现了高度的热情,并将各种思想文化的热点问题涵盖其中;第三,这种状况与中国现代化与政治经济形势的急剧发展有关。至于作者提到的“全球各种政治经济力量”的变迁,它与第三层含义相对重合,这里不予以单列。如果说对于西学保持高度的热情乃是改革开放以降的新时期持续不变的现象,那么,“现代性”真正引发中国学者兴趣的原因就只在于上面的第三点、亦即中国现代化进程自身。换言之,中国在 1990 年代高速展开的现代化建设已经开始改变中国所面临的问题,进而也开始改变中国学者对问题的感受与把握;其中最重要的一点就是,“现代性”被用来质疑与批评包括此前中国与西方世界的现代进程自身。如果大胆地予以概括,那就是,讨论现代性问题之所以被中国学者视为最前沿的问题,是因为它包含着中国学者谋求新的现代性,进而重新站到世界文明前沿的志向。这种志向与 1980 年代的现代化所提出的“自立于世界民族之林”的目标,在气概上已迥然不同。

值得我们关注的是,韦伯成为中国学者进入“现代性”问题域的重要向导与路标,尽管韦伯本人并非是唯一的现代性阐述者。事实上,率先讨论中国现代性问题的思想史学者汪晖,其论述的基础正是韦伯学说。在发表于 1994 年的《韦伯与中国的现代性问题》一文中,汪晖将中国的现代化问题重新纳入韦伯的框架,进而径直指出了问题的所在:在中国韦伯论当中,为什么韦伯对现代化的悲观主义看法遭到了遮蔽?不过,作者将问题提高了一个维度:他试图分析“韦伯社会的基本范畴背后的历史性”。[②] 简言之,汪晖的意图就是通过将韦伯学说加以历史化而消解基于韦伯学说的现代化理论的普遍性。

具体来看,汪晖首先转述了哈贝马斯在《现代性的哲学话语》一书中的说法,其大意是,“现代化理论对韦伯的现代性概念作了两个分离:首先,这一理论把‘现代性’同

---

① 该文参见:http://www.douban.com/group/topic/9178033。

② 汪晖:《汪晖自选集》,广西师范大学出版社,1997 年,第 2 页。

它的起源分离开来，使之成为一般社会发展过程在时空上中立的模式；进而，这一理论切断了现代性与西方理性主义的历史语境的内在联系，从而现代化过程不能再被视为理性化或理性结构的历史客观化”。在对哈贝马斯的解释略加铺陈后，他得出结论说，“现代化理论……不仅不是价值中立化的结果，而且还是把与欧洲现代性相关的文化价值作为一种规范化的普遍力量”。[①] 这样，在汪晖的表述中，现代化理论的“西洋中心主义”遭到了暴露，因而不再具有规范化的普遍力量。现代性话语所具有的“去中心化”效果，开始吸引这一时期的中国知识分子。

为了恢复韦伯自身关于现代化——准确地说是合理化——的论述，汪晖介绍了布罗代尔、沃勒斯坦等国际学界对于“帕森斯化的韦伯”的批判。换言之，作为现代化的乐观支持者的韦伯形象，绝非此前中国学者的独创——其始作俑者乃是著名的社会理论家、韦伯美国化的推进学者塔尔科特·帕森斯（1902—1979）。就此而论，汪晖在该文中对韦伯、对现代性问题的介绍，在将中国的韦伯论与世界的韦伯研究的接轨上，可以说作出了一定的贡献。然而，这种将中国的现代化问题——1980 年代的中国韦伯研究从属于这一课题——置于“文化价值”层面的做法，在获得了新的问题视域的同时，对于中国社会而言，其付出的代价又是什么？令人遗憾的是，汪晖本人以及后来的学者对此缺乏自觉，更缺乏必要的反思。

事实上，出于对中国现代化现实的不同把握，一方面主流官方媒体仍以“现代化”，尤其是经济的现代化为核心推进着中国社会的转型；另一方面，现代化对于中国大多数人来说，仍是一个远未得到真切感受的社会目标。换言之，不同于观念上“现代性”对现代化的反思与批判，在人们可以感受的现实生活领域，现代化所意指的富足、安全与体面的生活，仍然是中国社会孜孜以求的总体性目标，尽管中国多数学者在“现代化”的具体内容上呈现出分歧。因此，中国的现代性论者的批判可以说完全游离于社会现实之外。这些论者未注意到，尽管“现代性”成为最时髦的话语，但韦伯所言的“现代社会”对于 1990 年代的中国，乃至当下的中国而言并非是不证自明的事实。就此而言，韦伯对于现代性的正面把握——而非韦伯对现代社会的悲观主义——，首先必须得到中国学者认真的消化与理解。然而，从 1990 年代的中国韦伯论的内容来看，中国学者并没有从这一角度理解韦伯。在这个意义上，中国学者在韦伯论上进行的“国际接轨”所呈现的华丽表象，掩饰了中国学者更应该从正面把握的中国社会现实，那就是现代化事业远未成功。同样我们可以说，对现代化进行质疑的

---

① 这两段引文见汪晖：《汪晖自选集》，广西师范大学出版社，1997 年，第 26、28 页。另外参见哈贝马斯：《现代性的哲学话语》，曹卫东译，译林出版社，2011 年，尤其是第一篇。

现代性话语，已然成为中国语境中的浪漫主义，其消极后果正体现在中国所面临的各种问题乃至困境上。在浪漫主义的思想氛围中，社会现实萎缩为思考的远景，而偏见则大行其道。

当然，也有学者沿着1980年代韦伯论的路径，从“儒教伦理与现代化”的角度继续从事现代化理论的建构工作。比如中国思想史学者陈来在撰写于1994年前后的两篇文章《韦伯命题、儒家伦理与工业东亚》、《近世儒家伦理：传统蒙学的文化研究》中，其框架就是在1980年代流行的“儒家资本主义”论。[①] 考虑到所谓的“儒家资本主义”论正是源于帕森斯的现代化理论在亚洲的一种具体应用，那么我们就可以说，陈来的研究属于经典的现代化研究。不过，在“现代性”话语的喧嚣当中，类似的研究逐渐退出了中国学术研究的舞台。

基于上述分析，我们可以得出结论说，作为“现代性理论家”的韦伯形象替换了作为“现代化理论家”的韦伯形象，这一转变在中国的语境中毋宁说其消极意义超过了积极意义；因为就严格意义——比如依据欧、美、日等发达工业化国家的各种指标——而言，中国社会还很难称之为现代社会，因而套用韦伯对现代社会的批判来警示中国，并不符合韦伯的逻辑与中国社会的现实。当然，让中国学者注意到韦伯有关于现代社会的悲观主义论调，在韦伯研究自身上具有学术意义。问题在于，当中国学者竞相谈论“现代化批判”之时，他们已经将自己置于遥远的韦伯社会科学的对立面，成为韦伯笔下观念先行、想象过剩的“文人墨客”，[②]因而无从理解韦伯学说自身。这可以说正是1990年代中国学者韦伯论的肤浅乃至失败之处。

3. 2000年代以降的韦伯研究——作为学问家的韦伯

从许多意义上看，进入21世纪的中国与此前的1990年代的中国具有强烈的连续性。然而，这种表面的连续性容易遮蔽实质性的断绝，这里仅举出与中国社会科学的变形有关联的两点。首先，作为宏观的社会环境背景，中国现代化的高速展开在新世纪开始引发社会整体性的变迁，中国的内政外交都面临着未曾有的新问题与难题。其次，从学术体制自身而言，由于学术专业化的发展，中国社会科学界至少在形式上

---

① 陈来：《人文主义的视界》，广西教育出版社，1997年。

② 韦伯对“文人墨客”的批评，参见韦伯：《韦伯政治著作选》，阎克文译，东方出版社，2009年；另参见本书第四章的相关讨论。

逐渐走上轨道，这一点表现在中国学者发起的社会科学研究规范化运动上。[①]

那么，中国的韦伯研究在上述状况当中发生了怎样的变化？从2000年以来中国学者发表的韦伯论数量上来看，该时期论文数量持续增加；其中，尤其以2005—2006年两年间的变化最为显著——2006年发表的以韦伯为主题的论文数量激增，比前一年增加了一倍，此后这种势头不减。当然，这种状况与此间学术体制的改革密不可分——除了研究生的大量扩招之外，为获取学位、教职、专业职称等而急于发表论文的制度压力是造成这种韦伯研究"繁荣"的主要原因。然而从研究内容与水准上看，中国学者(包括准学者)的韦伯论并未因数量的激增而表现出相应的卓越。毋宁说相反的情况倒是事实：大量的"韦伯论"简单地重复着此前的内容，甚至出现反复抄袭的现象。因此有学者批评说，"误译、误读加上某些比附和假借，使得韦伯的面目在汉语语境下有时模糊不清，有时又支离破碎"，因此中国的韦伯研究呈现出"虚假繁荣"的状态。[②]

从此间中国韦伯研究所涉及的主题来看，中国的韦伯论者几乎论及到了韦伯学说的方方面面。其中，"官僚制"、"儒教伦理"、"资本主义精神"、"社会科学方法论"得到了相对较多的关注。随着研究的积累，中国学者连续出版了几部韦伯研究的专著或编著。[③] 单从作品的题目来看，中国的韦伯研究似乎开始进入细致的专业化研究阶段，而不是此前对韦伯作品与思想的概括式的介绍与解说。然而如果对作品的内容稍加浏览，认真的读者就会发现，它们中的多数内容依然停留在对韦伯学说的简单介绍与描摹的水准上；更为严重的问题是，部分学者完全脱离韦伯学说自身，对韦伯进行了完全主观性的"创造性的转化"，结果导致认真的读者无法对它们中的内容加以评价；这里仅举两个事例进行说明。

比如，关于韦伯的官僚制研究，有作者论述说，"……特别是他的科层制理论，对于西方乃至世界范围内的组织管理都具有不可忽视的重要作用。正是他的科层制理论，使得西方世界中的组织结构具有相当的稳定性，使西方的公务员制度具有相当的稳定性"。关于韦伯的"理想类型"，作者论述说，"韦伯提出'理想类型'的直接动因，恰恰正是为了说明一个问题：即要想管理好一个纷繁复杂的社会系统，必须要有一个

---

① 参见邓正来：《研究与反思——关于中国社会科学自主性的思考》，中国政法大学出版社，2007年。

② 郁喆隽：《两种繁荣夹缝中的文本——对汉语学术界关于马克斯·韦伯〈新教伦理与资本主义精神〉误读的类型学分析》，《基督教学术》第八辑，上海三联书店，2009年。

③ 这些文献包括：《现代化进程中的官僚制：韦伯官僚制理论研究》(黄小勇，2003年)、《法律与现代人的命运：马克斯·韦伯法律思想研究导论》(郑戈，2006年)、《理性与管理：论韦伯的管理哲学及其影响》(陈向澜，2006年)，以及《经济学与社会学：马克斯·韦伯与社会科学基本问题》(何蓉，2009年)。另外，收录于《韦伯：法律与价值》(李猛编，2001年)中的几篇韦伯专论，代表了这一时期的研究水准。

非常重要的理论方法……正是出于这样的理解，韦伯提出了‘理想类型’这一方法。……如果把韦伯的社会理论比作是关于社会的管理理论，那么，韦伯的‘理想类型’就是关于这一管理理论的哲学方法论”。[①] 我们看到，论者对韦伯官僚制（科层制）与理想类型的理解，可以说完全是主观臆断，与韦伯学说毫无关系。[②] 总体而言，多数的中国学者还未做到基于文本自身的韦伯理解与韦伯解释，因此常常出现随意曲解的解释与论断。

这期间值得一提的是，在翻译上，韦伯的《社会科学方法论》出版了第三个汉语译本；此外，2004—2005 年，广西师范大学出版社引入并出版发行了台湾学者编译的、总计 12 册的《韦伯作品集》，进一步为中国大陆学者提供了阅读韦伯的基本文本。

总括而言，如果说此前中国韦伯研究突显了某种与社会变迁息息相关的问题意识，那么新世纪最初十年的韦伯研究可以说在形式上呈现出若干专业化的倾向。不过就其实质而言，这十年间中国学者无论是在文献研究、思想研究还是理论研究上，真正有价值的作品极为罕见。尽管如此，如前所述，“韦伯”以及构成韦伯学说的各种范畴开始渗透到社会科学的各个领域；这种渗透虽然无法简单地带来有价值的社会科学知识的生产与社会科学研究体制自身的建构，然而这些话语却在不同的层面上对原有的非科学的、粗疏且僵化的概念体系进行了质疑乃至置换。因此，从这种话语润物细无声的效果来看，中国社会科学的变形与重构正在获得社会学的基础。

二 国外韦伯研究翻译中的“韦伯形象”

在上一节中，笔者以时代为区分标志，将中国学者的韦伯研究分为三种类型：作为现代化理论家的韦伯、作为现代性理论家的韦伯以及作为学问家的韦伯。这三种类型同样构成了中国学者心目中的韦伯形象。当然，这种分类仅仅是依据中国韦伯论的结果进行的。事实上，从 1980 年代中后期开始的国外韦伯研究的翻译中，我们也可以归纳出不同的韦伯形象。无须赘言，国外学者的韦伯研究，或曰建构的韦伯形象在很大的程度上影响着中国学者对于韦伯学说的接受与理解。——从研究作品数量的角度来说，如果说中国学者对韦伯的研究还刚刚起步，那么中国学者建构韦伯形

---

① 陈向澜：《理性与管理：论韦伯的管理哲学及其影响》，吉林人民出版社，2006 年，第 3 页、第 9 页。

② 对于这类表述，笔者无暇进行批评；笔者就“官僚制”等概念的分析与理解，请参照本书随后进行的具体研究。

象时所受到的国外韦伯研究与韦伯论的影响就可以说是极其巨大。为了揭示这种影响,下面,笔者依据中国学者的相关翻译作品,从三个侧面来阐释韦伯形象在这些作品中得到了怎样的刻画。

1. 美国社会学界的韦伯——作为社会理论家的韦伯

如前文提到的一样,这种形象即是美国著名社会理论家帕森斯的现代化理论所建构的形象。虽然帕森斯涉及韦伯的主要著作的中译本《社会行动的结构》(张明德等译)直到 2003 年才得以出版,但由于现代化理论此前在美国学界以及世界范围的广泛影响,我们可以推测帕森斯的韦伯命题早已为中国读者所知。事实上,中国学者对韦伯《伦理》一文有选择性的阅读与接受,可以视为这种帕森斯现代化理论影响的一种结果,尽管这种影响最初未必是通过帕森斯的著作本身才得以实现。上一节提到的 1990 年代中国的几位韦伯论者都提到了帕森斯及其现代化理论,可以说帕森斯的韦伯形象在中国流传甚广。

具体来看,中国大陆学者接受帕森斯化的韦伯形象与欧美、中国台湾以及香港学者讨论的"儒家伦理与现代化"或"儒教资本主义"命题直接相关。[①] 尽管中国大陆学者对该命题多持怀疑乃至否定态度,但这一命题源于帕森斯化的韦伯理论这一点,则得到了普遍的认知与接受。当然,这种帕森斯化的韦伯形象并非凭空臆断。如同帕森斯的高足罗伯特·贝拉撰写的《德川宗教:现代日本的文化渊源》(1955 年)所表明的一样,借助帕森斯的现代化理论,"韦伯式"问题,即从文化尤其是宗教文化的角度解释非西方国家与地区的现代化进程,已然得到了数十年的关注与探究。[②] 在这个意义上我们可以说,1980 年代后期中国学者接手这一问题,有助于中国学者从社会科学的角度重新审视中国社会的变迁,而不是简单地对传统进行批判,更不是将中国的社会历史塞进某种特定的历史哲学的框架中去。

当然,帕森斯化的韦伯形象有其固有的局限,即现代化被描述为社会单线的进化过程。这一点在 1990 年代已经为中国学者所认识。不过,如果因此而否认了韦伯对社会现代化进程的客观理解,忽视韦伯基于社会科学的客观分析并将其纳入文化批评乃至意识形态批评的领域,那么这种情况将无益于中国学者培养社会科学的认知方式,无益于中国社会科学的发展,最终也无益于中国正在进行的现代化建设事业。

---

① 参见陈来:《人文主义的视界》,广西教育出版社,1997 年。

② 贝拉:《德川宗教:现代日本的文化渊源》,王晓山、戴茸译,生活·读书·新知三联书店,1998 年。

2. 法兰克福学派的韦伯——作为哲学家的韦伯

与上述形象相对，法兰克福学派的韦伯论构成了中国学者接受韦伯的另一个主要的学术来源。早在 1980 年代意识形态解冻的过程中，中国学者通过“发现”西方马克思主义，就接触到了法兰克福学派的代表人物霍克海姆、阿多诺、马尔库塞等的“批判理论”；其中，马尔库塞的《单向度的人》（1988 年）、《现代文明与人的困境》（1989 年）在 1980 年代末就得到了翻译出版。[①] 由于批判理论的理论根据之一就是韦伯关于合理化的悖论与悲观意识，可以说通过法兰克福学派的著作，中国读者开始接触到了韦伯作为现代技术批判、资本主义文化批判的哲学家形象。最终，在 1990 年代，这种形象被进一步整合为现代性批判理论家的形象。

另一方面，被誉为法兰克福学派第三代代表人物的哈贝马斯自 1989 年首部作品得到翻译出版以来，持续得到了中国学者的关注。1994 年，哈贝马斯的主要著作《交往行动理论》的中译本出版，其中作者对韦伯的解释与理论使用有助于中国学者深入理解韦伯学说。这是因为，不同于帕森斯或法兰克福学派第一代人物在韦伯概念体系内对韦伯学说的阐述，哈贝马斯从“行动”的角度，试图重建一种可以超越韦伯合理性观念——因其对现代性持有悲观主义的看法——的一种新的合理性，进而推进“现代性”这一自启蒙以来尚未完成的方案。为了建构自己的“交往合理性”，哈贝马斯将韦伯的合理性置于人类社会行动结构的客观分析当中，建构了一个新的解释框架。

通过上述建构与分析工作，哈贝马斯认为他发现了韦伯合理性概念的本质缺陷：他对韦伯合理性的归结的概括脍炙人口，那就是“意义丧失”与“自由丧失”。在这个意义上，可以说哈贝马斯继承了法兰克福学派对韦伯的解释。然而，不同之处在于，哈贝马斯并不认为韦伯对现代化、对合理化的悲观主义就是现代社会与人类的必然命运；通过基于“真理性”、“正确性”、“真诚性”的交往行动，人类可以继续完成启蒙时代以来的现代社会的建构。

因此，哈贝马斯的意义在于，他基于——在他看来是——普遍有效的规范重建了人们对于现代性的信念，其中包括作为现代性的自我实现的社会过程的现代化。在这个意义上，哈贝马斯的理论有助于人们摆脱 20 世纪中后期以降思想界甚嚣尘上的相对主义、怀疑主义与解构主义。就中国的具体语境而言，哈贝马斯的思想有助于澄

① 不过，法兰克福学派第一代人物的代表作翻译出版较晚。参见霍克海默：《启蒙辩证法》，渠敬东等译，上海人民出版社，2006 年。

清中国学者关于现代化的一些混乱观念。曾经被视为源于“特殊西方”的现代化，仍可视为具有普遍人类性质的社会过程。因此，韦伯的合理化论不能简单地用于现当代批判，更不能简单地用于中国的现代化批判。

另一方面，哈贝马斯在开始论述韦伯的合理化论时，曾有如下论述：“在古典社会学家当中，只有马克斯·韦伯摆脱了历史哲学思想的前提和进化论的基本立场，而且把欧洲的现代化理解为具有普遍历史意义的合理化过程的结果。韦伯用一般的经验研究揭示了合理化的过程……”[①]然而出于建构自己的理论的目的，他忽视了韦伯对“合理化”这一社会过程的客观描述与分析。在其后的讨论中，哈贝马斯将韦伯的经验研究再次抽象化为游离于经验之外的概念，从而无视了韦伯研究的历史基础，将合理性概念完全置于哲学领域。许多中国论者对此未加注意，因而沿袭了哈贝马斯这一成问题的韦伯解释。比如，有中国学者在介绍哈贝马斯的理论时，这样总结道：“在韦伯看来，西方社会的现代化过程主要表现为‘目的—工具合理性’行为形成和扩大的过程，现代西方社会的本质特征是一切行为都单纯以‘目的—工具合理性’行为为取向，西方文明的全部成就皆源于目的合理性的追求。”另一方面，“目的合理性的理性原则在现代社会越来越广泛的发展，最终引发非理性的结果。这就是：意义丧失和自由丧失”。[②] 在中国学者进行的大量类似的表述中——暂且不论其准确与否——，韦伯从经济、法律、行政、宗教等角度对合理化过程进行的客观描述遭到了遮蔽，韦伯被片面地刻画为一位关于合理性的哲学家。

要言之，法兰克福学派的韦伯解释强化了中国韦伯论者从哲学、从文化角度理解韦伯的倾向。韦伯作为思想家、作为哲学家的形象虽然得到了建构，但作为社会科学家的形象依然没有得到充分的重视与解释。

3. 政治哲学中的韦伯形象——作为社会科学家的韦伯

在中国学者接触韦伯的路径中，2000年以来在中国逐渐成为潮流的“政治哲学”值得我们特别的关注，因为韦伯作为“社会科学家”的形象恰恰是在这种政治哲学的框架中得到了刻画与突出。

从中国“政治哲学”的成立过程来看，它几乎完全得益于刘小枫与甘阳两位学者

---

① 哈贝马斯：《交往行为理论》（第一卷），曹卫东译，上海人民出版社，2004年，第141页。

② 艾四林：《哈贝马斯交往理论评析》，《清华大学学报》（哲学社会科学版），1995年第3期，第12页。大致同样的表述另可参见艾四林：《哈贝马斯对韦伯合理性理论的改造》，《求是学刊》，1994年第1期。

对美籍犹太裔思想家列奥·施特劳斯（1899—1973）与德国法学家卡尔·施米特（1888—1985）理论的引进与介绍。2003年，施特劳斯的重要著作《自然权利与历史》的译本出版；[①]该书的出版对于中国韦伯论者的启发意义在于，作者在第二章中对韦伯的社会科学观念进行了细致的重新解读与批判。在此之前，中国读者除了直接阅读韦伯的《社会科学方法论》著作外，很少有机会接触国外学者对韦伯社会科学研究方法论的严肃批评。同样，在几乎同期引进的法学家施米特的一些著作中，韦伯也得到了作者格外的重视与讨论。[②]

值得注意的是，通过这些政治哲学家的出色解释与批判，韦伯的社会科学方法论的意义与局限得到了高水准的解释与呈现。结果，一方面韦伯作为"社会科学家"的这一最为重要的形象终于得以成立，因为韦伯正是因其社会科学观念而遭到了批判。另一方面，韦伯社会科学背后的哲学问题得到了新的理解视角。值得注意的是，由于这种理解的基础是政治哲学，它同时开启了对韦伯社会科学观念的重新理解。我们将在后面的章节中具体讨论该问题。

当然，从中国学者的韦伯论来看，早在1980年代接触韦伯学说伊始，"价值自由/价值无涉"等核心范畴就得到了关注与讨论。[③] 不过就论述的内容来看，中国的许多论者还处于如何理解——包括如何反驳——韦伯社会科学方法论的初级阶段；这种讨论虽然其主题就是社会科学自身，然而由于可资利用的理论资源与概念体系有限，加之旧有观念的束缚，可以说韦伯关于社会科学的思考并未得到准确的理解与解释。因此，随着施特劳斯等政治哲学观念的引入，施特劳斯所刻画的韦伯形象对于中国的韦伯论将带来怎样的影响，这成为我们需要细致讨论的课题。

三　中国韦伯研究的问题点

在上文中，笔者从中国学者自身的韦伯研究与对国外相关文献的翻译两个角度出发，对中国韦伯研究的资料空间进行了描述与刻画。上述工作尽管还未做到细致

① 参见施特劳斯：《自然权利与历史》，彭刚译，生活·读书·新知三联书店，2003年。

② 施米特：《政治的概念》，刘小枫编，刘宗坤等译，上海人民出版社，2004年。

③ 早期文献诸如，郑永年：《科学价值相对说和社会科学——读韦伯关于社会科学方法论的著作》，《读书》，1987年第8期；李小方：《马克斯·韦伯的社会科学方法论述评》，《文史哲》，1988年第3期；李建立：《马克斯·韦伯的社会科学方法论述评》，《河北大学学报》（哲学社会科学版），1994年第4期等。

入微，但这种资料空间的结构已经得到了比较清晰的揭示；更重要的是，通过这种结构的解析，同时展示了中国学者韦伯研究、韦伯论的问题意识及其问题所在。

从总体来看，由于中国韦伯研究起步较晚，中国学者的主要工作还集中在翻译、介绍等基本工作上。我们看到，经过30年的努力，韦伯的重要作品已经得到了翻译；同时，国外的韦伯介绍资料也正在得到翻译。不过，中国学者的上述工作的问题亦非常突出，这一点表现在下述三个方面：第一，国外著名学者的韦伯研究，比如德国学者蒙森（Wolfgang Mommsen）、施路赫特（Wolfgang Schulchter）等的作品还未得到必要的关注，这导致中国学者无法及时了解国际韦伯学界的研究积累与研究的前沿问题；第二，中国学者自身的研究还处于初级的介绍与解说阶段，还未能在文献考索、理论解释与发展上作出有价值的贡献；第三，中国的韦伯论者总体上还缺乏对于文本的深入阅读，往往受到既有以及新近导入的观念、理论的影响，导致对韦伯的误读乃至不理解。

尽管如此，笔者在本章还是努力对中国的韦伯研究、韦伯论进行了同情性的整理与批评。我们已经看到，中国学者接受韦伯学说具有比较突出的时代背景与问题意识。其中，1978年以后开始的现代化建设，无疑成为中国学者接受韦伯——以及任何其他外国的著名学者与理论家——的最大经验性要因。韦伯的复杂性在于，他对源于近代西欧的社会变迁有着多重的解析与思考，其中最重要的就是，借助“合理化”等概念工具，韦伯第一次将西欧的社会变迁置于“社会科学”的平面上加以分析。正是在这种分析实践当中，韦伯确定了自身的社会科学式的思考与研究实践，为现代社会科学研究奠定了方法论的基础。因此，韦伯学说首先必须置于“社会科学”这样的框架中加以理解与思考；否则，我们容易或误入歧途、或纠缠于细枝末节，对韦伯的最大贡献视而不见。

从本章对中国韦伯研究史的简要描绘我们看到，中国学者尚未从正面、亦即从“社会科学”的角度理解韦伯，更谈不上利用韦伯的概念框架与研究方法进行研究实践。当然，导致这种现状的原因不得不纳入我们的考虑；其中最重要的一点就是，中国学者曾经受过另外一种“社会科学”，亦即马克思主义社会科学的长期训练与熏陶。尽管如此，或曰正因为如此，韦伯学说的导入对于中国学者的社会科学研究到底意味着什么？这成为我们必须提出的问题；这也正是本研究的课题。为了接近事实的真相，从下一章开始我们将进行具体的专题研究。

第二章
“马克思与韦伯”问题与中国社会科学观念的变革

众所周知，长期以来，中国学者一直在马克思主义提供的世界观与方法论的体系内展开了社会认识与分析的工作。当韦伯的学说被引入中国之后，这种情况发生了变化。因此，本章将首先选取“马克思与韦伯”这样一个“韦伯研究”中具有全球性的问题进行探讨，分析中国社会科学在整体性观念变革上的得失。中国学者对该问题的具体讨论与分析，将展现出他们所持有的社会科学观念的本质特征。可以说，内在于中国社会科学与韦伯社会科学的固有要素是促使本书选取这一视角的根本原因。那么，这里所言的“固有要素”究竟何指？这种追问将我们引向了问题的核心：如何理解中国社会科学的性格。

一 引言：重新理解中国社会科学

现代中国自1970年代末实施改革开放的新政以来，社会结构已然发生了根本性的转型。与此社会变迁相呼应，可以说中国社会科学正在经历结构性的变化。其中，与新政实施前的时期相比，作为社会科学构成要素的社会思想与社会理论的多元化是最重要的变化之一。在这一过程当中，长期被视为“资产阶级学术”的西方社会科学的重新引进、翻译、介绍与研究可以说起到了重要的推动作用。那么，这种西方社会科学的重新导入到底起了怎样的作用？比如，中国社会科学的目的、对象、方法、研究主体在西方社会科学引进过程中发生了怎样的变化？今天，虽然中国社会科学的现状与发展已经得到了学者不同程度的反思，然而如本书绪论所示，我们依然缺乏解析上述中国社会科学转变问题的实证性研究。[①]

事实上，无论从何种意义上理解“中国社会科学”，在改革开放已经三十余年后的今天，社会现实都要求我们精确地把握它的成功与失败之处。就本研究的关心而言，这种把握的目标是确定无疑的：追求并建构一种更理想的中国社会科学。这里首先要强调指出的是，在中国社会思想与社会科学研究的当下语境中，能承担对中国原有的社会科学研究范式进行总体性评价的认识资源当中，有“现代社会科学奠基者”之誉的韦伯的学说无疑是最重要的一种。同样，中国学者对韦伯的阅读与解释方式，必然反映出他们对中国社会科学的理解。

基于上述考虑，本章将分析中国社会科学与韦伯社会科学发生交汇时，二者的相互作用情况。通过这种分析，中国社会科学原有的认识论与方法论的框架是否、并在多大程度上发生了形变，将得到某种刻画。同时，上述研究将促使我们对当下中国社会科学的性格与品格进行反思。本章用“性格”指称中国社会科学固有的性质、倾向，而用“品格”指称对其进行的评价。这里首先要强调的是，就研究现状来说，中国学者迄今并未认真关注这一问题。

二　中国社会科学的性格与品格

首先要注意的是，“中国社会科学”并非是作为一个普通的中国社会问题而得到建构、得到对象化与主题化的。事实上，作为意识形态——至少是阿尔都塞（Louis Althusser）意义上的作为“国家装置”的意识形态——最重要的有机组成部分之一，中国社会科学的性格与品格以及今天被重新思考的问题都可以追溯至1949年以降马克思主义在中国思想与学术领域中的正统化过程。作为一种宏大的整体性的思想、方法论与历史观——或曰作为“世界观与方法论”——，可以说，现代中国学者接受马克思主义的过程就是现代中国社会科学的建构过程。[②] 在该过程中，除了马克思主义固有的方法意识与历史意识之外，马克思主义强烈的实践——首先是革命实践、其次是改造社会的实践——意识更是在深层上塑造了中国马克思主义的“主体”，

① 相关文章可参见邓正来、郝雨凡主编：《中国人文社会科学三十年》，复旦大学出版社，2008年。

② 当然，这首先是一个重建的过程，因为1949年以前，中国社会科学界已然形成了自己的研究体系。

因而同时亦塑造了中国社会科学的“主体”。[1] 因此，在我们考虑中国社会科学的性格与品格之时，除了马克思主义所建构的社会科学的方法与对象之外，我们还要将这种社会科学的主体特征纳入思考的范围。

简言之，中国马克思主义是我们在探讨中国社会科学性格与品格时无法回避的结构性要素；其中，被视为马克思主义认识论核心之一的“历史唯物主义”或曰“唯物史观”从根本上决定了中国社会科学的性格与品格。这一点可首先略见于下述前苏联学者对社会科学之一的社会学的规定：

> 以历史唯物主义理论为基础的马克思列宁主义社会学，正是由于它同实践、同发达社会主义社会的迫切问题和需要以及我国共产主义建设任务的联系而强有力。……科学的客观性同忠于党和苏联人民的事业相结合，保证马克思主义社会学能正确地提出和顺利地解决现代社会发展的任何最复杂的理论问题。[2]

考虑到1949年新中国成立后中国对苏联社会科学研究体制的导入，如果我们将其中的“苏联”二字替换为“中国”，那么上面这种“苏联社会科学院”的官方说法（1977年）也就是我们习以为常的、关于中国社会科学的说法。这样，我们就在这里发现了中国社会科学的性格与马克思主义——在中国马克思主义并不被简单地视为根源于“西方”与苏联——的关系：中国社会科学是以被视为客观科学的马克思主义为总体性的框架结构、以忠诚于党和人民的事业亦即建设社会主义为“主观”目标与意图的“科学”学问领域。这里要注意的是，在马克思主义被设定为唯一真理的“真理体制”当中，上述“客观”与“主观”目标设定是否正当，至少在表面上并不会构成问题，或者说至少不会被积极地“问题化”与“对象化”。

事实上，作为一种一般性的定义，下面中国学者自己关于“社会科学”的描述更详细地界定了中国社会科学的性格：

> 研究社会现象的科学。包括政治学、经济学、军事学、法学、教育学、文艺学、史学、民族学、宗教学、语言学等。广义的“社会科学”，是哲学社会科学的统

---

① 众所周知，这一过程涉及中国知识分子整体在此间的遭遇：权力以其最直接的方式作用于知识分子自身，导致了此后政治对学术研究的完全控制。

② 苏联科学院社会学研究所编：《社会学和现时代》（第一卷），潘培新等译，中国人民大学出版社，1979年，第1—2页。

称……在马克思主义产生以前，社会科学已有不少成果，但由于受到剥削阶级偏见的束缚，又受到生产规模狭小的限制，社会科学未能对社会现象作全面的历史了解。只是在社会性的大生产已有相当的发展，近代工业无产阶级在数量上和觉悟上都有大幅度增长的条件下，出现了马克思主义的哲学和社会科学，从此人们才能对社会历史的发展作全面的历史的了解，才能真正揭示社会现象的客观规律。在科学发展过程中，社会科学和自然科学互相渗透的趋势日益加强。社会科学的研究，愈来愈多地运用自然科学的方法，吸收自然科学的成果；而社会科学的进步，对于自然科学的发展也有推动作用。[①]

显然，在上述一般性的定义当中，"社会科学"与"马克思主义"具有等同的含义；换言之，中国的社会科学就是中国马克思主义者强调的"辩证唯物主义"与"历史唯物主义"。其中，作为解释因果关系的自变量，"社会"与"阶级"得到了异乎寻常的重视；同时，社会科学的目标被界定为"揭示社会现象的客观规律"。由于篇幅所限，在这里无法讨论这种关于社会科学的观念所包含的问题；[②]就本书的目标而言，这里引发我们思考的问题是：中国社会科学的这种"基层"结构与今天中国学者所反思的"中国社会科学"有什么样的联系？比如，除了对社会历史的"客观规律"的理解与把握之外，中国社会科学与这个国家的国家目标——经济的、政治的、文化的、社会的——实现之间有怎样的关联？中国社会科学是怎样建构中国的国家目标的？事实上，从经验上来说，这种社会科学在何种程度上实现了它所宣称的理论目标，在何种程度上实现了它的现实目标——对中国社会现实的具体分析——，这正是我们确定中国社会科学的性格与品格的具体指标。

然而，上述追问的困难之处在于，在具有压倒性支配地位的马克思主义社会科学的框架之内，我们缺乏进行上述分析的概念工具与理论视角；更重要的是，我们缺乏激发我们进行上述追问与反思的主体性契机与勇气。针对这种现实状况，如果用积极评价性的话语来说，我们可以认为中国学者在强烈的"真理意识"之下，积极建构了马克思主义的社会科学；反之，如果用消极性的话语来说，我们必须认为，那种强烈的"真理意识"遮蔽并阻碍了中国学者对于"真理体制"自身结构与效果的自觉意识与反

---

① 巢峰主编：《简明马克思主义词典》，上海辞书出版社，1990年，第235页。

② 比如说，我们可以举出下列问题：作为自变量的"社会"是什么？如果将社会定义为经典马克思主义的"人类生产关系的总体"，那么人们可以从中获得怎样的认识？哪一些认识又被遮蔽了起来？对社会历史现象进行分析，在什么意义上会产生对"客观规律"的把握与认识？如何建立社会历史中的"因果关系"？

思。结果，社会科学的首要目标，亦即对经验事实以及诸种经验事实之间的关联的解明就被限制在一种特定的思想体系与社会理论体系当中。就此而言，中国社会科学最初构想的“客观”目标与“主观”目标甚至发生了完全的颠倒。

那么，上述对“颠倒”的描述意味着什么？首先，它并不意味着我们对中国社会科学品格的评价；相反，它意味着一种公开而明确的选择与决断，意味着一种意志的展现：在马克思主义设定的真理——注意它被建构为唯一普遍的真理——范围内，它全心全意地忠诚并奉献于这种真理。对于一个特定民族在特定时空中的具体生活方式而言，至少在形式上它完成了社会科学所被赋予的功能，亦即为民族生活提供整体性的思想与认知框架的支持。其次，它意味着一旦这种“颠倒”进入学者的意识领域，曾经被视为不证自明的真理的虚构性遭到了揭露，那么原有的“真理体制”就会随之进入学者们反思的领域，尽管这种问题意识的萌芽也有可能被有意识地束之高阁。值得注意的是，在现代中国的社会科学的建构中，触发上述认识变化的契机并不缺乏：它既有权力一侧主动变更的因素，也有来自社会生活的经验现实因素。——就后者而言，它自始至终构成对任何一种现存的社会科学观念与研究方法的挑战：或者迫使其进行更好的解释与说明，或者迫使其放弃原有的认识论与方法论的框架。显然，1978年以降中国社会科学的重新建构，正是在这两种因素的同时作用下发生的。

这里要强调的是，中国社会科学这一特殊的“真理体制”进行自我变革的意志并不能直接等同于学者或观察者所期望的理想化的结果；中国社会科学的变化取决于多元主体的相互作用的具体过程。这样，我们就再一次相遇了本章的课题：在1980年代以后的西方社会科学引进、介绍与研究马克斯·韦伯的过程中，中国社会科学最重要的当事者、中国社会科学的主体亦即研究者是否意识到自己的行为对于建构中国社会科学、进而建构中国政治与社会秩序的作用与结果？下面，让我们对这一问题展开具体的分析与考证。

三　“马克思与韦伯”问题研究史概观

作为分析中国学者对“马克思与韦伯”问题讨论的一个参考框架，下面我将首先勾勒出“马克思与韦伯”这一问题的研究历史、研究范围以及相应的论述机制。在西方社会科学研究当中，“马克思与韦伯”问题乃是韦伯研究的题中之义。不过，由于二者对现代社会科学存在形式上的强烈塑造，学者们出于各自立场——既有学问上的立场，也有意识形态上的立场——的不同，对于二者的关系以及二者的评价也极其不同。

关于二者的关系，尤其是对立关系，论者可以从多个层面加以理解与刻画，其中，政治意识形态无疑是最主要的一个角度。比如，罗思(Guenther Ruth)为英语世界中广为流传的关于韦伯学说的概论性著作，亦即本迪克思(Reinhard Bendix)的《马克斯·韦伯思想肖像》新版撰写的导言中的下述说法，尤其关注了该问题的政治背景。

> 尽管对其他思想家和现代社会思想史上的其他“主义”也始终有人在研究，但是关于马克思和韦伯的研究规模之大则是无与伦比的。对马克思的关注是毫不为奇的，因为与马克思的名字相连的政治意识形态，为世界上一大部分地区的政府提供合法性证明……但是，韦伯则不同，他从未在政治或学术中创造某种“主义”，也未创造某些人所说的政治决定论或个人主义方法论。那么，是什么使得人们一直对韦伯思想怀有那么大的兴趣呢？最主要是它在学术上的优势。[①]

考虑到罗思的这个说法发表于1977年这一时代背景，可以说这种突出意识形态要素的解释并不难理解——与马克思主义的意识形态性格相比，作为社会科学家的韦伯形象得到了突出。对于真正的社会科学家而言，作为客观现实而存在的各种“主义”无非是知识的某种衍生品，从属于人们的主观世界。有趣的是，如同本书在后面即将分析的那样，罗思所指出的这种对比可以应用于1980年代以后的中国，尽管中国学者采取了不尽相同的表述。

与上述看法相对，试图强调马克思与韦伯内在关联的学者，似乎更愿意引用韦伯的一次表白，尽管其准确性并未得到严格的证实。韦伯曾经对其弟子说：“现代学者们，尤其是哲学家们的诚实性，可以从他对尼采及马克思的态度中来衡量。要是谁不肯承认他自己作品中的重要部分，若非参考了这两位作者的研究成果将无法完成的话，那么他在欺骗自己及他人。我们每个人今天在精神上体会到的世界，已是一个深深受到尼采与马克思影响的世界。”[②]这就是说，对于这段话的引述者而言，韦伯学问中必然包含马克思的学问要素，因此分析二者的关系，无论对于韦伯学者而言，还是对于马克思学者而言，都是富有价值的研究领域。

---

① 本迪克思：《马克斯·韦伯思想肖像》，刘北成等译，上海世纪出版集团，2007年，第1页。

② 转引自顾忠华：《韦伯学说》，广西师范大学出版社，2004年，第53页；原文见施路赫特：《理性化与官僚化》，顾忠华译，1986年。另参见上山安敏：《神话与理性》(孙传钊译，上海人民出版社，1992年)第51页对同样内容的相关转述。

从总体上看,"马克思与韦伯"问题的研究史可以从两个领域加以区分:作为社会科学的问题与作为哲学的问题。由于资料上的局限,笔者将以代表性的研究进行相关的总结。①

1. 作为社会科学问题的"马克思与韦伯"问题

作为社会科学的一个具体问题,"马克思与韦伯"问题通常关注两位思想家的具体学说的区别与联系。比如,英国社会理论家吉登斯在1972年发表的论著中指出,应该从三个层面解析"马克思与韦伯"的问题:第一,韦伯对于社会民主党的态度;第二,韦伯对于当时的马克思主义者的科学分析的态度;第三,韦伯对马克思本人的评价。② 这种以"态度"或"评价"为讨论两位理论家关联的做法虽然强调的是二者在政治上的异同,但吉登斯并未简单回到意识形态判断上去。相反,由于二者的异同得到了基于文本与历史的具体分析,"马克思与韦伯"问题首先被视为是一个社会科学的具体问题。

实际上,作为一般性的社会科学的问题,"马克思与韦伯"的关系在方法论、社会观、历史观等层面也得到了相应的分析。作为代表性的研究,日本学者内田芳明同样在1972年发表的以《韦伯与马克思:日本社会科学的思想结构》为题的著作当中,从上述诸角度对二者的关系进行了细致的分析。

内田芳明从日本社会科学史上特有的"韦伯问题"出发,首先对日本语境中的"韦伯问题"进行了规定,进而对"马克思与韦伯"问题进行了阐述。③ 在内田看来,"韦伯问题"在日本社会科学中出现的契机首先是指在当时落后的资本主义国家德国中"韦伯社会科学"的形成的问题。在这一视野当中,日本学者认为,韦伯一方面通过当时落后的资本主义国家德国与当时的发达资本主义国家英国与美国的对比,另一方面通过对马克思的社会科学方法的批判继承,形成了自己的社会科学。日本"韦伯问题"的第二个契机是,落后的亚洲社会与马克思主义相遇的问题。在内田看来,如果

---

① 因此这种总结并非是面面俱到。德国学者克斯勒(Dirk Kasler)在《马克斯·韦伯的生平、著述及影响》(郭锋译,法律出版社,2000年)的文献中提供了涉及该问题的部分英语及德语文献;参照该书第339—340页。

② Giddens, A., *Politics and Sociology in the Thought of Max Weber*, London: Macmillan, 1972, pp. 183-184。

③ 内田芳明:《ウェーバーとマルクス:日本社会科学の思想構造》,岩波書店,1972年,第8—17·。

不自觉运用韦伯的社会科学的方法，那么亚洲落后的历史事实将无法得到有效的理解。

在上述“韦伯问题”规定当中，“马克思与韦伯”问题事实上已经同时得到了部分的规定。内田具体从四个层面对该问题加以确认与重新规定。第一，韦伯中的马克思问题。比如，韦伯社会科学成立的重要契机被认为是马克思总体性的文化社会史观、亦即唯物史观的存在。第二，马克思中潜在的韦伯问题；换言之，在马克思的总体性认识与方法论当中，潜藏着马克思自身无法充分说明、甚至被否定然而却为后来的韦伯重新解释的问题。第三，与上述问题相关的社会主义过渡时期的韦伯问题。该问题具体指，从经典马克思主义看来，当时的社会主义国家正处于转型时期，然而它们不同于马克思最初的设想。这样，马克思所忽视甚至否定的问题——作为潜在的韦伯问题——就必然出现在这些社会当中。第四，落后的资本主义社会向社会主义社会过渡时期的韦伯问题。这是一个针对日本自身的问题：通过“马克思与韦伯”这样一个问题设定，日本学者试图寻找日本资本主义出路的问题。内田围绕上述四个问题，具体分析了“马克思与韦伯”在日本社会中的问题设定机制下的经验关联。

概言之，如果说吉登斯的“马克思与韦伯”问题分析的背景可以还原到二战后包括英国自身在内的“社会民主主义”问题以及作为意识形态之争的“马克思对韦伯”的问题，那么，上述内田的“马克思与韦伯”问题则可以更为明显地还原到第二次世界大战后日本的社会思想与社会科学的时代环境当中。事实上，在1960年代日本资本主义正处于高速发展的时期，日本学者试图综合马克思与韦伯的社会科学方法与社会历史认识，以求对当下以及未来日本的方向做出更好的说明。[①] 无论怎样，在社会科学领域，“马克思与韦伯”关系问题被置于具体的社会历史语境中，因而在很大程度上避免了非此即彼的简化认识。

2. 作为哲学问题的“马克思与韦伯”问题

这一问题设定最初可以上溯至匈牙利的著名马克思主义理论家卢卡奇(1885—1971)。卢卡奇在成名作《历史与阶级意识》(1923年)当中，对《资本论》进行了重新的解释。[②] 依据他的看法，马克思在《资本论》中所展开的并非只是对资本主义进行的结

---

① 详细讨论请参阅本书的第二部分“马克斯·韦伯在日本”，尤其是第四章。

② 由于讨论卢卡奇并非这里的主旨，下面的引述参照了山之内靖：《現代社会の歴史的位相》，日本評論社，1982年，第15—27页；另外参见顾忠华：《韦伯学说》，广西师范大学出版社，2004年，第10页。

构分析；马克思更全面思考的乃是在资本主义社会中，所有的存在者都受到制约的“物化”意识。物化意识并非是阶级意识的派生之物；相反，阶级关系乃是物化意识的产物。因此，资本主义批判的核心应该是物化意识批判。其中，最值得注意的是，在卢卡奇看来，韦伯的“合理化”论与“官僚制”论在实质上与马克思的物化理论相互呼应。在韦伯关于官僚制的论述当中，近代社会的管理与控制向着以合理化了的法体系秩序方向发生了倾斜。这在卢卡奇看来，韦伯所言的合理化 = 官僚制化的本质就是以冷冰冰的法秩序为基准的计算可能性，也就是马克思所指的物化现象。

这里值得强调的有两点。第一，卢卡奇通过设定“物化”这一关于资本主义既是解析性的，同时又是批判性的概念，率先暗示了马克思与韦伯的“相互补充”的关系，而不是后来学者强调的对立关系。不过，这里的“相互补充”的关系并非涉及两位理论家的全部理论，而是仅就二者对近代资本主义状况下的人的存在境遇这一维度而言的。第二，卢卡奇的这种独特的《资本论》解读，其理论来源之一被认为是韦伯思想，因为青年卢卡奇曾经是韦伯夫妻组织的文化沙龙上的俊杰。

由卢卡奇开启的这一论述“马克思与韦伯”的方向，在卡尔·洛维特（1897—1973）于1932年发表的长篇论文《韦伯与马克思》中得到了继承与发展。[①] 在卢卡奇的物化理论当中，韦伯仅仅停留在马克思理论的一个侧面例证的层面上；然而在洛维特的笔下，韦伯已经完全处于与马克思对等的地位上。当然，洛维特在文章开篇即提到，“与我们现实的社会同样，关于这个社会的科学也不是一种，而是有两种。那就是资产阶级的社会学与马克思主义。这两个研究方向的最重要的代表就是马克斯·韦伯与卡尔·马克思”。这似乎意味着，洛维特确立了“马克思对韦伯”这样的对立图式。然而这仅仅是当时欧洲意识形态激烈斗争的一个表象，因为他的问题意识并非在这种社会科学的经验研究层面上。

根据洛维特的看法，“韦伯根本不同于那些对自己无知、仅仅热衷于学习专业知识的人，也根本不同于对科学抱着朴素信仰的大部分马克思主义者。由于现在这种对科学的看法，韦伯开始询问作为专门科学而得到合理化的科学一般的意义”。这样，他就将韦伯的问题意识引向了对整个近代欧洲文化的批判，欧洲启蒙文化对科学真理的信仰被视为韦伯思考的主要问题。因此，强调“价值自由”的韦伯的方法论并

---

① Löwith, L.,“Max Weber und Karl Marx”, in *Archiv für Sozialwissenschaft und Sozialpolitik*, Bd. 67, pp. 53 - 214。该文的英译本出版于1982年(题为“Max Weber and Karl Marx”, London)，而日译本则最早出现于1953年(题为《ウェーバーとマルクス》，安藤英治等译，弘文堂；1966年日本未来社出版了改译后的新版)；截至目前，笔者尚未见到中译本出版。

非如同被误解的那样，是要放弃价值判断、仅仅专注于科学的世界；相反，“以科学的‘客观性’为目标的我们所能做的以及我们应该做的，并非是减少‘主观性’这一荒谬之事，而是要有意识地明确指出并思考在科学上虽然重要、然而却无法为科学所证明的事物”。[①] 其中，洛维特尤其关注的、科学所无法证明的就是青年马克思在《经济学哲学手稿》中发展的“异化”概念与观念。

这样，在洛维特的笔下，马克思——而非意识形态化的“马克思主义者”——与韦伯针对近代社会提供了一个根源性的批判视角，而这一视角构成了二者的共通之处。可以说，这种从人的存在的角度对资本主义进行批判，在这个层面上“马克思与韦伯”的“互补”或“融合”关系论成为延续至今的论点；其中，二者的批判也进一步被解读为对“现代性”的批判。但要注意的是，两位思想家并未仅仅停留在批判自身的范围之内；相反，使得二者产生“对立”关系的乃是他们对未来社会的看法：马克思看到的是未来的“人类解放”，而韦伯则看到的是“极地的黑夜”；前者给出了积极的、先知般的“治疗方法”，而后者则仅仅做了审慎的“病理诊断”。

随着1990年代“冷战”的终结以及全球性意识形态对抗的结束，洛维特的观点得到了越来越广泛的认同。特纳(Bryan S. Turner)在1991年为一本英文版《韦伯文选》撰写的新版导言中，对此前的“马克思与韦伯”问题进行了总结。他指出：“目前看来，继续死抱着韦伯对‘资本主义的起源’的解释这个问题不放，似乎只是种目光短浅、脑筋陈旧的做法。也许，理解韦伯自己对其事业的看法(即把握我们时代鲜明的独特性)的最佳方式，是将其看作对现代性性质的孜孜探求。”[②]换言之，在作为现代性层面的分析与批判上，韦伯与马克思获得了同等的地位，尽管二者在认识论、方法论等方面存在着差异。就此而论，以意识形态为解读韦伯框架的作法已经从1980年代的欧美社会理论中淡出。

这里要注意的是，单纯就形式而言，我们可以区分出关于二者的“对立论”、“互补论”、“继承论”、“融合论”等说法。然而在迄今为止的“马克思与韦伯”问题讨论中，我们发现这些高度概括化与抽象化的定位，仅仅就二者世界观与方法论的某一个特殊要素而言才具有相对的意义。正因如此，本书在上面具体以“社会科学”与“哲学”为视角对“马克思与韦伯”问题进行了整理。当然，由于二者对“实践”的看法迥异，二者

---

① 上述关于洛维特的引述转引自山之内靖：《何故に日本のウェーバー研究はニーチェ的モーメントを欠落させてきたか》，《マックス・ウェーバーの新世紀：変容する日本社会と認識の転回》，橋本務等编，未来社，2000年，第112—113页。

② 特纳：《探讨马克斯·韦伯》，《学术与政治》，冯克利译，生活·读书·新知三联书店，1998年，第192—193页。

的关系在具体的社会时空当中必然会遭到强制性的固定化。因此，接下来我们应该分析的就是，“马克思与韦伯”这一问题设定对具体的、固定化了的中国社会科学观念具有何种意义。

四　中国学者的“马克思与韦伯”问题研究

上面我们提到“马克思与韦伯”问题是欧美与日本等国家的社会科学者不可回避的问题。与此相对照的是，中国出现“马克思与韦伯”问题则必须从偶然性与必然性两个角度加以理解。首先，就偶然性来说，如上文所述，革命后的中国社会科学完全建立在马克思主义的框架之内。尽管这种社会科学研究范式必然要面对来自经验的挑战，然而在马克思主义的真理体制当中，这些认识上的挑战被转换为对政治体制与主流意识形态的挑战，因而必然遭到该体制的遮蔽、掩饰乃至压制。在这种情况下，长久以来被视为“资产阶级”代理人的韦伯社会科学缺少被认识的契机，更无法在有可能导致与马克思主义并驾齐驱的“马克思与韦伯”问题中得到讨论。其次，就必然性来说，这种必然性内在于马克思与韦伯的学问本身。具体而言，作为两位对近代资本主义、近代社会本身做出了深刻说明的理论家，他们的学说必然会进入到任何试图真正思考同样问题的中国学者的视域当中。事实上，如本书第一章所描述的一样，1980年代中期开启中国“韦伯热”的学者，正是此后一直关注、思考中国社会方向的一批思想开放的学人。

然而，无论中国的“马克思与韦伯”问题是以怎样的方式进入中国社会思想与社会科学研究领域，作为对该问题讨论的结果，它必然会对既成的中国社会科学的真理体制产生特定的作用与效果。这种作用与效果可以在两个角度上加以测定与分析：第一，韦伯社会科学在何种程度上相对化或曰动摇了原有的以马克思主义为基础的中国社会科学的某些性格？第二，中国的韦伯研究在何种程度上被回收到马克思主义的社会科学研究框架之内，以至于原有的社会科学观念继续获得了支持与强化？为了对这两个问题进行回答，我们首先要进入实证分析的层面。

1. 中国式“马克思与韦伯”问题的提出

就形式上的“马克思与韦伯”问题而言，中国学者对此并不陌生。事实上，在1988年出版的中国第一部韦伯研究著作《理性化及其限制——韦伯思想引论》当中，作者苏国勋单独用一小节介绍了“韦伯与马克思”问题，这应该是中国“马克思与韦伯”问题探讨的开端。另外，1980年代末出版的麦克雷撰写的《韦伯》译本中有这样的介绍：英国和美国从事社会学研究的学者们最经常碰到的问题之一，就是需要讨论这样的命题：“韦伯的社会学乃是与卡尔·马克思的灵魂展开的一场辩论。”[①]无论怎样，我们可以说“马克思与韦伯”问题较早地进入了中国学者的视野当中；其中，意识形态因素的考量无疑居于首要的地位。中国学者开始获得重新审视马克思主义的思想资源。

事实上，在苏国勋的笔下，二者的“对立”关系首先得到了刻画。他指出：“韦伯生活的时代，是马克思主义日益壮大和无产阶级革命运动蓬勃发展的时代。作为资产阶级营垒的一名自觉成员，韦伯的全部思想建立在以现代资本主义为体现的私有制的‘合理性’和‘合法性’这一价值理想之上，因此，他的社会学思想必然会与马克思学说发生直接的正面冲突。”[②]这样，论者承袭了来自马克思主义阵营的一般分析模式以及结论：韦伯的学说只是代表了资产阶级的真理，它必然低于被视为更高一级真理的马克思主义。论者苏国勋接着从“唯物史观”与“官僚制”两个方面论证了二者的对立。就此看来，中国韦伯研究的第一步似乎被完全回收到了马克思主义既成的认识体系当中。

不过，在以“思想解放”为主旋律的1980年代的思想状况中，论者以及当时的读者显然都无法满足于上面的认知图式。比如，苏国勋指出，“如果我们不是形而上学地把马克思主义视为一个孤立的、封闭自足的体系，……而是在当代科学技术革命和社会生活领域飞速发展的条件下，不断地从自然科学和社会科学中汲取新的营养，不断地丰富和发展马克思主义，那么，我们经过批判分析后就会从包括韦伯在内的现代西方社会科学中得到许多有益的内容”。[③] 换言之，韦伯社会科学的部分内容被认为是有益于“丰富和发展”马克思主义的。虽然我们并不清楚究竟哪些内容有助于达成上述目标，不过这种以“丰富和发展马克思主义”为目标的目标设定至少开启了韦伯研究的可能性，尽管在“马克思与韦伯”这一关系上，前者依然被视为方法与价值的更高体现。就此而论，作者虽然宣称在介绍韦伯时“力求保持客观和平和的态度”，[④]但事实上并未达成这一目标。

---

① 麦克雷：《韦伯》，孙乃修译，中国社会科学出版社，1989年，第77页。

② 苏国勋：《理性化及其限制——韦伯思想引论》，上海人民出版社，1987年，第317—318页。

③ 同上书，第324页。

④ 同上书，第4页。

其实,如果注意到"丰富和发展马克思主义"乃是 1978 年以后中国马克思主义的正式表述,那么上述苏国勋关于韦伯研究的说法则无非是这一官方话语的简单反复,显然脱落了研究者所不可或缺的反思性因素:在我们对韦伯学说进行"批判分析"时,我们的基准自身是否经过了更高意义上的"批判分析"? 一旦进入到这一层面的思考之后,我们就跨越到了韦伯社会科学的方法论当中。因此,如果"丰富和发展马克思主义"被视为一个价值上可欲的目标,那么韦伯社会科学方法就必须得到忠实的实践。若非如此,所谓的"丰富和发展马克思主义"就有可能成为原有马克思主义的一种单纯再生产。

然而,问题在于,应用韦伯的社会科学方法是否必然保证上述可欲目标? 作为一种情形,韦伯学说是否会瓦解上述目标? 进一步追问,上述目标本身作为马克思主义的自我论述,自然无可厚非,然而如果将其与中国社会现实联系起来——注意强调"现实"乃是 1980 年代中国社会科学取得的共识——,那么,这种目标除了它在维持马克思主义社会科学的"真理体制"上的意义之外,它在一般性的社会科学上又具有怎样的含义? ——真正试图探讨"马克思与韦伯"问题的中国学者必须回答这些问题。[①] 同样,在我们分析韦伯研究对于中国社会科学建构的效果与意义之时,这些问题更不可回避。接下来,我们就进入该问题的讨论。

2. 中国学者对"马克思与韦伯"问题研究的主要论点

进入 1990 年代,中国人文社会科学领域对韦伯的关注进一步升温,韦伯的部分重要作品相继被译为中文出版,韦伯研究逐渐得到展开。在"马克思与韦伯"问题上,也出现了新的论述方式。然而这里首先要指出的是,与韦伯的某些社会科学具体研究相比——比如"官僚制"、"阶层"、"合理化"等——,"马克思与韦伯"问题在整个 1990 年代并未获得认真的讨论。[②] 尽管如此,在两种由中国学者撰写的韦伯传记中,我们发现"马克思与韦伯"这一问题设定得到了相对特别的关注;其中,作为"资产阶

---

① 然而,中国学者似乎并未意识到这些问题。比如,中译本《社会科学方法论》(中央编译出版社,1998 年)的译者之一的韩水法虽然对韦伯的方法意识有着比较准确的把握,然而在涉及达伦多夫对马克思与韦伯的评价时,立刻主张说,马克思的学说"对当代人类社会和社会科学的影响远在韦伯之上"(参见中译本《序言》,第 25 页)。在这种论述中,韦伯社会科学的意义只能存在于对马克思主义的"丰富与发展"上。

② 参见王育民:《马克思社会研究方法与韦伯社会研究方法之比较》,《社会学研究》,1991 年第 1 期;冯钢:《马克思与韦伯:关于东方社会落后原因的探讨》,《社会学研究》,1992 年第 1 期,等。

级学者的韦伯”这一形象得到了特别的突出。

> 韦伯不相信资本主义灭亡、社会主义胜利是社会发展的必然规律，这与他的思维方式的特点有关，更与他的资产阶级意识形态有关。他对马克思的理论持有一种资产阶级的偏见。他虽然称赞马克思的理论成就，承认受到马克思的多方面的影响，但他又以他的方法论来解释马克思的学说，把马克思对历史规律的论述看作是马克思创造的理想型。他把社会主义理解为理性的产物，观念的产物，而不把社会主义理解为社会发展的必然。这是韦伯的资产阶级偏见造成的。[①]
>
> 韦伯与马克思就是这样的两个思想家，他们一直受到人们的关注，也是所有思想家在研究中不自觉就放在一起进行比较的。……但是，我们应该认识到，这种比较大多站在了资产阶级立场上，对从本质上否定资本主义统治的马克思主义没有好感，最终会得出韦伯比马克思高明的结论来。一些聪明的学者可能会掩盖这种企图，以一种似乎很公正的态度来说明马克思与韦伯的区别和联系，但在本质上仍然以否定马克思为最终的落脚点……[②]

考虑到传记作品潜在的读者群体，可以说上述表述至少意味着“马克思与韦伯”问题得到了一般性的认识。然而，这些评论性的文字在强调马克思与韦伯的对立关系时，二者的“阶级立场”成了压倒一切的标准。就此而言，上述论断充其量是阶级分析方法论的一种简单再生产。当然，由于这些文字来自于一般性的传记读物，尽管它们会对初涉韦伯研究的学生产生一定的影响，但它们并不值得认真对待。相反，本书必须关注的问题是，在具体的方法、内容等层面上，中国学者对“马克思与韦伯”问题进行了怎样的讨论。

从文献角度来看，中国社会科学研究中实质性地开启“马克思与韦伯”问题的探讨，则是1990年代末，尤其是2000年以后的事情。但首先要指出的是，虽然形式上讨论这一问题的文献正在逐渐增加，但真正重要的研究与评论尚少见；这也正是中国韦伯研究状况的一般反映。尽管如此，这种现象依然有着需要我们加以解读的意味与讯息。为此，我们有必要首先依据数篇比较重要的文献，将中国学者对该问题的讨论框架揭示出来。总体看来，除了1980年代中国学者提出的通过吸收韦伯学说“丰

---

① 姬金铎：《韦伯传》，河北人民出版社，1998年，第173—174页。

② 魏峰：《韦伯传》，中国广播电视出版社，2003年，第316页。

富和发展马克思主义"的观点得到继承之外,[①]我们可以归纳出两种类型。

第一,作为对等与互补关系的"马克思与韦伯"关系问题。这种观点与强调二者对立关系的论述形成了尖锐的对比,它成为1990年代末期以来中国学者的一种新的认知方式。作为这种论述的结果,某些关于韦伯司空见惯的"误解"得到了部分澄清。

比如,在1999年发表的一篇题名为《马克思与韦伯社会学思想比较论》的文章中,作者司汉武从三个层面将二者置于对等的位置,那就是"经济决定论与文化决定论"、"理想主义与现实主义"、"非理性主义与理性主义"。[②] 显然,无论是对马克思还是对韦伯而言,这种将他们的学问、思想与方法还原为某种特定的"决定论"或"主义"的做法,都显得过于简化,因而,这种做法与其说有助于、莫若说妨碍了人们对马克思与韦伯的理解。尽管如此,这篇文章值得注意的理由却在于,它至少在形式上提高了韦伯的地位。如果考虑到马克思在中国社会科学中的压倒性的位置,那么反过来说,至少作为非意图的结果,这样的形式化的观点弱化了马克思主义在中国"真理体制"中的地位。

与上述过于简化的形式不同,洪涛于2002年发表的论文《韦伯与马克思——论"文化—政治"与"经济—社会"》可以说是中国学者认真思考该问题的一个尝试。如同标题所显示的一样,作者将马克思与韦伯的学问与政治分别置于"经济—社会"领域与"文化—政治"领域,而对这两种领域的不同关注则构成了二者的"差异"。作者论述说:"马克思是在'经济—社会'系统中解决人的自由或解放的问题,他相信资本主义社会包含否定自身的力量,他的方法是打破资本主义铁笼,消灭国家。在韦伯那里,'经济—社会'系统只是一个系统,而在它之外(更准确地说,在它之上),尚有另一个系统,这是永恒的、人之自然所在的领域,这就是'文化—政治'。"[③]这样,马克思与韦伯的差异就被转化为对象领域的差异,而后者本无价值上的优劣之分。相反,两位思想家在"对现代社会与资本主义的诊断与批判"上,毋宁说是相同的。这一点可见于作者的下述说法:"在这一更深的层面上,韦伯绝没有简单地否定马克思对现代社会(尤其是对资本主义社会)的研究,相反,倒是大大发展、扩展并补充了马克思的理

---

① 比如下列说法具有代表性:"科学的发展的马克思主义体系应客观地评价和吸收韦伯学说的合理性";参见陈晓梅:《马克思与马克斯·韦伯——十八、十九世纪德国哲学思想影响下的两条道路》,《甘肃理论学刊》,2003年第6期,第48页。

② 司汉武:《马克思与韦伯社会学思想比较论》,《汉中师范学院学报》(社会科学),1999年第4期,第1—8页。

③ 洪涛:《韦伯与马克思——论"文化—政治"与"经济—社会"》,《当代国外马克思主义评论》,2002年,第225页。

论。尽管他们对现代社会研究的视角并不一致，但这种不一致与其说构成了简单的对立关系，毋宁说形成了一种互补。”[①]

实际上，中国学者在此期间发表的一些关于“马克思与韦伯”关系的议论中，这种以解消二者对立关系的观点逐渐成为主流。论者或者强调“马克思与韦伯在资本主义批判上有相通之处”，[②]或者指出在资本主义分析与态度上“他们的思想并不是一种简单的对立关系，而应是一种传承和互补的关系”。[③] 也有论者通过讨论具体的概念，比如马克思笔下的“异化”与韦伯的“合理化”，分析二者在不同的领域——马克思在私有制领域、韦伯在官僚制领域——中是如何进行类似的分析与表述的，因而“它们从某种程度上来说正好提供了互为补充的平台”。[④] 在这些互补论当中，资本主义批判被建构为二者共同关心的理论问题。

这里要注意的是，“资本主义批判”这一话语包含着双重含义：它既意味着对于历史与现实中的资本主义的批判，同时也意味着对于近现代社会一般性质、亦即“现代性”的批判；而在后者当中，作为现代社会一种具体形式的社会主义社会显然也被包括其中。正因为如此，这里更值得注意的是，这种批判可以指向两个不同的方向：现代性批判既可以导致对现实的资本主义以及现实的社会主义批判，也可以导致对社会主义的正当化。就后一个方向而言，其理由在于，在马克思主义看来，“社会主义”毕竟是一个试图超越现代性逻辑——它被等同于资本主义的逻辑——的一种构想。因此，尽管中国学者似乎接受了“马克思与韦伯”的互补关系，然而面对中国现代性的逻辑与现实，又显示出了回归马克思主义的一面。这就构成了下面要分析的中国学者探讨“马克思与韦伯”问题的第二种关系。

第二，基于马克思主义立场对韦伯的重新评价。在这一认知框架内，论者虽然不再强调二者的对立关系，韦伯得到了一定程度的认可，然而在最终的结论上，论者还是回归到了马克思主义的原有的认识立场。

---

① 洪涛：《韦伯与马克思——论“文化—政治”与“经济—社会”》，《当代国外马克思主义评论》第三辑，2002年，第200页。

② 陈刚：《马克思的工具理性批判思想——兼与韦伯思想的比较》，《科学技术与辩证法》，2001年第6期，第38页。在该文中，作者尽管努力公平地对待比较的对象，但评论说，“马克思科学地揭示了理性化导致非理性的悖论根源，并指出解决矛盾的出路”。因此，通过诉诸“科学”，论者还是批判了韦伯非科学的性格。

③ 刘新华、刘欣：《试比较马克思与韦伯关于资本主义本质的思想》，《前沿》，2008年第3期，第20页。

④ 周树华：《异化与理性化：工业社会的两重维度——马克思异化理论在韦伯语境的阐释与充实》，《东北大学学报》（社会科学版），2007年第3期，第206页。

作为代表性论文，张盾在《马克思主义当代视域中的韦伯》一文中重新分析了韦伯对历史唯物主义的评价，并指出，"韦伯的批判并不针对马克思的完整新世界观，而只针对当时学界盛行的对历史唯物主义的教条主义理解"，因而"学界通常将《新教伦理与资本主义精神》解读成反对马克思唯物史观的一部论战性作品，当属误读"。[1] 在这个意义上，作者的分析有助于澄清过于简单化的关于韦伯以及关于马克思的"唯物主义"的理解。正因为如此，诸如"韦伯歪曲并将马克思的历史唯物主义予以庸俗化，甚至进一步否定历史唯物主义"等这样的说法尽管仍然出现在相关的话语空间当中，但显然已经不再具有认识生产上的意义。[2]

该文作者接着指出，在"反思资本主义与现代性对现代生活产生的影响上"，韦伯"采取了与马克思不同的思想路向，即把资本主义不仅仅理解为一种经济—政治制度安排，而首先理解为一种文化—生活体验类型"，因而韦伯的研究扩展了马克思的"理论规划"。这种将韦伯学说纳入马克思主义框架内加以解读的方法，可以说反映了当下中国学者的一般认识特征。

或许让读者感到困惑的是，该文作者最终回到了原有的认识理路上，即"从马克思的立场看韦伯社会理论的根本缺陷"。作者指出，在分析现代资本主义经济体系与现代国家机关这两种制度模式上，韦伯"完全回避马克思的批判立场，而采取了资产阶级科学惯有的客观中立态度"。[3] 这样，韦伯关于现代制度的分析被作者重新还原为阶级立场的问题，亦即被还原为马克思主义的基本认识论与方法问题。事实上，这一点并不难理解。由于阶级分析在马克思主义社会科学中具有核心性的地位，坚持马克思主义至上的学者不得不重新论证该方法的意义。在中国社会科学的语境当中，这种论证方法虽然可以得到理解，但它必然面临许多困难。这一点可见于下述事例。

在一篇通过与韦伯学说比较而论述马克思的阶级理论的论文中，作者金林南首先准确地指出了一个事实，即"马克思的阶级理论在改革开放前的中国曾经达到全民话语的境界，而韦伯的理论（包括整个社会学理论）则被打入冷宫。改革开放后，尤其是 20 世纪 90 年代以来，韦伯的理论，包括他的社会分层理论，至少在学界已成为显

---

① 张盾：《马克思主义当代视域中的韦伯》，《南京大学学报》（哲学・人文科学・社会科学版），2005 年第 3 期，第 5 页。

② 苗金春：《马克思、韦伯与历史唯物主义》，《潍坊学院学报》，2002 年第 3 期，第 18 页。

③ 张盾：《马克思主义当代视域中的韦伯》，《南京大学学报》（哲学・人文科学・社会科学版），2005 年第 3 期，第 10 页。

性话语，而马克思的阶级理论至少在小传统的话语空间中开始逐渐萎缩，这也似乎与当代中国对社会秩序、稳定、合作的期待吻合”。然而，作者并不认为马克思的阶级理论在认识论上、在社会科学研究上可能存在问题；相反，作者通过与韦伯理论的比较而用力论证的是，“阶级理论是马克思主义的核心理论之一，必须将它放置在整个马克思主义的理论场域中才能获得本真的理解，才能避免陷入韦伯主义或功利主义的泥潭”。[①] 在这种论证模式中，理论模式显然被置于客观现实之上。因此，尽管作者对韦伯的阶层理论进行了部分肯定性的评价，然而作者在面对社会现实与元理论之间的紧张时，并没有深入考虑理论自身的问题。在这些论者的论述中，由韦伯学说触发而成的中国社会科学自我认识更新的契机转瞬即逝了。

上面，笔者依据中国学者的讨论对“马克思与韦伯”关系进行了分类整理与讨论。我们看到，除了个别的论者之外，大多数中国学者都已经认识到韦伯社会科学可能具有的意义。然而我们同时看到，中国学者尚缺乏对二者关系的细致而综合的分析与探讨。至少就中国学者提出的观点而言，如果与国际上的同一主题的研究史、亦即本章第三节所介绍的研究现状加以比较的话，我们就会发现中国学者尚未提出有意义的新见解，尽管我们曾经期待着，在马克思主义社会科学的范式当中，该问题可能会获得与众不同的讨论。[②] 这种期待与失望的结果意味着什么？作为本章总结，下面从中国韦伯研究的这一侧面与中国社会科学建构的关系，进一步加以探讨。

五　结语：“马克思与韦伯”问题再考

本章通过分析中国学者对“马克思与韦伯”这一被广泛讨论的问题的论述，具体揭示出了中国社会科学建构过程的一个环节，那就是“阶级分析”在中国社会科学中的地位变迁状况。值得注意的是，作为“资产阶级的马克思”的韦伯形象自身在中国社会科学当中的历史并不久远：中国学者在 1980 年代重新“发现”韦伯时，这一形象同韦伯众多的其他面孔一样，获得了建构与认识。韦伯被建构为资产阶级社会科学

① 以上两段引文参见金林南：《生产、历史与批判——在与韦伯的比较中解读马克思的阶级理论》，《马克思主义与现实》，2005 年第 1 期，第 77 页。

② 当然这与中国韦伯研究刚刚起步有关，因为一些重要的文献尚未得到引进与翻译。尽管如此，这并不构成中国学者在面对这种无论是关于马克思还是韦伯的解释都显得陈腐的事实时，可以不进行反思的理由。

的代言人。这一建构过程至今仍在得到某种程度的延续。与此形成对照的是，从同时代的世界社会科学看来，1980 年代正是韦伯的上述形象全面解体的过程。因此就“马克思与韦伯”这一问题的设定方式而言，中国学者将议论的起点重新设定到了 1960 年代乃至更早的西方社会科学语境中。这一事实至少意味着，我们在该问题的研究上依然是“亦步亦趋”地落在了时代的后面。

当然，本章在分析中国“马克思与韦伯”问题时关注的并非是这种时间上的滞后性，更不是意识形态上简单的二项选择、亦即自我立场的表白；本章的目标在于，分析中国韦伯论者在阅读与研究韦伯的过程中，是否以及怎样重新阅读了“马克思主义”。因为就纯粹的韦伯研究而言，美国、日本、德国都有各自的体系与特色，都有着几乎长达近一个世纪的历史积累。与此相对，中国的韦伯研究可以说刚刚起步。然而，与这一层原因相比，我们必须关注重新阅读“马克思主义”的原因更在于，如果存在着这种对马克思主义的重新阅读，那么，依据本书对中国社会科学的界定，我们就可以对中国社会科学建构的一个极其重要的侧面做出相应的判断：中国学者在多大的意义上与韦伯进行了“灵魂上”的对话。

然而，从上面讨论过的研究现状看来，至少在“马克思与韦伯”这一问题领域，中国学者尚缺乏对二者在社会科学观念与方法上的紧张关系的自觉。相反，在意识形态消融的整体性思想状况之下，二者的“共通之处”或曰“共性”得到了相对的重视与挖掘，其中论述二者“互补”关系甚至有成为主流的潜在可能。在一系列“共性”的分析中，韦伯表现出的那种对现代性冷静甚至悲观的认识被解释为与马克思的资本主义批判相一致，这一点最为突出。换言之，在资本主义乃至现代性“批判”的层面上，中国学者发现了论述二者关系的主要领域。考虑到现代性批判的同时代性，我们可以说，就这一批判视角而言，中国学者的韦伯论与马克思主义论开始获得同时代性。

问题在于，由于中国学者对“批判”的过度强调，作为“社会科学家”的韦伯形象与作为“批判理论家”的韦伯形象遭到了混淆；同样，我们可以说马克思的这两副面孔也没有得到仔细的区分。结果，在部分中国学者当中，“社会科学”仍无法与哲学的、观念的、抽象的社会批判区别开来，这深刻影响了中国社会科学的发展。这是因为，社会科学如果不以“事实的究明”为基础，那么它也就不成为社会科学、不成为任何意义上的社会科学；至于部分学者强调的“批判”，它毕竟属于价值判断的领域。当然，价值判断本身无可厚非，因为它乃是政治与政治生活的本质特征；问题在于，在社会科学研究当中是否价值判断要成为第一义上的判断基准。

自从马克思主义将意识形态所具有的虚伪性格、党派性格揭示出来以后，任何对于某种价值、思想体系的支持与拥护都成为一种政治行为，韦伯显然对此有清醒的认识。正因为如此，谋求对社会事实进行客观认识的社会科学是否依旧可能？或者说，社会科学在意识形态斗争中——本质上是诸种价值的斗争——能否以及如何坚持它曾经树立的理想与目标？与马克思主义者将社会科学的命运交给特定阶级及其利益不同，韦伯要在社会科学与价值的紧张关系中建构社会科学的客观性基准以及方法论。[①] 就此而论，韦伯社会科学对于当下中国社会科学的意义应该如是理解：在马克思主义社会科学揭示出启蒙时代以来的社会科学的意识形态性格之后，韦伯社会科学正是面对马克思主义社会科学所固有的难题，即其自身作为“真理体制”的问题时，试图克服这种难题而得到建构的。

因此，如何理解马克思与韦伯在社会科学观念与方法上的差异，并在此基础上推进对社会科学的探究，而不是将二者的差异还原为价值的不同，更不是还原为特定阶级的利益，可以说这对于建构中国社会科学而言成败攸关。因为，毕竟马克思主义社会科学在中国已有大半个世纪以上的历史，中国学者对其展示出的成功与失败之处应该有更明晰的认识。如果将这种明晰的认识重新置于“马克思与韦伯”问题域当中加以探究，那么中国学者或许会推进“中国社会科学”乃至一般的“社会科学”的发展。在这个意义上，依据上文分析，虽然中国的韦伯研究对中国社会科学的建构尚未显现出整体性的效果，然而韦伯社会科学已经为中国社会科学者开启了另一条通向现代社会认识的道路。简言之，无论是马克思主义社会科学还是韦伯社会科学，都应该成为我们进行社会科学研究的准备，而不应该成为我们的预设与结论。

[**附论**]

作为方法的“价值中立”：韦伯社会科学方法论的意义

一　世界观、方法论与实践的关系再考

一般而言，在纯科学主义与马克思主义的双重影响下，现代世界图像对中国社会科学的研究者而言，呈现出一种高度调和的状态；不同于传统中国社会的宇宙—社会秩序，这种调和是基于阶级主体——历史上最进步的无产阶级及其先锋队——对“历

---

① 关于这一点，请参见本章及下一章的附论中的相关论述。

史发展的客观规律”的洞察与把握来实现的。作为人类客观认识世界能力的理性，其根基被还原为某个特定阶级的理性，这是一种全新的历史认识，是理性主义的一种登峰造极的形式，因为它宣称可以把握人类社会历史的终极真理。不过，这种乐观主义的认知情况因韦伯社会科学方法论的导入而正在发生变化。

如果我们暂时将“社会科学”理解为近代以降知识的一种存在形式以及这种知识的探究活动而不考虑该知识本身的内在问题，亦即暂且悬置这种知识的正当性问题，那么，作为这种知识生产制度的具体环节，社会科学就是通过对研究者主体进行相应的学术训练来理性地把握近、现代社会的存在机制的学问。因此，学者在具体的经验事实面前，必须遵循“价值中立”的原则并尽可能基于知性的诚实客观地分析、理解对象的存在机制，这也就是韦伯在《社会科学研究方法论》中规定“价值中立”的意图。

不过，中国学者在对韦伯社会科学方法论的解读过程中，往往将某种特定的伦理思想带入到了解读框架中。比如，源于马克思主义关于“改造世界”的论述，中国学者多强调社会科学的实践性格。因此，韦伯所谨慎保持的“价值中立”的方法论原则，被有意无意地转换为“取消价值”、“无立场”的“实证主义”。在意识形态盛行的时代，这种方法论更被视为“资产阶级社会科学”的方法论，其必然的“阶级局限性”遭到了暴露与批判。然而中国的论者们无法回避的问题是，韦伯是否否认了主体的实践立场？韦伯从一个悖论的角度给予了分析：良善的愿望未必会带来良善的结果。因此韦伯的回答是：唯有将“信念伦理”与“责任伦理”结合在一起，才构成一个真正的人，一个能够担当“政治使命”的人。[①] 在韦伯这个著名的表述中，中国学者熟悉的“世界观”、“方法论”与“实践”的关系以独特的方式得到了重新的解释与规定。问题的关键是，韦伯的这一论述难道不是在理论与道德上都占据了人类行为的制高点吗？

当然，中国学者坚持的实践论，自有其历史渊源。从历史的角度来看，近代以降中国经历了一个世纪以上的“救亡图存”的历史，中国知识分子的文化心态、精神风格呈现出了与这一时代相辅相成的激越。1949年以后的革命政权在两个意义上将知识分子的激越推向历史的巅峰：第一，基于中国自身革命实践的历史性的昂扬；第二，基于旨在改造旧社会的马克思主义意识形态的理想主义。这种历史语境无疑对现代中国知识分子的主体意识带来了深远的影响。若要简洁地指出这种影响，那就是，这种语境造就了一种基于主观热情、信念与意志的实践性主体。其中，被规定为社会科

---

① 韦伯：《学术与政治》，冯克利译，生活·读书·新知三联书店，1998年，第116页。

学研究的指导原则的马克思主义发挥了巨大的作用。至于社会科学所坚持的客观性标准，这种实践性的主体并未加以关注。

正因为如此，中国学者面对韦伯的表述与自己曾经熟识的表述的巨大差异时，他们可能有着深刻的体验：新中国成立后曾经激动人心的“改造世界”的愿望最终将中国社会改换成何种模样？“改造世界”——连同自身思想乃至肉体一同“改造”的中国学者的经验，是否已然风化而未留下任何痕迹？如果答案是否定的，那么他们是否对“改造世界”及其哲学根据、亦即世界观进行有效的反思？这些问题无法进行抽象的回答。下面，笔者依据中国学界对韦伯社会科学方法论的接受情况，试图从一个具体的侧面接近这些问题。

二　韦伯社会科学方法论的接受状况

如果说世界观是任何主体寻求意义、进而获致存在的正当性支持的根据，那么，在这个意义上，1980年代中国学界重新引入韦伯的社会科学及其世界观之后，中国学者是否要重新面临世界观转换的痛苦？中国学者在重新面对现实中的社会，如何安置曾经被他们视为绝对真理的一些马克思主义的历史哲学命题与论断？分析中国学者如何理解韦伯“价值中立”这一概念的含义，我们将会获得相应的答案。

首先，就社会科学的“方法论”而言，中国学者对此并不陌生。事实上，在长期受“马克思主义的世界观与方法论”的社会认知模式的影响之下，“方法论”获得了与世界观同等程度的重要性。比如，在发表于1990年代中期的论文当中，中国主流的社会科学学者认为社会科学要“运用马克思主义哲学对社会科学方法论研究的现状加以分析”，因为“社会科学是以社会现象为研究的科学，它的任务是研究并且阐述各种社会现象和社会发展规律”。因此，“哲学世界观与方法论，这两者在本质上是一致的。这种一致性主要体现在：(1)任何科学方法归根结底都为一定的哲学世界观所决定。(2)方法论支持、影响甚至改变着一定的世界观。(3)哲学世界观终究要化为一定的方法论”。[①] 这样，马克思主义哲学作为社会科学方法论的正当性，再次得到了生产与强化。

然而，韦伯社会科学的方法论与马克思主义的方法论具有截然不同的侧面——如果提前说明，那就是前者强调研究主体要在方法上暂时将价值悬置起来，采用客观

---

① 王伟光：《简论社会科学方法论及其基本原则》，《北京社会科学》，1995年第2期，第24—26页。

中立的立场接近对象;后者强调要在马克思主义哲学这一特定的观念与价值体系的指导下进行研究。这样,如何处理研究主体最终诉诸的"价值",成为两种社会科学的根本分歧点。上面引述的中国学者的"方法论"论述并未意识到这种根本的差异。

中国学者最初关注韦伯提出的"社会科学方法论",始于1980年代中后期。郑永年在1987年《读书》第8期杂志上发表《科学价值相对说和社会科学:读韦伯关于社会科学方法论的论著》一文,可以说较早地注意到了韦伯社会科学的方法论问题;1988年,李小方在《文史哲》(1988年第1期)发表《马克斯·韦伯的社会科学方法论述评》,继续关注了韦伯的方法论问题。在众多的论述中,苏国勋在其专著《理性化及其限制》中,专门对韦伯的方法论进行了介绍和评价,代表了同期中国学者对韦伯认识的水准,这里稍作介绍。

比如,他指出:"韦伯提出'价值自由'概念的主要用意,在于把它看作一个规范社会认识的原则,他竭力要消除人们对社会科学抱有的超出其自身能力的一种期待:似乎评介社会科学可以对不同的、甚至相互冲突的价值做出科学性的评价。在他看来,这是超出社会科学能力以外的不属于其职责范围的问题,也是科学根本无法解决的问题。"[①]同样,对于价值中立,他指出,"从消极的方面说,'价值中立性'提醒社会科学不能越俎代庖地处理自身力所不逮的价值评判问题;从积极方面看,它明确地说明了包括社会学在内的任何一门科学都有其不可逾越的局限性。这是韦伯针对孔德企图建立一门包揽一切的、总体的、普遍的'社会学'所做出的批判"。因此,"韦伯的'价值中立性'概念绝非否认价值或在科学中取消价值"。[②] 从总体上看,上述说法表达出了韦伯的一些原意,尽管不完全准确。比如,对于社会科学与价值冲突的问题以及"价值中立"并非否认价值或取消价值的问题,上述表达可以说是体现了韦伯的见解。然而,当科学与价值发生冲突时,科学的角色究竟为何?作者对此缺乏进一步的讨论。而当作者指出韦伯的论辩对象是孔德的社会科学观念时,他更是过于简化了韦伯讨论"社会科学方法论"的时代背景与历史情形。

如同第一章所述,虽然韦伯社会科学方法论的主要著作在1990年代初就得到了翻译出版,但中国学术界对韦伯的方法论并未进行认真的研究与讨论。在1990年代末期出现的讨论文章中,部分学者的讨论虽然依循了苏国勋的解释,但他们在把握韦伯方法论主旨的准确性上更进了一步。

比如,有论者解释说:"价值中立问题的实质不是取消价值关系,而是要求研究者

---

① 苏国勋:《理性化及其限制——韦伯思想引论》,上海人民出版社,1987年,第276—277页。

② 同上书,第280—281页。

在科学研究中严格划清经验事实与价值评价的界限，并且在研究主体选择了研究课题之后，应停止使用任何主观的价值观念，严格以客观的态度对问题进行观察与分析，因此，深入研究这一问题对于我们建立社会科学方法论基础，具有现实意义。”①另外有论者指出，价值中立“这一原则要求研究主体按主观愿望选择了所要研究的问题之后，应该客观地描述关于所要研究问题的全面资料和对这些资料进行科学分析所得出的结论，而不管这些资料和结论是否与研究主体、社会或者他人的价值观念相冲突、相对立”。② 这些说法进一步接近了韦伯的原意。

另外，还有许多论者在简要介绍了方法论的一些原则后，表明了对韦伯的支持立场。③ 其中，值得一提的是，有学者运用“辩证唯物主义与历史唯物主义的基本观点来分析韦伯社会科学方法论”，得出了“韦伯这对范畴有其合理内容，它反映了社会科学研究对象的特殊性以及知识社会现象之间具体因果联系的客观法则，对于建构社会科学方法论的基础有着重要的意义”这样的结论。④ 这种运用马克思主义的观点来论述韦伯学说的做法将导致对韦伯的误读，但这种论法具有非意图的效果——韦伯方法论的基础被置于中国社会科学的“真理体制”当中，因而在形式上获得了那种“真理体制”的支持。

三　马克思主义学者对韦伯方法论的批判

另一方面，随着韦伯论的展开，中国学者开始意识到韦伯社会科学方法论的异质性，这表现在他们从两个方向上的论述。首先，基于马克思主义的论述，有学者进行了如下的表述。

以马克思主义理论为核心的意识形态，代表了工人阶级和广大劳动人民的

① 赵一红：《浅论社会科学方法论中的价值中立问题》，《暨南学报》(哲学社会科学版)，1999年第1期，第43页。

② 张艳梅：《浅析马克斯·韦伯社会科学方法论中的“价值无涉”原则》，《沈阳工程学院学报》，2005年第1期，第40页。

③ 值得注意的是，这些文章大多出自当时硕士研究生的手笔，尚缺乏深入思考。参见王毅杰：《对韦伯社会学方法论的几点述评》，《社会科学研究》，1999年第3期；陈静：《简评韦伯的社会科学方法论》，《江淮论坛》，2001年第3期；沈远泉：《对韦伯社会科学方法论中有关“价值”问题的浅析》，《理论观察》，2008年第5期。

④ 赵一红：《浅论社会科学方法论中的价值中立问题》，《暨南学报》(哲学社会科学版)，1999年第1期，第47页。

利益，因而具有最大的普遍性；它科学地揭示了人们动机背后的社会物质生活条件，并且公开申明自己的政治目的和利益所在，因而不存在“掩饰”和“欺骗”；以真理观和价值观相统一为特征的马克思主义，把对真理的系统追求看作自己的义务，并且开辟了人事真理，尤其是认识社会科学真理的途径与方法，因而不是阻碍而是促进了科学的发展。马克思主义又是开放的，它不是以某个有待检验的理论，而是以实践为标准检验和发展自身，因而与任何守旧的、教条的东西格格不入；它表达了工人阶级的历史使命和人类的最高理想，代表了社会进步和人类未来的方向，因而它拥有“最多的能长久保持的”真理因素。[①]

在进行上述论断前，该论者论述了社会科学具有意识形态的固有属性。作者认为，正是为了解决社会生活实践中产生的种种社会矛盾，社会科学才得以产生、存在和发展；而这些矛盾又是意识形态的根源，因此，他认为意识形态是社会科学的固有属性。不仅如此，论者反问道：“抹煞社会科学的意识形态属性，难道不意味着解消社会科学应有的同非科学、反科学的意识形态作斗争的革命批判性吗?”[②]应该说，这些论断就其自身的理论预设而言是正当的。问题在于，这一论断是否可以用于韦伯的社会科学？论者并未考虑这一问题。因此，由于论者对自己的理论预设缺乏最基本的反思与控制，上面引文中作者对韦伯方法论的批判完全偏离了靶心。

作者认为，“在韦伯看来，‘价值中立’是保证研究的客观性和科学性的一个标准，也是科学家的行为规范和科学自主性的基本要求——自觉地恪守‘中立’原则并以此来维护科学尊严，是学者理智诚实的表现”。据此，作者认为韦伯的这种观点“包含着一定的合理性”；然而他接着质疑：“只承认二者的区别而抹煞二者的内在联系，果真能够坚持真理的客观性和科学的独立性吗?”并进一步认为，社会科学研究不可能、亦不应当放弃对人类活动之目的核心价值的评价，“因而，那些代表着现状的变革，代表着历史方向的、未来社会的主导力量所追求的价值，是具有必然性、合理性和现实性的。”[③]

这里之所以不厌其烦地引述上述观点，是因为它们是中国马克思主义学者所展开的代表性论述。就这些论述所依据的马克思主义哲学来看，它们是准确的——马克思主义被认为是揭示了历史发展的方向，而其政治上的担当阶级则是实现社会变

① 齐修远：《评社会科学方法论研究中的两个假设》，《哲学研究》，1996年第7期，第14页。

② 同上书，第13页。

③ 同上书，第9—12页。

革的主导力量，因此这一阶级所追求的价值具有必然性、合理性与现实性。显然，水到渠成的结论就是该论者在前面长篇引用中的说法。

然而，那些论者们没有意识到的问题在于，第一，韦伯是否认为社会科学与意识形态没有关系？第二，韦伯是否抹煞了社会科学与意识形态之间的内在联系？第三，韦伯社会科学方法论主旨是意识形态与科学的关系的问题吗？第四，如何断定某特定阶级代表了历史发展的方向，因而其追求的价值具有必然性、合理性与现实性？第五，仅仅在这种历史哲学的水准上阐述韦伯的社会科学方法论是否恰当？这样的问题我们还可以继续举出。如果用一个疑问概括，那就是：韦伯的社会科学方法论的文本是否得到了准确的理解与重新表述？当然，这些疑问并非要具体的中国学者作出回答，因为它们反映的是中国社会科学研究所面临的根本问题。

四　知性的诚实与学者的成熟

从现状来看，中国社会科学的观念与研究实践具有浓厚的主体色彩与价值色彩；因此学者倾向于认为，社会科学就是积极实现某种特定价值的手段。——在现代中国，核心价值的正当性基础是马克思主义及其历史上的各种变化。另一方面，中国化的马克思主义也强调经验调查与研究，主张“没有调查就没有发言权”。然而，核心的问题依然悬而未决：这种“调查”在什么意义上保证了调查主体试图把握的客观现实？阶级分析的方法曾经被视为最为根本的方法。不过，这与其说是问题的解决，莫若说是问题的替换——特定阶级的事实并非是社会事实本身。因此，曾经支配中国学界的社会科学研究纲领，无论就其方法还是目标而言，其问题并非是实证主义社会科学内部的问题，而是其显著的“非实证主义”的伦理学性质。这种论述的根据正可见于中国学者对韦伯社会科学方法论的批评。前文对此已经进行了相关的分析。1978 年以后，中国学者对“阶级分析法”逐渐敬而远之，这让我们看到了变化的方向。

不过，就韦伯提出的方法论而言，中国学者尚缺乏实质性的讨论与研究。上面分别介绍了中国学者试图正面理解韦伯方法论的评论与他们对韦伯方法论的批判。这里如果概括性地指出其中的问题，那么就是前者对韦伯主旨的表述流于粗疏，而后者由于未能把握韦伯论述的问题意识，批判则显得或者大而不当、不得要领，或者文不对题、虚张声势；究其原因，许多作者在未认真阅读韦伯文本的情况下，就轻易地下了结论。[①] 另一方面，训练有素的马克思主义学者在哲学—世界观层面对韦伯进行了符合自身逻辑的批判，然而这种批判是一种外部的、基于特定阶级立场的批判，从而无视了韦伯对客观性进行的细致的讨论，因而不具有科学认识上的生产性意义。

就此而言，从迄今为止论者的讨论来看，韦伯倡导的研究方法与学术态度尚未得到充分的理解与尊重。事实上，作为韦伯社会科学研究方法一环的"价值中立"，其目的正是探求价值本身，而且这一被探求的价值无法简单还原为某个特定阶级的价值；毋宁说，其根本目的是探究社会现象背后的法则性机制。[②] 韦伯对于看不到这一点的人，或许无意进行任何形式的辩驳，因为这一点在其著作中已然得到了清晰明了的解释；换言之，韦伯已经做到学者应尽的责任，即做到了知性的诚实。

当然，这里的"知性的诚实"并非简单的职业伦理与个体道德要求，它更是指一种科学的态度。[③] 换言之，科学研究方法与知性的诚实互为表里——坚持科学的态度与研究方法，必然导致学者知性的诚实这一品格；相反，如果学者具有知性诚实这一品格，他必然会坚持科学的态度。韦伯在其《社会科学方法论》中，对此有明确的阐述。在谈到价值与社会政策（实践）的关联时，韦伯指出了两项重要责任，这里抄录如下。

> 第一个责任是使读者和他们自己在每时每刻都分明地意识到他们是依赖什么尺度来衡量现实并导出其价值判断，而不是如通常的情形那样，通过各种不同的价值彼此之间不精确的挪移而在理想的冲突方面来回欺骗自己，同时想"给每个人都提供一些东西"。倘若严格地尽到了这个责任，那么实践中所取的评价态度不仅于纯粹的科学利益是无害的，而且是直接有用的，并且确实是必要的。
>
> 科学无偏见的第二个基本要求便是，在这样的情况下，要使读者（并且——再说一遍——首先是我们自己本身）随时都明了：在什么地方科学研究者开始沉默而有意欲的人开始说话，在什么地方论证求助于理解，而在什么地方则求助于

---

① 举例说，有论者认为："韦伯的批判有力地指出了历史考察的任意主观性的弊端，但他忽略了社会科学理论的预见性和指导性，否认了经验分析对历史的前瞻预证，从而彻底抹杀了具有规律必然性的类型的历史次序，将历史发展的因果关系引入了充满或然性和选择性的时空中。"参见曾令华、戴彧：《文化科学的意义理解和价值判断——浅析马克斯·韦伯的〈社会科学方法论〉》，《武汉交通科技大学学报》（社会科学版），1999年第3期，第78页。

② 具体讨论请参阅本书的第四章。

③ 关于"知性的诚实"，请参阅本书第六章中的相关讨论。

感情。科学讨论与评价性的推断之间的不断混淆仍然是我们专业研究中散布最广而且危害最大的特点之一。前面的论述直接反对这种混淆，而决不反申明自己的理想。无信念和科学的“客观性”之间毫无内在的近似性。①

依据韦伯的上述表述，当特定的意识形态公开承认自己的利益所在、承认自己的立场时，这种坦白只是向“客观性”前进了一小步——更为重要的问题在于，如何使得自己的利益、自己的立场获得“他者”的客观承认？这就要求实质性的科学标准。只有科学的研究与分析，才能提供超越特定立场与利益的标准，为政治生活的本质、即利益的协调与分配提供现实的可能。人类文明的进步、人们追寻的好的生活，只能依赖于这种科学观念与科学知识的昌明，而非意识形态的自我表白与公开接受。

要言之，韦伯的社会科学方法论因其标准的双重诚实——既对自己的利益、价值、立场诚实，亦对外在于自己的世界的利益、价值、立场诚实——，在最终的意义上保证了其研究结果的“客观性”。因为这种客观性将自我—他者一同纳入到研究视野内，它自身就构成了好的人类生活的必要条件。在这个意义上，是否接受韦伯的社会科学研究方法论，即成为判断学者知性诚实与知性成熟的唯一标准。

① 韦伯:《社会科学方法论》，韩水法、莫茜译，中央编译出版社，1998 年，第 10—11 页。

第三章
中国语境中的韦伯政治哲学与社会科学方法论

如笔者在第一章中指出的一样，韦伯作为“社会科学家”的形象并非在中国学者接受韦伯开始就得到了确立，尽管中国学者知道韦伯具有这一身份。在1980年代开始的韦伯接受过程中，韦伯更是作为“思想家”、“理论家”乃至“哲学家”的面孔出现的。显然，这种情况并不有益于中国学者吸收韦伯的社会科学思想。不过，令人感兴趣的是，正是在“政治哲学”的框架中，韦伯的社会科学观念与方法论得到了关注。这种独特的认知路径迫使中国学者再一次思考：韦伯的社会科学到底意味着什么？本章将韦伯的社会科学置于“政治哲学”的框架中，具体讨论这一问题。

一 引言：韦伯的“社会科学”与“政治哲学”

随着中国韦伯研究的展开与深入，韦伯社会科学的性格已经逐渐得到了认识。然而，如下文将要论述的一样，为了理解作为现代性的一种特殊制度的韦伯社会科学在现代政治社会中所具有的意义，我们需要一个不同于社会科学的认知平面，借以将韦伯社会科学的政治与社会意义揭示出来。由于“政治哲学”近年在中国学界得到了异乎寻常的关注，本章拟从“政治哲学”的角度分析韦伯的社会科学涵义，并进而分析韦伯社会科学在中国社会科学建构中的效果与作用。① 为此，我们首先需要阐述的就是，从“政治哲学”的角度阐述韦伯社会科学的意义何在。

事实上，时至今日，作为“社会科学家”尤其是作为社会学家的韦伯形象可以说已经家喻户晓。其中，韦伯倡导的“社会科学方法论”以其精致而严格的“事实—价值”区分，赢得了中国学者广泛的关注，因为这一方法论的实质一般可以理解为“社会科学”在政治与社会生活中如何确保“中立化”的问题。对于中国学者而言，韦伯禁欲式的客观研究姿态因下述事实而得到了极其强烈的反衬：由于现代中国的社会科学坚持以马克思主义为指导原理，而“以马克思主义为指导原理”意味着中国社会科学工作者要“坚持”、“发展”、“捍卫”马克思主义为其社会科学的最高价值目标。在这一观念当中，马克思主义所承载的文化与历史价值、尤其是其社会与历史认识上的“真理”价值，被认为是、并被规定为至高无上的科学与普遍真理，因此以揭示经验事实之间因果关系为主旨的社会科学，必然亦必须从属于这种“真正的”社会科学。与此相应，非马克思主义的西方社会科学则被认为是资产阶级意识形态的反映。简言之，韦伯社会科学在中国所引发的关注具有浓厚的意识形态背景：如何在现代中国这一特殊的时空领域中理解“政治”与“学术”（尤其是社会科学）的关系。

然而，如果仅仅关注作为“社会科学家”的韦伯形象，那么我们对韦伯的理解与认识也就将仅仅局限于韦伯的政治观念与科学观念当中。② 就此而言，韦伯的两篇论述学术与政治的著名讲演被冠以《学术与政治》（冯克利译本）这一凝缩的书名在中国出版发行，虽然可以说以直接而显白的方式引发了一个特定时代的首要关心问题，但同时这一做法又将人们对韦伯理解固定在“学术”与“政治”上：人们或者强调其中一端，或者强调二者的对立关系。结果，韦伯的“学术”论与“政治”论背后隐藏的认识原理与近现代社会的关系并未得到深入的揭示与解释。对于中国社会科学而言，这种对韦伯社会科学的理解容易被回收到原有的亦即马克思主义的社会科学认识论当中。

另一方面，自 2000 年以来，由于列奥·施特劳斯与卡尔·施米特学说的引进，中

① 虽然英国学者莱斯诺夫在其著作《二十世纪的政治哲学家》（冯克利译，商务印书馆，2002 年）中将韦伯视为 20 世纪代表性的“政治哲学家”，不过他更是指韦伯是一位“社会理论家”。本书将从由施特劳斯与施米特所建构的“政治哲学”的角度分析韦伯。

② 关于韦伯论述的政治与学术的关系，参见施路赫特：《价值中立与责任伦理》，《韦伯作品集Ⅰ学术与政治》，钱永祥等译，广西师范大学出版社，2004 年。

国学界出现了方兴未艾的“政治哲学热”。[1] 前者强调的“古典哲学”与后者强调的“天主教价值”在对所谓“现代性”、尤其是对其价值取向进行质疑与批评的意义上，获得了中国学者额外的青睐；“政治哲学”被视为思考近现代中国社会转型乃至建构理想的政治秩序的最前沿的学术工具。分析这种意义上的“政治哲学”热潮兴起的社会背景并不困难；然而中国学者至今尚未关注的问题是，施特劳斯与施米特的“政治哲学”在一定意义上正是从正面应对韦伯社会科学的问题意识而形成的；这一点将在下一节详细论述。

这里首先要强调的是，在这一新的政治哲学框架当中，“学术”与“政治”关系得到了重新的思考——“学术”所承载的政治与社会意义重新得到了认识。如果说强调价值与事实的二分、强调学术与政治的紧张的韦伯社会科学代表了对现代制度安排的一种经典的且基于经验现实的认识，那么“新”政治哲学则以放弃“客观中立”观念为本质特征，它重新将对政治生活的思考与古典时代的思考，同形成于古典时代的价值接续了起来。显然，这种政治哲学思考倾向至少在表面上对韦伯社会科学的方法论提出了挑战。事实上，施特劳斯与施米特都对韦伯进行了批判，他们的政治哲学与韦伯社会科学之间的内在联系可以说是显而易见。二者视为问题的现代性的“中立化”与“非政治化”——在政治思想领域中表现为自由主义思想——可以说均源于韦伯的问题意识。[2] 因此，重新分析他们对韦伯的批判对于我们理解韦伯社会科学与政治哲学就具有不可替代的意义。因此，如何将这种内在联系揭示出来，就成了我们重新评价韦伯社会科学对于中国社会科学建构的意义的关键之所在。

事实上，在今日中国学者一般的施特劳斯论与施米特论当中，施特劳斯与施米特所带来的“政治哲学”通常意味着自由主义批判框架内的政治哲学的复兴。因此，这种意义上的政治哲学必然触发两个重要的问题，那就是马克思主义社会科学的内在问题与韦伯社会科学的内在问题。由于这两种社会科学自身同时又构成了紧张关系，那么韦伯的“政治哲学”就为我们理解中国社会科学提供了一个独特的视角与

---

① 当然，近年埃里克·沃格林《政治观念史稿》等的翻译，也可以归于这一“政治哲学”导入运动；限于主题，本书仅讨论施特劳斯与施米特的韦伯论。值得注意的是，沃格林在其自述中提到，“正是他（韦伯——引者）著作中的这一缺陷，成了我要解决的大问题”。参见沃格林：《自传性反思》，徐志跃译，华夏出版社，2009 年，第 12 页。

② 施米特在刻画欧洲近代精神最新的“中立化”阶段时，几乎沿袭了韦伯关于现代性的诊断。参见施米特：《政治的概念》，刘小枫编，刘宗坤等译，上海人民出版社，2004 年，第 185—187 页。

工具。

众所周知,马克思主义在现代中国语境中除了作为由其规定的“社会科学”之外,一直具有某种“政治哲学”的面孔。根据一般的看法,基于辩证唯物主义与历史唯物主义,马克思固有的政治哲学可以理解为将“政治”还原为阶级斗争;人类的历史就是阶级斗争的历史,这一历史将持续到历史的终结,亦即共产主义社会中阶级的消灭。这意味着什么?这首先意味着马克思主义对于社会生活的总体性的“政治化”。斗争乃是历史本身,人们的社会生活必然是因斗争而分化的政治生活:人们或主动或被迫在斗争中选择立场。在马克思主义中,这一立场被限定为基于经济生活的“阶级立场”。在这种简单的还原主义立场中,政治生活的实质被规定为斗争。然而,正是由于这种政治观念,马克思主义同时又进行了社会生活的“非政治化”:在无产阶级取得政权的国家,由于剥削阶级已然被消灭,阶级斗争至少在原理上不再具有实际意义。这也正是当代中国的情况:近现代政治的“中立化”获得了特殊的形式。中国于1970年代末正式放弃“以阶级斗争为纲”的错误方针,正是经历了一系列尝试后对近代政治的“中立化”这一普遍原则所做的一种承认。就本书的主题社会科学而言,我们可以说马克思主义社会科学实质上取消了“政治”,因为中国社会科学必须服从于单一的政治目标。

显然,中国学人对韦伯社会科学的关注与中国的“中立化”具有某种层面的联系,那么在新近兴起的“政治哲学”框架中,马克思主义的“政治哲学”的意义与历史局限都得到了确定与突出。然而这并不意味着韦伯社会科学的方法论所强调的价值中立、政治与学术的区分对于中国的意义可以等闲视之;相反,考虑到中国自1919年五四运动以来对于“科学”的信仰,考虑到马克思主义在今日中国社会科学体制中所占有的真理性位置,韦伯社会科学的诸命题仍然对中国社会科学及其主体的性格与品格提出了严厉的要求。换言之,我们必须在新近兴起的政治哲学视域当中,进一步地理解与解释韦伯社会科学对于中国社会科学的意义。

鉴于以上分析,本章设定的问题就可以表述为:当中国的“政治哲学”几乎是完全由施特劳斯与施米特的政治哲学触发而成的时候,更具有社会学家、经济学家、法学家等“社会科学家”面孔的韦伯具有何种的“政治哲学”意义。这是因为,第一,施特劳斯与施米特作为韦伯社会科学方法论的批评者,他们的观点与韦伯的政治见解必然产生关联;换言之,我们可以从“政治哲学”的角度解读迄今为止未得到足够重视的韦伯的政治思想与见解。第二,在中国兴起的“政治哲学”与建构中的“中国社会科学”由于在宏观上共享了同一个语境,它们必然具有内在的与外在的多种关联。如果说

1980年代以后的韦伯社会科学的导入正在引发相应的效果，那么当这种社会科学的某些至关重要的因素同时遭到——中国学者认真而热切地关注的两位政治哲学家——施特劳斯与施米特的批判时，这对于中国社会科学的建构以及对于政治哲学性格的塑造将起到怎样的作用？①

毋庸置疑，施特劳斯与施米特的韦伯批判的基础乃是各自的政治哲学立场；他们笔下的"韦伯"最终服从于各自政治哲学的建构。因此对于本章而言，我们有必要依据中国当下的语境去重新理解二者的韦伯批判；因而，笔者将不仅仅关注德国或当代所谓"自由民主主义"体制中的韦伯的政治思想。② 换言之，我们既要回归到二者批判的历史层面，又要在二者批判的逻辑层面展开分析与议论；不仅如此，我们还要进一步走入中国当下的语境，探寻这三位思想家的"政治哲学"对于当下中国社会科学建构的具体意义。

这里首先要指出的是，中国的韦伯研究历史虽然浅近，但中国学者在这一研究的较早时期即接触到了韦伯的部分政治见解，亦即主要体现在《学术与政治》讲演中的见解——该书在1988年以《学术生涯与政治生涯》出版；几乎与此同时，全面介绍韦伯政治思想的二手文献，亦即比瑟姆(David Beetham)的《马克斯·韦伯与现代政治理论》的中译本也于1989年出版。③ 然而，直到更能全面体现韦伯现实政治关怀的《韦伯政治著作选》中译本于2009年出版前，可以说中国一般的学者尚无法全面、直接了解韦伯的政治观点。④

---

① 中国部分学者已然注意到施特劳斯对韦伯的批判，并进行了相应的解读；但遗憾的是，这种解读依然停留在作为"社会科学家"的韦伯理解框架内。参见张美川：《价值自由与虚无主义：韦伯价值学说再审视》；王利、张源：《施特劳斯所勾勒的韦伯思想肖像》；二者均载于《现代性的多元反思》，许纪霖主编，江苏人民出版社，2008年。

② 在汉语文献中，刘小枫较早地介绍了自由主义批判传统中韦伯与施米特的关系；参见刘小枫：《施米特与自由主义宪政理论的困境》，《二十一世纪》，1998年6月号。

③ 韦伯：《学术生涯与政治生涯》，王容芬译，国际文化出版公司，1988年；比瑟姆：《马克斯·韦伯与现代政治理论》，徐鸿宾等译，浙江人民出版社，1989年。另外，此间中国的个别学者也注意到了韦伯的政治思想；参见晓兵：《马克斯·韦伯政治思想概览》，《理论前沿》，1988年第36期。

④ 另一方面，就韦伯研究一般而言，直到德国蒙森(Wolfgang Mommsen)撰写的博士论文《马克斯·韦伯与德国政治：1890—1920》于1959年出版之前，无论是在美国还是在日本这样具有较长的韦伯研究史的国家，韦伯的政治论与国家论事实上遭到了有意无意的遮蔽。由于蒙森强调了韦伯在德国纳粹思想形成中——比如与被视为纳粹思想家的卡尔·施米特的关联——的作用，该书在1960年代的德国引起了截然对立的观点。中国学者在1980年代注意到了蒙森的韦伯解释；参见胡其鼎：《韦伯和蒙森的阐释》，《史学理论》，1987年第3期。

二 韦伯的政治哲学：施米特与施特劳斯的视角

在一般的韦伯研究者眼中，韦伯似乎与以追求某种政治普遍主义为目标的“政治哲学”并无关联。如同《韦伯政治著作选》的英文译者指出的那样，“马克斯·韦伯很难被归入政治思想家的行列。……他一心要捍卫自由主义宪政国家的制度，但他自己的思想原则却妨碍了他从已经高度成熟的政治哲学角度为它们进行辩护。这些都是他的研究当中未能消解的张力”。[①] 然而，这是一个具有代表性的误读；下面我将阐述，根据施米特与施特劳斯对韦伯社会科学进行的分析，韦伯拒绝从所谓“高度成熟的政治哲学”的角度为自己的政治主张进行辩护，这一做法恰恰是其成熟的“政治哲学”的标志与自然结果。

这里要强调的是，韦伯本人并未直接谈论过自己的“政治哲学”。正因如此，作为政治哲学家的施米特与施特劳斯的韦伯批判有助于我们从反方向上理解韦伯的“政治哲学”的根本特征，亦即理解它与强调天主教价值的施米特的政治哲学或曰“政治神学”、与强调古典思想的施特劳斯的政治哲学的区别。就此而言，韦伯的政治哲学的特征首先可以从其与某种绝对价值、与古典政治哲学的距离加以刻画。这个特征也就是作为“社会科学家”的韦伯所固有的，亦即韦伯自己建构的世界认识的特征。因此，施米特与施特劳斯的批判与其说是克服了韦伯政治哲学的固有难点，毋宁说将其独特的性格突显了出来。

1. 施米特的韦伯批判：“中立化时代”中“再政治化”的不同抉择

在关于施米特与韦伯的关系的研究当中，多数学者都会注意到德国学者蒙森（1930—2004）在其颇负盛名的《马克斯·韦伯与德国政治：1890—1920》中的解释；其大致的论述理路说，韦伯提倡的“人民投票选举领袖的民主制”理论经过施米特的解释，为法西斯的独裁提供了正当性说明。如果考虑到施米特在魏玛共和国（1919—1933）时期的著作中，比如在著名的短篇《政治的神学：主权学说四论》（1922年）、《中立化与非政治化的时代》（1929年）、《政治的概念》（1932年）、《合法性与正当性》

① 韦伯：《韦伯政治著作选》，阎克文译，东方出版社，2009年，第14—15页。

(1932 年)等论文中多次引用韦伯的著作,那么,这种批判就获得了某种支持。[①] 在德国举行的纪念韦伯诞辰 100 周年(1964 年)会议上,哈贝马斯发表了施米特是韦伯"正宗门徒"的说法,则强化了上述流行的看法。

然而,作为当事者的施米特本人却对此矢口否认。在《政治的概念》1963 年重版序言中,施米特毫不掩饰他对这些指责的不愉快。他说:"'终点'的标签把本文驱逐到帝国主义时代,本文作者也被归入韦伯追随者的行列。"[②]关于在《政治的概念》上施米特与韦伯的内在联系,日本学者佐野诚通过分析该文与韦伯的著名讲演《以政治为业》的成立过程而得出结论说,施米特非但或直接或间接地受过韦伯的影响,而且他还将韦伯视为在政治论、国家论领域中的对手而试图加以超越。[③] 如果考虑到施米特作为近代自由主义批判者的形象已经得到广泛接受,而韦伯又被视为一位自由主义者,那么施米特的韦伯批判很容易被还原为自由主义批判问题。[④] 然而,如果从韦伯为之倾注无数心血的"社会科学"立场来说,上述对二者关系的规定与其说刻画了二者的异同,毋宁说遮蔽了韦伯"社会科学"所特有的问题意识。分析施米特对韦伯的直接批判,我们就会明白这一点。

施米特在 1959 年发表的论文《价值的僭越》中,针对韦伯所说的"诸神的斗争"、"价值自由"等进行了直接的批判。在该文中,施米特援引德国哲学家马克斯·舍勒(1874—1928)关于价值的"否定性"与"攻击性"本质规定,认为韦伯所说的价值自由的状态将价值判断与价值贯彻隐蔽了起来,因而是一种"形式价值论"。施米特论述说,价值并非存在之物,"价值并不存在,而是起着效用"。问题在于,"效用无疑包含

---

① 参见施米特:《政治的概念》的相关段落。根据日本学者佐野诚的统计,施米特在魏玛共和国时期涉及引用韦伯的论著多达 40 页以上。其中,遗稿《经济与社会》与政治论中的引用居多;而政治论中,则以《新秩序下的德国议会与政府》、《德国选举法与民主主义》、《以政治为业》居多。参见佐野誠:《ウェーバーとナチズムの間——近代ドイツの法・国家・宗教》,名古屋大学出版会,1993 年,第 212 页。另外,相关德语文献可见于 Ulmen, 1991, *Politischer Mehrwert: Eine Studie uber Max Weber und Karl Schmitt*. Weinheim: VCH Verlagsgesellschaft. Eberl, 1994, *Die Legitimitat der Moderne: Kulturkritik und Herrschaftskonzeption bei Max Weber und bei Carl Schmitt*. Marburg: Tectum。

② 施米特:《政治的概念》,第 94 页。

③ 佐野誠:《尊敬すべき敵対関係——シュミット"政治的概念"におけるウェーバーの批判的受容について》,《マックス・ウェーバーの新世紀:変容する日本社会と認識の転回》,橋本務等编,未来社,2000 年,第 223—224 页。

④ 参见考德威尔:《关于卡尔·施米特的论战:近年文献的回顾评论》,《现代性的多元反思》,许纪霖主编,江苏人民出版社,2008 年。

着一种更为强烈的追求现实的冲动”。[①] 由于效用必须被不断实现，主张某种价值的个体在现实中必然将其“实施和执行”；换言之，价值如果得不到实施，就不具有任何意义。因此，施米特的韦伯批判就涉及如何理解韦伯提出的“价值自由/价值中立”的问题。

当然，这并不意味着施米特没有理解韦伯的意图。针对“价值自由”，施米特首先肯定说，韦伯明确地将价值自由设定为自己的立足点、价值判断与攻击点，因而明确了自己的学术前提与立场。然而问题在于，尽管作为一种价值的“价值自由”必然具有内在的“否定性”与潜在的“攻击性”，韦伯却用“立场或观点”等说法含糊其辞，从而在表面上给读者造成了“相对主义”、“关系主义”、“视角主义”等印象，进而产生了善意的“中立性”错觉，因为这里所说的“攻击点”就是指排斥他者的价值、贯彻自己价值的斗争。

根据施米特的说法，韦伯提出的基于价值理念的诸个体的“纯主体的自由”虽然避开了科学实证主义绝对的“价值中立观”，然而这种价值规定却导致了各种价值与世界观的相互斗争，亦即著名的“诸神的斗争”命题。更严重的问题在于，这种斗争既非和平状态下的斗争，亦非霍布斯所言的那种自然状态下“所有人反对所有人的斗争”，而是以“残忍的毁灭手段和灭绝方法”为特征的斗争，这种斗争就是“价值无涉的科学及其所运用的工业和技术的可怕产物”。[②] 就施米特的这一批判而论，我们可以说韦伯尽管以“诸神的斗争”表明了近代以降的思想与政治状况，然而他禁欲式的“价值自由/价值中立”并未克服近代“价值的僭越”所导致的根本问题；换言之，我们必须将韦伯社会科学的“中立性”理解为价值之“诸神的斗争”中最新登场的一位角色。要注意的是，这种“中立性”绝非出于韦伯的主观判断。如同施米特在上面提到的《中立化与非政治的时代》（1929 年）中论述的一样，它源于“我们自己的文化和历史现状”。[③] 同韦伯一样，对现状的清醒认识乃是施米特政治哲学的根本出发点。

因此，施米特的韦伯批判再一次将韦伯的政治意识凸现了出来：在近代中立化与非政治化的时代状况中，韦伯只能以价值的“中立性”为基础建构其社会科学。然而这并不意味着韦伯社会科学就是单纯的科学主义与技术信仰；相反，正是在科学主义与技术信仰的这一社会现实面前——对于韦伯而言此乃是近代合理化的必然结果——，韦伯试图维护某种实质性的价值，而其做法就是借助价值“诸神的斗争”为具

---

① 施米特：《施米特与政治法学》（增订本），刘小枫选编，华东师范大学出版社，2008 年，第 40—41 页。

② 同上书，第 43 页。

③ 施米特：《政治的概念》，第 176 页。

体的实质性价值保留自我实现的空间。不过，韦伯的政治观念并不允许某种实质性价值以赤裸裸的形式介入到政治斗争当中，因为这种斗争方式在“中立化”这一坚固的事实面前必然遭遇失败的命运。就此而言，韦伯的“社会科学”乃是某种价值的隐性载体，而该价值的“效用”的实现就在于以“学术”与“政治”为职业——“天职”意义上的职业——的生活当中对于该价值的禁欲式的表达与实践。[①] 因此我们可以说，施米特对韦伯的批判忽视了韦伯对价值实现过程的审慎考虑，犯了相对主义的错误。

另一方面，尽管施米特本人具有“社会学家”之誉，[②]他并未将其“社会学”发展成为关于价值的某种社会科学与政治哲学。事实上，虽然施米特在《政治的概念》中以“敌友”区分为政治概念的本质规定遭到了许多法学家、哲学家的批评，但从经典社会学——比如法国社会学家涂尔干的“社会事实”概念——的角度来看，对施米特的政治概念的多数批评都显得小题大做，因为“敌友”区分仅仅是内在于生活共同体，亦即社会的本质要素，因为任何“共同”都是以相应的“排除”为边界的；政治无非是这种“排除”活动的一个领域。施米特的“政治哲学”乃至“政治神学”作为社会学的一种特定的分析与描述，其意义显然是出类拔萃的；然而一旦将其学问与政治实践关联起来，施米特就必然面对强烈的紧张与束缚：对特定价值的直接承当意味着他要亲自献身于韦伯描述的“诸神的斗争”当中去。

然而施米特没有考虑的问题是，这种斗争方式有胜算吗？为了在斗争中取得优势，进而有效地实现自己所主张的价值，难道不需要某种特别的考虑吗？韦伯在《以政治为业》的演讲中，已然给出了答案。就此而言，韦伯的“政治哲学”不但以社会学特有的分析与描述为基础，而且还以具体的价值承当为最终目标，其实现的方式则一方面是社会科学研究者自我禁欲式的实践活动，另一方面是在“责任伦理”与“信念伦理”的紧张中——而不是彻底解除这种紧张关系——的政治活动。要注意的是，后者同样要求政治实践者“禁欲”：他必须在责任与信念中保持平衡，亦即保持一种“君子时中”式的中庸立场。遗憾的是，施米特并未将这一点揭示出来。同样的批判也适用于下面我们即将分析的施特劳斯的韦伯批判。

---

① 下面本书还会分析，韦伯早期文章中体现的“民族主义”对韦伯而言就是一种积极的价值；但这一价值只是在“价值判断”时刻方显现出来，而作为说明性与分析性的学问——比如政治经济学——自身是禁止进行价值判断的。参见韦伯：《民族国家与经济政策》，甘阳编选，生活·读书·新知三联书店，1997年，第91页。

② 施米特上面提到的论文当中多次若无其事地使用诸如“社会学的立场”等说法，表明他对社会学具有独特的理解。事实上，施米特同时代的著名文化评论家巴尔就曾径直称呼他为“社会学家”。参见巴尔：《施米特的“政治神学”》，《施米特与政治法学》(增订本)，第84页。

2. 施特劳斯的韦伯批判:古典与现代未完的斗争

与学术界非常热门的“韦伯与马克思”、“韦伯与尼采”乃至上述“韦伯与施米特”等话题不同,并不存在“韦伯与施特劳斯”这样的说法。然而,这并不意味着二者可以脱离干系。事实上,在施米特论述霍布斯《利维坦》论的影响下走向学问道路的施特劳斯,在其名作《自然权利与历史》中,同样对韦伯的“价值中立/价值自由”进行了尖锐的批判。

不同于施米特的批判路向,在《自然权利与历史》当中施特劳斯将恢复永恒的价值——就政治而言就是“善政”——作为其政治哲学的明确目标。因此,施特劳斯的“现状认识”包括双重要素:一方面是现代性所特有的虚无主义状况,另一方面则是哲学家在这种状况下的可能性。其中,前者乃是近代历史主义的必然结果。[①] 在施特劳斯看来,历史主义将所谓的“历史经验”未加反思地就等同于“真正的经验”,因而具有历史性的人类思想无法把握任何永恒的东西。这样,对于试图重新恢复对“自然权”(natural right)中的“自然正确”的思考或者说试图将古典的“自然正确”观念重新引入对现代性政治反思的施特劳斯而言,历史主义就成为其首当其冲的批判对象。由于历史主义与实证主义的必然联系——实证主义的经验基础被认为是历史主义框架内的“经验”——,施特劳斯对韦伯的社会科学论进行了具体分析。其中,主张各种价值之“诸神的斗争”状况同样是施特劳斯的切入点。

在施特劳斯看来,“自然正确”观念之所以在今天遭到人们的拒斥,不仅是因为历史主义宣扬的所有思想都是历史性的观点,还在于“人们认为存在着许许多多永恒不变的有关正确与善的原则,它们相互冲突而其中又没有任何一个能证明自己比别的更加优越”。显然,“这本质上就是马克斯·韦伯的立场”。[②] 不过,虽然韦伯自认为是历史学派的门徒,然而他与历史主义存在着紧张关系。施特劳斯准确地将韦伯这一至关重要的思考倾向指摘了出来:韦伯反对历史主义乃是因为它保留了某种“自然正确”的观念,因为历史学派仍试图在“历史性”与“特殊性”的基础上确立客观标准,而这一努力与经验科学确立规范的方式发生了冲突。这样,韦伯社会科学的内在紧张就在于,“他坚持社会科学作为一套真实命题的客观的和普遍的有效性。然而这些命题仅仅是社会科学的一部分。……我们就社会现象所提出的问题取决于我们兴趣的

---

① 施特劳斯:《自然权利与历史》,彭刚译,生活·读书·新知三联书店,2003年,第19页。

② 同上书,第38页;译文略有改动。

指向或我们的观点，而这一切又取决于我们的价值观念；而价值观念又是历史上相对的。因而，社会科学的实质在根本上是历史性的，因为正是价值观念和兴趣指向决定了社会科学的全部概念框架”。[①] 韦伯要在这种相对的价值观念与普遍的社会科学观念的紧张中确立其社会科学的研究方法。

如果说施米特的韦伯批判在于，韦伯社会科学过于强调了价值的“形式”性格，那么施特劳斯则对韦伯服膺的某种价值的“实质”进行了批判，因为正是那种价值构成了韦伯拒斥“自然正确”的根本的、隐性的原因。韦伯的社会科学能够澄清价值冲突的内涵，而冲突的解决“只能留给每个个体自由的、非理性的决断”。[②] 这样，施特劳斯就有理由指责说，韦伯没有看到其价值学说将导致虚无主义的后果。就韦伯认为社会科学无法解决价值冲突而言，施特劳斯的指责是成立的。事实上，施特劳斯花费了大量篇幅证明，韦伯“拒绝价值判断”这一方法论原则包含着内在的矛盾。

这里值得注意的是，施特劳斯的韦伯批判完全贯彻了内在批判的方法：他将批判指向了韦伯所规定的“社会科学”对象与方法的逻辑前提。比如，对于韦伯“拒绝价值判断”的真实内涵，施特劳斯将其表述为“社会科学的研究对象是由价值关涉建构起来的。价值关涉就预设了人们对于价值的欣赏。……价值关涉与中立态度是不相容的，它绝不会是‘纯粹理论性’的。事实上，既然各种价值互不相容，赞成某种价值就必然意味着拒绝某一种或几种价值。只有在接受或拒绝价值，接受或拒绝‘终极价值’的基础上，社会科学的对象才能呈现出来”。[③] 显然，这种表述并未与韦伯的本意产生龃龉。问题在于，施特劳斯进一步追问道，韦伯社会科学的“前提”——亦即终极价值之间的冲突不可能由人类的理性加以解决——是否经过了证明。在施特劳斯看来，韦伯自身对这个问题几乎采取了避而不谈的态度。

然而，施特劳斯没有注意到的是，不正是这种“避而不谈”的禁欲态度构成了韦伯社会科学的内在原则吗？意味深长的是，施特劳斯的韦伯批判虽然在表面上对这一点未置可否，然而他的引述却点明了关键的问题。当韦伯争论说，“科学或哲学归结到最后，不是根植于人之作为人所能处置的显明前提的，而是植根于信仰的”之时，韦伯就明确了自己所试图建构的社会科学的逻辑前提。[④] 这种“信仰”就是，科学或哲学是“摆脱幻局而获得自由的道路”，它们关心可知的真理，尽管韦伯拒绝公开承认这一

---

① 施特劳斯：《自然权利与历史》，第 40—41 页。

② 同上书，第 44 页。

③ 同上书，第 66 页。

④ 同上书，第 73 页。

点。因此，韦伯的社会科学正是为获得自由而建构的学术观念与研究纲领。

施特劳斯对此未加深察，反而认为自己如愿以偿地实现了论证目标：韦伯越忠诚于自己精心阐述的社会科学方法论——可以视为近代“历史主义”与“实证主义”最精致的表达——，忠诚于自己这种对于“人性的局限性或人之作为人的处境的反省”亦即“方法论”的本意，他就越发将其社会科学方法论的对象规定与方法规定的边界清晰地呈现了出来；韦伯面临的真正难题在于，他必须持续到这一边界的外部寻找“社会科学”这一价值的根基。这种试图理解整体的努力，在施特劳斯看来是与试图理解“古典思想”或“古典哲学”的努力相契合的。然而，韦伯却在自己划定的社会科学的边界上停止了脚步。笔者在上文曾辩护说，这种止步本身乃是社会科学方法与自我意识的必然要求；然而施特劳斯看到的却是，韦伯并未彻底贯彻自己的方法论前提，因为那将最终导致其社会科学的解体。

因此，是否将上述施特劳斯的韦伯分析视为“韦伯批判”的关键之处就在于，如何理解韦伯止步于社会科学方法论的边界这一抉择之“意志”的问题。施特劳斯在论述中曾经激烈地批评韦伯说：“作为一名社会科学家，他在研究社会问题时是出于一种与政治家毫无共同之处的精神，除了鼓励他更加刚愎自用外，那种精神不能服务于任何别的实际目的。”[①]我们在这里的问题恰恰是，韦伯在社会科学研究中的这种“禁欲”——不同于施特劳斯称许的作为实际政治家的韦伯的“明智”——是否能服务于某种“实际目的”。这一问题的困难之处在于，由于施特劳斯尖锐地将韦伯社会科学的边界呈现在我们面前，对这一问题必然有两种截然对立的回答。在韦伯自身划定的范围之内，施特劳斯的上述指责显然是站不住脚的。

在笔者看来，与其说施特劳斯对韦伯的社会科学的价值前提进行了批判，毋宁说他将韦伯谨慎地保持着的紧张关系——其社会科学内外之间的紧张关系——清晰地呈现了出来；这种紧张关系并非是韦伯本人能够克服的，因为在这种实质上乃是古典哲学与现代哲学的对立当中，韦伯“选择”了后者。这种“选择”行为乃是一种出色的政治行为：韦伯选择了在怎样的基础上，更主要的是用怎样的方法建构善的价值与政治秩序。在这个意义上，施特劳斯的“韦伯批判”在韦伯本人看来或许并不陌生，甚至根本就不具新意——那不正是价值“诸神的斗争”的一种表现吗？问题的真正关键之处在于，韦伯将唯一的、真正的善与价值隐藏得如此之深，以至于除了他本人之外，任何将其归类于“相对主义”、“虚无主义”的做法都将面临着巨大的风险。在施特劳斯

---

① 施特劳斯：《自然权利与历史》，第69页。

的政治哲学坐标当中，韦伯的政治哲学显示出了自身清晰的位置。

三　中国韦伯研究中的韦伯“政治哲学”

依据上文所述，韦伯在近代以降价值“诸神的斗争”中的角色，绝非是一个无动于衷的旁观者、一位进行客观分析的社会科学家；韦伯的“社会科学”乃是在现代性状况下的一种独特的价值实现手段。通过反向解读施米特与施特劳斯的批判，笔者认为韦伯的政治哲学可以从以下两个角度加以确定：1. 中立化时代的再政治化；2. 现代性条件下古典价值的保留。然而，如果我们要进一步确定韦伯所拥护的具体价值为何物，那么我们就有必要进一步阅读韦伯的政治论。事实上，人们所熟悉的韦伯关于第一次世界大战前后德国的政治论的特异之处就在于，韦伯以隐性的方式将某种价值引入到了现代性制度分析当中，尽管在表面上它们是针对当时德国政治的直接发言，然而更容易被理解为各种报刊上司空见惯的政治评论。因此，本书必须进一步讨论的问题就是：中国学者对韦伯的这种政治论及其背后的“政治哲学”进行了怎样的解读？

首先要指出的是，与韦伯的政治论相比，中国学者在1980年代中期以后首先注意到的是韦伯对“近代资本主义”成因的解释。[①] 这一点并不难理解：在1980年代的中国社会大变革当中，中国学者急需不同于经典马克思主义关于资本主义与社会主义社会看法的视角以及概念工具，以便重新审视自己过去变革的历史得失，寻找重建社会秩序的方向。在这种情况下，不同于“阶级”、“阶级斗争”、“剩余价值”、“资本”、“封建主义”、“历史规律”、“客观规律”等一系列马克思主义的话语，韦伯提出的“宗教伦理”、“资本主义精神”、“合理化”、“世界观的祛魅”、“官僚制”等概念得到了中国学者的普遍关注；这种关注一直持续至今。

另一方面，在中国学者进行的关于韦伯政治思想为数不多的讨论中，论题几乎被限定在韦伯的思想是“自由主义”还是“民族主义”，或曰韦伯是“自由主义者”还是“民族主义者”上。结果，论者或者认为韦伯是一位“自由主义者”，或者认为韦伯是一位坚持“民族主义的民主”、“民族主义的自由”的所谓“民族主义

---

① 这一点表现在此间韦伯《新教伦理与资本主义精神》的翻译出版，以及中国学者对此进行的相关讨论。参见陈江富：《评马克斯·韦伯〈新教伦理与资本主义精神〉》，《浙江社会科学》，1987年第4期；刘军：《韦伯资本主义起源分析评价》，《世界历史》，1989年第3期。

者”。[①] 然而，作为支撑近现代政治生活的主要思想与意识形态，自由主义与民族主义并非是截然对立的关系，因此上述框架无法精确刻画出韦伯的政治理念。考虑到本书分析韦伯的枢轴——由施米特与施特劳斯的政治哲学所提出的“价值”问题在韦伯的政治论中得到怎样的表述——，下面我将从政治哲学的视角考察中国学者对韦伯政治观念的接受状况。

1. 中立化时代的再政治化：政治观念的再生

就在韦伯的“合理化”、“资本主义精神”、“世界观的祛魅”等概念获得中国学者普遍关注之际，甘阳于1997年选编并出版了韦伯文选《民族国家与经济政策》。作为中国韦伯研究的一个环节，该文选的出现或许并不特别惹人注意。然而，如果考虑到韦伯持有的强烈的政治意识在该文选中得到了表现，那么我们就有必要对它的出版进行分析。如前所述，韦伯两篇著名的演讲《学术与政治》的中译本不但早在1988年就得到了出版，而且在1997年还出版了新译本，可以说中国学者对韦伯的政治观念与观点并不会感到陌生；由于演讲固有的风格，更由于韦伯对政治本质的洞察，他对“国家”、“政治”、“斗争”的解释与阐述尤其引人注目。然而，《民族国家与经济政策》表现出的韦伯形象全然不同于学术上的韦伯；借用中国学者习惯的说法，它乃是学者的“现实关怀”与“介入”：因为不同于前者所表现出的对于一般政治的洞见，后者的焦点设定在“民族国家”这一上演着形形色色政治斗争的最主要的舞台之上。

注意到韦伯学术与现实政治，亦即德国政治背景之间的关系，编者甘阳径直指出：“韦伯全部问题意识都是从当时德国大大落后于英国等欧洲发达国家这种焦虑意识出发的。‘德国韦伯’的这种历史处境及其焦虑意识，不消说乃与我们中国人至今的历史处境和问题意识具有更多的相关性。”[②]这样，在中国的韦伯研究当中，出现了另一种将韦伯社会科学“中国化”的可能：借助韦伯的问题意识，探求中国当下的国家建设在世界性政治秩序变革中的困境与可能。

早在撰写于1996年一篇文章《走向“政治民族”》中，甘阳对这个问题已经有了直

---

① 前者的代表性论点参见阎克文：《韦伯：民族主义，自由主义？》，《读书》，2001年第10期；后者的代表性论点参见江远山：《实力政治与国家生存——马克斯·韦伯民族主义思想的政治解读》，《上海行政学院学报》，2006年第4期，第41页。

② 甘阳：《韦伯研究再出发——韦伯文选第一卷编者前言》，《民族国家与经济政策》，第10页；甘阳这一论断的问题点参见下文的相关讨论。

接的点题:"从本文的角度看,中国现代经济和现代社会的发展趋势,已经历史性地提出了中国如何走向'政治民族'的问题。"然而,如果说"中国政治改革的中心问题"在于"如何使中国从目前的'非政治民族'状态走向一个成熟的'政治民族'"这一判读在形式上完全符合韦伯当时对德国国家走向的建议。

韦伯指出,"说到底,经济发展的过程同样是权力的斗争,因此经济政策必须为之服务的最终决定性利益乃是民族权力的利益。政治经济学乃是一门政治的科学。政治经济学是政治的仆人!"[①]对于1980年代乃至1990年代的中国学人来说,这个说法似乎并无新意,因为学问的政治性正是马克思主义所强调的"意识形态"的一种表现而已。在急于摆脱僵化意识形态的社会思潮当中,一种"政治厌倦症"在1990年代逐渐成为左右人心的精神风土,因此韦伯的这一呼吁无法惹人注目,除了他对"民族"的强调之外;因为强调国际主义精神的马克思主义者即便不直接批评"民族主义",也采取了避而不谈的态度。然而当中国经济发展已经大致走上正轨,经济建设初现规模之后,经济增长的目的问题就显现了出来。

要注意的是,韦伯面对19世纪末期的德国境况而试图恢复的"政治"具有国内政治与全球政治的双重含义。针对"经济学看问题的方式"大行其道的当时德国现状,韦伯指出那无非是一种"混乱不堪的评价标准,半是幸福主义,半是伦理主义",因为事实的情况是,"各民族之间的经济斗争(Kampf)从不停歇,这一事实并不因为这种斗争在'和平'的外表下进行就有所不同"。[②] 如果说韦伯时代的经济"斗争"由于伴随着帝国主义与殖民主义的直接冲突既具有"斗争"的直观、又具有"和平"的假象的话,那么今天全球化的进程似乎已然将"斗争"的直观印象降至了最低。然而依旧存在的问题是,经济全球化呈现出的"和平"是否依然是韦伯意义上的外表与假象。

2. 现代性状况下古典价值的保留:"价值中立"的价值

虽然与甘阳对韦伯问题意识与中国问题直接嫁接的做法相同,但张旭东进一步具体深入到韦伯文本的细部,讨论了在全球化时代如何"展开中国的文化政治"、如何"创造性地介入世界历史的进程"问题。[③] 事实上,这些问题也正是韦伯政治论所直接

① 韦伯:《民族国家与经济政策》,第93页。

② 同上书,第89页。

③ 参见张旭东:《全球化时代的文化认同》,北京大学出版社,2005年,第236页。

论述的问题:无论是上文提到的韦伯早期《民族国家与经济政策》讲演(1895年),还是晚年关于德国国内政治的诸如《新政治秩序下的德国议会与政府》(1917年)等分析,韦伯关注的都是如何使德国获得“政治成熟”,进而成为“主宰者民族”(Herrenvolk)的问题。这是因为,“只有主宰者民族才会受到召唤去把握世界发展之舵”。[①] 这里,我们再次遇到了“政治成熟”的问题。

那么,什么是“政治成熟”?韦伯对“政治成熟”又是如何获得了头脑清明的认识?韦伯的“政治成熟”论是否可以化约为一般论者所谈论的韦伯的“民族主义”思想?事实上,作为一种简化论,张旭东曾论述说:“韦伯的社会学研究方法,并不是一种形式主义、实证主义学术内在发展的结果,而是本来就根植于价值领域,是为一种特定的阶级、民族、文化和意识形态立场服务的。”[②]如果只是指出韦伯社会科学具有特定的价值根基,上述说法并无问题。然而,将韦伯的价值直接简化为“阶级”或“民族”等意识形态立场,则遮蔽了“政治成熟”背后的政治哲学问题。将民族主义——无论是文化民族主义还是政治民族主义——观念的成熟等同于“政治成熟”,这是对韦伯思想的巨大误解。

诚然,韦伯在其讲演中曾明确提出,全球范围内发生的经济斗争的目的就是捍卫本民族文化的斗争,经济发展与增长必须服从于民族的文化价值。对此,韦伯有饱含感情的论述。

> 当我们超越我们自己这一代的墓地而思考时,激动我们的问题并不是未来的人类将如何“丰衣足食”,而是他们将成为什么样的人,正是这个问题才是政治经济学全部工作的基石。我们所渴求的并不是培养丰衣足食之人,而是要培养那些我们认为足以构成我们人性中伟大和高贵的素质。[③]

正是在这个意义上,韦伯定义说:“所谓的‘政治成熟’就是指这些阶级能够把握本民族长远的经济政治‘权力’利益而且有能力在任何情况下把这一利益置于其他考虑之上。”[④]韦伯在这里所说的“这些阶级”是指“领导民族或渴望领导民族的阶级”。这是一个至上的政治标准。重要的是,在韦伯看来这是学者的任务:“对于我们每个

---

① 韦伯:《韦伯政治著作选》,第215页。

② 张旭东:《全球化时代的文化认同》,第301页。

③ 韦伯:《民族国家与经济政策》,第90—91页。

④ 同上书,第98页。

人来说，最严肃的责任莫过于自觉地意识到这个政治教育的任务并在我们自己的专业领域致力于民族的政治教育。”[①]在《民族国家与经济政策》讲演的最后几页中，“政治教育”成为韦伯激情蓬勃的论述的主题。毋庸讳言，这种针对外部政治力量的“政治成熟”论述具有浓厚的民族主义气息。

然而，如果要理解韦伯的这种“民族主义”的特殊性格，那么我们必须进一步到韦伯的社会科学方法论中寻找政治哲学上的根据。这是因为，同样是论述“政治成熟”，晚年的韦伯则从国内秩序的角度对其进行了重新的解释，民族主义的性格已经退居到了幕后。韦伯具体指出，“政治成熟”毋宁说“反映在这一事实上：国民始终都很了解官员们在如何处理他们的事务，所以能够对他们的工作加以持续的控制和影响”。[②] 这里值得注意的是，韦伯是针对另外一个意义上的“中立性”时代的“非政治化”而提出了这一论断：中立化的官僚统制所体现的“中立性”。在韦伯看来，这种官僚行政几乎等同于俾斯麦留下来的政治遗产：俾斯麦留下了一个“缺乏任何政治教育”的民族，尤其是留下了一个“完全没有任何政治意志”的民族。[③] 考虑到韦伯的“政治成熟”论所针对的德国，乃至现代政治固有的“中立性”与“非政治化”的倾向，我们就可以得出结论：韦伯的“政治成熟”论乃是他一贯用以抵抗现代性特有的“非政治化”逻辑的根据。不仅如此，我们甚至可以说，民族“政治成熟”的根本目的在于，在“非政治化”的时代中在事实上维持并守护某种特定的价值。

这种表述进一步引出的问题是，韦伯所坚持的价值是否如同某些学者主张的那样，就是指“基督教新教伦理和行为规范”？[④] 注意到本书在上一节中的分析，我们并不能如此断言，因为韦伯的根本立场就在于在“价值”与“事实”的紧张中完成某种价值的实现。比如，与一般将韦伯视为现代性理论家的看法不同，韦伯在价值上并不认同现代的“民主统制”。事实上，与民主政治相比，韦伯认同的更是“贵族政治”，这是因为，“一个真正的贵族阶层可以给整个民族打上它特有的嘉言懿行理想的烙印，因为平民阶层会仿效贵族的‘仪态’。贵族阶层的优势在于它是一个受稳定的传统之惠的‘少数’，加之具有广阔的社会视野，因而能够在领导国家方面获得巨大的政治成功。就民族政治而言，一个具有政治传统的贵族阶层的统治，更加优越于民主统治形

---

① 韦伯：《民族国家与经济政策》，第 107 页。

② 韦伯：《韦伯政治著作选》，第 147 页。

③ 同上书，第 119 页。

④ 张旭东：《全球化时代的文化认同》，第 300 页。

式，因为它较少依靠情绪因素”。[1] 韦伯的表述清晰表明，正是针对民主统治的“少数人”统治的实质——“因为政策无论如何都是由少数人制定的”，[2]那么贵族阶层在“民主化”社会中的特殊社会效果，亦即贵族德性的社会化，就优越于仅仅以市民德性为基础的现代民主统治。

就这一角度而言，韦伯的政治哲学与施特劳斯的政治哲学的相通之处在于：他们所坚持的价值与其说是具体的某种宗教价值，莫若说是恢复对理想政治亦即“善政”思考与探寻的方法本身。这一方法在前者表现在“社会科学”上，而在后者则表现在“古典政治哲学”上。不仅如此，韦伯要在其“政治哲学”与“社会科学”的紧张中展开论证，而不是偏向其中的一端。就上面提到的事例而言，如果经验现实中已不再具有“贵族”这一阶层——韦伯反复强调他无法在德国“贵族”中发现高贵，因为在他看来根本就不存在“德国贵族”——，那么，他就只能在“平民阶层”的基础上论述德国政治以及现代一般的政治。韦伯展开“政治成熟”论的真正原因亦在这里：韦伯表现出了作为社会科学家的面目。正因为如此，韦伯的政治哲学表明，古典价值在现代性的条件下只能在主张“价值中立”的社会科学中得到保留与维护。同样，这种价值并非因其是古典自身而具有意义；它的意义只能在于，在价值“诸神的斗争”中证明自己更有益于该民族建构理想的政治秩序。

更重要的是，这种价值在本质上一定体现了人类文明的进程，因而注定是一种普世价值。韦伯所言的“政治成熟”不是民族主义的觉醒，而是面向文明进程的觉醒以及实现文明的政治自觉。这种政治自觉意识与努力所呈现出的文化表象的背后，是一种真正科学的精神与意志。在这个意义上，政治成熟首先是科学观念的成熟。

四 结语：理解韦伯社会科学方法论的意义

如上所述，在施米特与施特劳斯、尤其是后者引发的中国学者对政治哲学关注的过程中，我们获得了对韦伯社会科学予以重新理解的框架；在该框架中，韦伯社会科学的政治意识与效果得到了聚焦。韦伯同其他社会科学的奠基者一样，并非仅仅为后人准备了一套研究方法或纲领；韦伯的问题意识乃是其社会科学的根本路标。因此，与其说韦伯社会科学自身是现代性观念与制度的产物，莫若说，韦伯的社会科学

① 韦伯：《韦伯政治著作选》，第 89 页。

② 同上书，第 149 页。

方法论出色地建构了现代性观念与制度本身。这正是施米特以及施特劳斯两位政治哲人必须穿过韦伯设定的门槛而进行各自的政治哲学论述的根本原因。韦伯的卓越之处——亦是施米特，尤其是施特劳斯视为问题之处——在于，他基于“理性”自身的角度将整个近现代世界观的形成过程首次进行了社会科学的描述，而并非仅仅是单纯的理性反思；他更没有充当时代先知的角色，以某种超理性的信仰建构自己的政治观念与理论。

虽然如此，或曰正因如此，韦伯的社会科学方法论比一般的政治论或曰政治评论更显现出了深沉的政治性格。施米特与施特劳斯显然对此洞若观火；但如上所述，韦伯在价值与事实的紧张之间审慎地维持平衡的这一姿态本身，遭到了二者有意无意的忽视。在笔者看来，韦伯的这一社会科学方法论的要旨就在于，在现代性的观念与制度当中——而不是另起炉灶式的全面否定——，通过研究主体对某种特定价值的“禁欲”或曰“自我克制”，来实现该价值的守护乃至理想制度的建构（参见本章[附论1]）。这样，本书重新理解的韦伯社会科学对于中国社会科学建构的意义也就呈现了出来。

一般而言，中国社会科学既然宣称是“社会科学”，它必然具有近代社会科学所固有的“普遍”观念，比如，试图在社会秩序与自然秩序之间寻找出某种客观联系。然而，由于中国社会科学的建构与中国政治秩序建构的同构性，中国社会科学对上述“客观联系”的探索路径在很长的时期内一直依赖于马克思主义的相关论述。作为典型的现代性社会理论，如同唯物史观对“历史发展的客观规律”的阐述一样，马克思主义社会科学对自然秩序寄予了最高的希望与信赖。如果考虑到社会秩序与自然秩序之间的映射关系可能并非是单方向的，那么中国社会科学就必须重新审视它迄今为止对社会实在的把握。韦伯社会科学无疑为中国学者提供了这样的契机，因为韦伯社会科学方法论上的禁欲主义的实质性前提正是：我们对“社会”并无共识，因为这种共识首先在于价值上的抉择。

就此而论，中国社会科学无论选取何种价值作为根基，都会在某种程度上为共同体生活提供价值上的支持。然而问题并非会如此轻易地得到这种相对主义式的解消。自从施特劳斯与施米特的“政治哲学”进入中国以后，中国学人将不得不在更深的层面上对中国社会科学展开批判性的分析，因为这种新成立的政治哲学指向了“什么是好的生活”的根本问题，它要求对迄今为止作为社会与政治秩序的价值自身进行分析（参见本章[附论2]）。

然而，这种分析并不意味着中国社会科学要后退到前社会科学时代，重新经历一番在价值与事实两端中的震荡。如同本书阐述的一样，韦伯社会科学实质承担了双重的社会认知功能，亦即“社会科学”与“政治哲学”的功能。前者试图解消特定价值与意识形态在表达政治与社会秩序时必然带来的固化效果，而后者则将这种意义上的社会科学研究实践自身的边界呈现了出来，并试图在更深的层面上对这种限制加以控制和反思。显然，这是一种对研究主体的极为苛刻的方法论上的要求，即要求韦伯意义上的“知性的诚实”。这种社会科学并不能保证对政治生活诸问题的一劳永逸的解决；然而毋庸置疑的是，在中国学人对理想政治与社会秩序的探求之旅中，这种社会科学显然会成为一种不可替代的指南，而这种知性的探求过程亦正是中国社会科学重构的过程。

［**附论 1**］

重新理解韦伯的社会科学方法论

一　施特劳斯学派的韦伯批判与古典政治哲学

阅读施特劳斯以及施特劳斯学派的韦伯论，我们通常会得出一个共同的印象：施特劳斯从根本上质疑、批判了韦伯的社会科学方法论；如笔者在上面提及到的一样，这一点见于《自然权利与历史》的第二章。事实上，施特劳斯学派的贝纳加（Nasser Behnegar）专门为此写了一本导读《施特劳斯、韦伯与科学的政治研究》，对施特劳斯的韦伯批判进行了详细的阐述与解释，因此，该书构成了一种新的韦伯批判。贝纳加的韦伯批判的出发点是：施特劳斯厌恶“价值中立”的社会科学，因为后者没有把诸如希特勒第三帝国之类的政体理解为暴政。[①] 在行文中，贝纳加多次提及“价值中立的社会科学”说法。这样，在贝纳加的解释中，社会科学首先是“价值中立”的社会科学。

然而贝纳加没有意识到的问题是，韦伯具体是如何论述被他概括为“价值中立”的社会科学的？韦伯的社会科学方法论是否可以简化为“价值中立的社会科学”？退一步而言，“价值中立”的社会科学果真不理解何为暴政以及与此相反的何为善政吗？依循施特劳斯的意图我们还要继续追问：回归古典政治哲学，必须以牺牲韦伯的社会

① 贝纳加：《施特劳斯、韦伯与科学的政治研究》，陆月宏译，华东师范大学出版社，2010 年；此处的引用见中译本导言，第 2 页。

科学方法论为代价吗？为了回答这些问题，我们有必要重新审视施特劳斯主张回归古典政治哲学的理由。

如前文所述，在施特劳斯看来，韦伯社会科学方法论的最大问题在于，它将引发虚无主义与相对主义。施特劳斯批判说："对于要达到的某些目标我们可以选择何种手段而言，我们的社会科学确实能使我们聪明而睿智。可是它承认无法帮助我们分辨合法的与非法的、公正的与不公正的目标。"[①]必须承认，施特劳斯在这里的表述准确地将社会科学的长处与短处揭示了出来。然而问题在于，施特劳斯对社会科学"长处"准确的描述在同样程度上激发了我们对其"短处"的思考：社会科学果真"承认无法帮助我们"对目标进行价值判断吗？施特劳斯的回答自然是肯定的，因为在他看来，社会科学正是将其无法回答的问题，亦即涉及价值判断的问题排除在外之后，才获得了令人心满意足的解答，并且在这个意义上"能使我们聪明而睿智"。显然，施特劳斯这种回答的前提是古典政治哲学对人性、对政治生活整全性的理解。

那么，这里的问题就转换为，社会科学是在何种意义上进行了切割，亦即将无法解决的问题从自身的领域中切割了出去？这种切割是否必然导致社会科学"是非不分"的虚无主义结果？贝纳加在下面的引述中似乎隐然觉察到了这一问题，然而他却在这一重要的问题面前停止了探索的脚步。

> 与实证主义的政治科学及其人文主义批评者相反，施特劳斯致力于从零开始考察相对主义问题。他的考察完全敞开于这种可能性，亦即相对于揭示了有关我们处境的真相。这种不同之处指向一种施特劳斯与他及我们的同时代人之间存在的更加普遍的不同之处：新政治科学及其人文主义批评者集中关注解决问题，而施特劳斯的政治科学却首先关注理解问题。[②]

可以说，贝纳加准确地指出了施特劳斯与"实证主义的政治科学"这一社会科学的区别：前者要解决问题，后者要重新理解问题。贝纳加会自我辩护说，理解问题乃是解决问题的前提；实证主义的政治科学由于对政治事物的片面理解，它将导致价值的虚无主义。然而这种辩护在两个意义上并未解决问题：第一，实证主义的政治科学乃至一般的社会科学，其对政治事物的理解是否必然是片面的？第二，由于对任何问题的理解必然包括对其当下状态的理解，施特劳斯古典政治哲学对问题的理解并不

---

① 施特劳斯：《自然权利与历史》，彭刚译，生活·读书·新知三联书店，2003年，第4页。

② 贝纳加：《施特劳斯、韦伯与科学的政治研究》，第48页。

必然构成社会科学的对立面。因此，这种过度强调韦伯社会科学与古典政治哲学的对立的论述，将引发一系列难题；这些难题并无益于古典政治哲学所诉求的目标自身的实现。

因此，我们必须讨论的是，韦伯的社会科学方法论与施特劳斯的古典政治哲学，是否并在何种意义上构成了对立？

二　韦伯社会科学方法论与古典政治哲学的“对立”

首先要指出笔者的结论，即韦伯的社会科学方法论必须这样理解：在虚无主义与相对主义盛行的现代性状况中，人们如何获取既非虚无、又非相对的行动能力。事实上，韦伯将社会科学问题的研究分解为三个阶段：1. 依据研究者的主观价值进行社会科学对象的建构；2. 依据严格的科学方法对前述问题进行解析；3. 重新反思研究者的价值判断的意义。因此，韦伯的社会科学并非可以简化为“价值中立的社会科学”，因为这种描述仅仅是韦伯社会科学研究程序的一个阶段；韦伯并未否认另外两个阶段对于社会科学的重要意义。

为了具体理解韦伯的社会科学，下面我们以韦伯的名作《新教伦理与资本主义精神》结尾处著名的一段论述为例进行分析。

> 营利追求最为自由解放之处，如美国，业已褪除此种一贯追求的宗教-伦理意涵，如今倾向于和纯粹竞赛的激情相连接，甚至往往使营利带上运动比赛的性格。没有人知道，将来会是谁住在这个牢笼里？在这惊人发展的终点，是否会有全新的先知出现？旧有的思维与理想是否会强劲地复活？或者！要是两者皆非，那么是否会是以一种病态的自尊自大来粉饰的、机械化的石化现象？果真如此，对此一文化发展之“最终极的人物”而言，下面的这句话可能就是真理：“无灵魂的专家，无心的享乐人，这空无者竟自负已登上人类所未达的境界。”①

包括施特劳斯在内的韦伯论者对这一段文字的解读大致可以分为两种：第一种观点认为韦伯是一个现代社会、现代化与合理化的悲观论者，因此是否能够克服、并

① 韦伯：《新教伦理与资本主义精神》，康乐、简惠美译，广西师范大学出版社，2007年，第187—188页。

如何克服韦伯的这种悲观的“预言”，成为这些韦伯论者的核心问题意识；第二种观点认为，韦伯的上述论断恰恰是他价值虚无主义精神的结果，而这种虚无主义来源于尼采彻底的历史主义与虚无主义。施特劳斯及其学派主要从第二种观点出发，对“价值中立的社会科学”进行了批评。比如，贝纳加在引述韦伯上述段落前有下列说法。

> 孔德主张，通过摆脱形而上学假设，现代社会科学能够解决人类的道德和政治问题；而韦伯坚决主张，纯粹经验的社会科学无法解决这些问题。但是，承认它无法实现这项基本任务，社会科学就使自己的价值——事实上还有一般的科学的价值——遭到了怀疑。对科学价值的怀疑，伴随着对现代文明良好性质的深刻怀疑，而现代文明是基于科学观念之上的世俗社会。[①]

在贝纳加的解释中，“现代社会科学”被严格限制在其创始人孔德的观念当中。毋庸置疑，孔德的社会科学洋溢着基于科学信仰的乐观主义，认为社会科学是人类知识与智慧的最高成就，它可以解决人类的道德与政治问题。然而，这种乐观主义早在19世纪末，就已然遭到了怀疑与抛弃。问题在于，怀疑与抛弃孔德的社会科学观念，并不意味着“社会科学”构想自身出现破绽。韦伯对社会科学方法论的重新讨论，首先意味着对孔德社会科学观念的调整与修正，其中当然包括否定与保留。贝纳加的上述解释并未注意到这一点，因为承认孔德社会科学无法实现其自身设定的任务，并不能等同于“社会科学就使自己的价值……遭到了怀疑”。事实上，社会科学通过重新限定自己的目标，完全可以在整体性的相对主义与虚无主义中，再次规定并确认自身的存在意义。对此，韦伯下面的论述十分明确。

> 从权衡本身进到决定，当然不再是科学力所能及的任务，而是有所欲的人的任务：他按照自己的良知和他个人的世界观在各种相关的价值之间进行斟酌和选择。科学帮助他意识到，所有的行动，自然也包括视情况而定的不行动，都意味着在结果中赞成某些价值，因而……总是意味着反对另外一些价值。进行价值选择是他自己的事情。[②]

---

① 贝纳加：《施特劳斯、韦伯与科学的政治研究》，第12页。

② 韦伯：《社会科学方法论》，韩水法、莫茜译，中央编译出版社，1990年，第4—5页。

这样，韦伯将科学亦即社会科学进行了重新定位：它给行动者提供关于客观世界的知识，帮助行动者进行"决定"——所有的决定与行动这时都意味着，它们是一种有高度客观知识与自我意识的价值选择。进而言之，在行动者进行价值抉择的行动中，社会科学可以帮助他对现实的世界保持头脑清明的认识；反过来说，如果不具有关于客观世界、关于现实境况的社会科学的知识，那么行动者因将缺少一只眼睛而有可能为行为增添了盲目性乃至愚昧。在韦伯修正后的社会科学观念当中，社会科学并不企图直接解决价值问题。就此而言，要求韦伯为社会科学导致的相对主义、虚无主义负责，其实是强求与苛责。

事实上，现实经验告诉人们，任何人在对政治、尤其是现实的政治进行发言并进而采取某种行动时，如果没有某种程度上明确的价值选择，他就无法展开议论、无法做出任何有意义的政治行动；即便勉强为之，其结果也无非是某种形式的智力游戏，于现实的世界、要求主体行动的世界毫无益处。不过要注意的是，明确的价值志向虽然会带来毫不犹疑的行动，但这种行动未必是富有责任的行为。这就是韦伯在《以学术为业》那篇著名的讲演中提出的难题或曰困境——信念伦理与责任伦理的背反问题。

这里还要强调指出的是，韦伯并非仅仅止步于指出信念伦理与责任伦理的背反，而是或直接或间接地暗示说，在经验的现实中，二者毋宁说是有机结合在一起的，因为人类生活的现实规定了人类行为的有限可能性，而非想象乃至幻想中的无限性。第一次世界大战期间韦伯发表的一系列关于德国政治的政论表明，韦伯认为大战后的德国政治制度改革只有一种方向，那就是实行自由民主制；现实的可能性与当时德国"文人墨客"喋喋不休的"德意志精神"或曰"德国特色"毫无关系。[①] 在这个意义上，可以说并不是韦伯主张的"价值中立的社会科学"，而是对价值的过度主张，导致了相对主义与虚无主义。

回到本节前面提出的问题：如何理解韦伯在《新教伦理与资本主义精神》结尾处的那段著名论述？其实，韦伯自身已经为我们作答，只是论者鲜少注意而已。紧接上面的引文，韦伯写道：

> 不过，这样我们就涉入了价值判断与信仰批判的领域，而这是此一纯粹历史陈述的论文所不该承担的。我们的课题毋宁是：将上文刚开始剖析的禁欲

---

① 关于韦伯政论的分析，详见本书第四章。

的理性主义之意义，进一步阐述出其对于社会政策伦理的内容有何作用，亦即说明其之于私人宗教集会乃至国家等种种社会共同体的组织与功能所发挥的效用。[①]

这就是说，韦伯关于现代化结局的论断——“无灵魂的专家，无心的享乐人，这空无者竟自负已登上人类所未达的境界”——乃是价值判断与信仰判断；换言之，针对韦伯所描述的新教伦理与资本主义精神的相互作用的结果，其他学者可能有其他的判断——同样是基于特定价值与信仰的判断。因此，在这个意义上，韦伯并不想、或者说无法在这一层面高调地坚持自己的主张，亦即认为自己的“价值判断”正确无误。然而这并不意味着韦伯认为自己的判断是无根据的主观臆断，更不意味着其判断与他人的判断不分伯仲；相反，韦伯通过自己基于实证的历史分析、亦即社会科学的分析，向读者严肃地证明：通过对近代社会各个领域的合理化过程的描述，“无灵魂的专家，无心的享乐人”就是现代文明的必然结局。导致这种必然结局的合理化过程，一方面是现代社会的生成过程，另一方面是宗教信仰的丧失与官僚制的全面控制过程，而这两个过程在制造“空无者”上发生了汇合。毋庸赘言，这种“空无者”的诞生与韦伯的社会科学方法论毫无关系。

然而，韦伯在这里体现了他在社会科学方法论上的禁欲主义——他并不企图将自己的社会科学研究最终导向对“空无者”生成证明以及价值批判上，而是谨慎地将其分析用于自己设定的课题：解析合理化的意义，阐述这种现实中的合理化对于私人宗教、对于社会组织与功能所发挥的作用。换言之，韦伯在此完全贯彻了自己的社会科学意志，将近代社会合理化过程及其效果以客观的叙述方式呈现出来。这种以社会科学的方式生产出来的有关现代社会、有关现代人处境的知识，将有益于人们从文化、哲学等抽象的层面对自身进行更为准确的判断。同时，这种知识也将为人们避免终极意义上的破局——亦即“空无者”满怀自负地登上了“人类所未达的境界”——提供社会伦理政策的知识。据此我们可以认为，在韦伯看来，实行恰当的社会伦理政策正是人们所可欲的价值判断与政治行动；毋庸讳言，这种政治行动与现代民主主义具有内在的亲和性。

这种判断将我们引向了本节的主题：韦伯的社会科学方法论与施特劳斯古典政治哲学的“对立”仅仅是一种表象，二者在根源上的判断并无出入。如果说古典政治

---

① 韦伯：《新教伦理与资本主义精神》，康乐、简惠美译，第188页。

哲学以回归古典、回归古典对人性与政治价值的整全设定来克服现代性所必然带来的虚无主义与相对主义，那么，韦伯的社会科学方法论只是异常低调地告诉人们——包括古典政治哲学的坚定支持者与倡导者——，社会科学将提供具体的行动知识与方案，来推进人们对于善政的求索。换言之，社会科学告诉古典政治哲学：我们是同路人。

三　中国语境中的社会科学与古典政治哲学

如同笔者在本章中讨论的一样，施特劳斯的古典政治哲学在中国引发的热潮，具有强烈的时代背景，那就是为变革中的中国社会提供精神发动机，或者说为真正富有责任感与使命感的中国学人提供继续探索的动力与原料。当然，如同人们注意到的一样，施特劳斯的古典政治哲学与中国古典精神的内在契合，成为这场古典政治哲学热潮的内在动力。无论怎样，古典政治哲学在中国的成立，可以说已然成为现代中国学术史上的重要事件。

然而我们必须注意的是，"古典政治哲学"并非追求善政的唯一之路，亦非匡正世道人心的唯一方法；换言之，我们必须将"古典政治哲学"视为寻求善政的一种方法而将其安置在恰当的位置。这里之所以要强调这一点，是因为古典政治哲学以其整全性的思考方式，对近代以降的政治思想进行了全面的质疑与批判，因而这种批判可能罔顾现代社会的经验现实本身。用极端的事例来说，如果韦伯描述的"空无者"已然登上了人类所未达的境界，那么这种不可欲的状况的克服必须以这种事实的存在为前提。在这个意义上，由于古典政治哲学所处理的古典社会状况已然不同于现代社会，古典政治哲学的倡导者有必要对这种古今的差异保持敏感。退一步而言，古典政治哲学在现代社会科学面前，有必要持谦虚而审慎的态度。

在这个意义上，对于现代中国而言，施特劳斯的古典政治哲学对韦伯进行的批判，与其说富有启发意义，毋宁说更容易遭到误解——在人们对古典政治哲学兴高采烈的欢呼中，现代社会科学的价值与意义遭到漠视乃至误解。如果让我们对韦伯的社会科学进行最后的辩护，那就是，韦伯的社会科学有益于人们在价值主张过剩——而非价值虚无主义与相对主义——的情境中，对包括学者自身在内的所有的价值主张持清楚明晰的认识；这种认识首先是基于人类生活的社会事实、而非仅仅基于哲学直观与哲学反思，更非基于特定意识形态的教条。如果将这种社会科学观念贯彻到底，我们将获得有益的行动指南；毋庸说，这种指南将以具体的行动方案，导引我们走向善政、首先走向现实政治的清明。

［附论 2］

施特劳斯的古典政治哲学与社会科学

一　施特劳斯与中国政治哲学热

从现代中国思想史的角度来说，本世纪初中国对列奥·施特劳斯的政治哲学的引进与介绍并不显得突如其来。这一点从这场可以称之为“引进运动”的两位旗手、即甘阳与刘小枫的文章中可见一斑。比如，在关于施特劳斯思想的导论《政治哲人施特劳斯：古典保守主义政治哲学的复兴》一文中，作者甘阳径直将施特劳斯定性为“古典保守主义”。[①] 如果联想到中国自 20 世纪 90 年代初以来思想界对各种保守主义的关注与讨论、90 年代末对“自由主义”的讨论与批判，那么这个定性无疑敏锐地将施特劳斯的政治哲学迅速转换到了中国的语境当中。因此，这里首先要指出的就是，施特劳斯在中国引发的“政治哲学热”符合中国社会思想变迁的内在理路。

既然如此，那么现在我们必须深入讨论的问题是，施特劳斯的政治哲学在哪些微观的层面与中国知识分子的思考方式发生了契合，以至于它能引发如此广泛的关注？因为单就关注“古典”而言，与施特劳斯同时代的一些著名政治哲学家，比如汉娜·阿伦特（Hannah Arendt）与埃立克·沃格林（Eric Voegelin）同样是通过重新解释古希腊、古罗马思想而确立各自政治哲学主张的，然而他们并未在中国引发相应的关注“古典”的热潮。由是观之，我们可以说，施特劳斯的古典政治哲学具有其特殊品格。那么，这里的问题也可以表述为：施特劳斯的政治哲学究竟具有何种特殊性格，以至于当下中国的政治哲学几乎可以等同于施特劳斯的政治哲学？

事实上，如果说阿伦特的政治哲学因为关注了政治的“公共性”而获得了声誉、沃格林由于坚守“上帝”而获得了独特的品格，那么在某种意义上就可以说施特劳斯的古典政治哲学是以重建“自然权”（natural right）为标志的；[②]施特劳斯对自然权的重

---

① 甘阳：《政治哲人施特劳斯：古典保守主义政治哲学的复兴》，《自然权利与历史》，生活·读书·新知三联书店，2003 年。

② 这里首先要指出的是，拙文将以“自然权”来对应施特劳斯笔下的 natural right 一词；请参见下面“二　施特劳斯的自然权观念：自然与道德的回归”对“natural right”的相关讨论。

新解释正是使得施特劳斯与中国“相逢”的最重要交汇点。进而言之，施特劳斯以古典自然权为核心的政治哲学表明了自然与道德的回归，正是这种回归与中国知识分子的深层精神结构发生了共振与耦合。这种精神层面的交汇一方面构成了施特劳斯获得关注的根本原因，另一方面将推进现代中国政治哲学的转型，亦即中国古典政治哲学的复兴（后述）。

这样表述笔者的观点之后，接下来必须解释的新问题就是：施特劳斯政治哲学世界中的“自然”与“道德”具体何指？由于注意到施特劳斯“笔法”的学者通常认为，施特劳斯常将自己的观点“隐藏”在他的古典解释当中而多有令人费解之处，因此，笔者将通过重构施特劳斯的表述，以明确他对自然与道德——亦即其政治哲学的基础——的观点。[①]

首先，从字面上来说，“政治哲学”可以理解为对政治进行的哲学探究，然而这种定义只不过是“政治哲学”的同义反复：事实上，对于一位真正的政治哲学家而言，切入政治哲学的首要问题是必须首先论述“什么是政治”与“什么是哲学”的问题，这也正是施特劳斯定义政治哲学的方法。在《何谓政治哲学》一文中，施特劳斯说，政治哲学是“在理解政治事象本质的同时，试图真正理解正确的或曰好的政治秩序的尝试”。[②] 不同于狭义的政治学或曰政治科学（political science）——它以对“事实”的解明与分析为首要目标——，施特劳斯明确了政治哲学的“价值”关心：政治哲学必须探究好的政治秩序或曰“善政”问题。

然而这种定义进一步引发了一个根本性的问题：“善”的标准何在？因为从某种意义上说，一部西方政治思想史也就是一部探索善政的历史，人们很容易举出诸如柏拉图、亚里士多德、奥古斯丁、霍布斯、洛克、黑格尔等政治哲学家的名字。然而，这种依据历史时间排列的“思想史”的方式容易带来一个由于司空见惯而让人熟视无睹的偏见：政治哲学家出现的历史就是对善的政治秩序探求的进步史，先前的思想家对政治秩序构想的难点与缺陷为后来的思想家所克服、弥补；结果，在时间上最后出现的政治秩序构想被等同于人类理智所能企及的最理想的“善政”。然而，这只是一种进

---

① 施特劳斯的这种独特的写作方式给读者带来了理解困难。比如，站在现代自由主义的立场上对施特劳斯展开激烈攻击的德鲁里就指责说，施特劳斯没有区分拉开自己与其对象的距离；德鲁里甚至有批评施特劳斯没有遵守学术规范的味道。参见德鲁里：《施特劳斯与美国右派》，刘华等译，华东师范大学出版社，2006年。

② Leo Strauss，“What is Political Philosophy?” in *What Is Political Philosophy and Other Essays*，Chicago：The University of Chicago Press，1959，p. 12。

步主义的乐观观念，因为至少还有一种可能，那就是后来的政治思想家有意无意地放弃了先前思想家提出的问题。——这正是施特劳斯政治哲学的出发点：回归到古典中去。通过重新解释古典思想而论述自己的政治哲学见解，施特劳斯确立了自己的独特表达方式。

这里要注意的是，施特劳斯的“政治哲学”既不同于包含有各种政治观念与意见的“政治思想”，也不同于具有政策指向与实践关怀的“政治理论”，因而人们并不容易在一般的“政治思想史”的谱系中找到施特劳斯的位置。尽管如此，施特劳斯的政治哲学毫无疑问是一种关于符合普遍正义的政治秩序的构想。那么，这种构想的具体内容是什么？对于这个涉及施特劳斯思想整体的问题，笔者无法全面讨论；这里试图从施特劳斯对支配近代各种社会科学的两种观念，亦即“历史主义”与“实证主义”批判中解析这一问题。选取这一视角的理由在于，在施特劳斯看来，这两种观念同样支配着近代的政治哲学构想。

在《自然权利与历史》这部被广泛阅读的名著中，施特劳斯分析道，近代否认普遍正义的历史主义就其实质而言乃是一种新的“普遍主义”，但它是一种隐性的普遍主义，因为它宣称一切思想都是历史的。“倘若历史主义要有什么稳固的基础的话，它所依据的就应该是哲学而非历史”，因此，这种自相矛盾导致的结果就是，“历史主义的顶峰就是虚无主义”。[①] 有趣的是，在施特劳斯看来，历史虽然没有证明历史主义的合法性，但它却反方向证明了所有哲学思想都关注一个根本问题，那就是一种超历史的不变结构。事实上，施特劳斯颇为不屑地指出，被19世纪的近代人引以为豪的“历史主义”只是一种“发明”，而此前的人们对其已经有了更好的解释。因此，对历史主义的反思与批判必然导致他回归古典政治哲学。

明白了历史主义所包含的致命的矛盾，施特劳斯对实证主义的批判的主旨就变得容易理解了。因为“实证主义如果理解了自身，必然就会变成历史主义”。欠缺反思性的实证主义只是在提出了“客观真理”这一点上强于历史主义。[②] 施特劳斯之所以单独批判实证主义，是因为奉其为圭臬的近代以降的社会科学令我们在所有“第二等重要的事情上”都可以“变得聪明起来”，然而代价就是我们“在头等重要的事情上，我们就得退回到全然无知的地步”。[③] 在施特劳斯看来，工具性的社会科学能为我们提供各种零碎的知识，但它无法回答诸如“正义的标准是什么”等价值问题，这也就是

---

① 这两处引文见施特劳斯：《自然权利与历史》，彭刚译，生活·读书·新知三联书店，2003年，第21、19页。

② 施特劳斯：《政治哲学的危机》，《苏格拉底问题与现代性》，刘小枫编，华夏出版社，2008年，第18页。

③ 施特劳斯：《自然权利与历史》，第4页。

神学与形而上学被科学取代的必然结果。近代实证主义放弃了此前哲人们致力于探讨、然而并未得出令人信服的答案的普遍性问题。实证主义放弃了朝向根源的探究,转而以自然科学的方法确定"经验",并进一步将这种经验知识确定为真实可靠的知识。

显然,在批判实证主义时,没有什么方法比批判马克斯·韦伯更恰当、亦更直接了。在《自然权利与历史》的第二章中,施特劳斯对韦伯有着相当精细的批判。施特劳斯指陈说,"自韦伯以来,还没有一个人对社会科学的基本问题投入了那么多的智慧、精力以及几乎是狂热的献身精神。"①然而这与其说是对这位"当之无愧的最伟大的社会科学家"的赞誉,莫若说是对他的委婉批评。因为"韦伯坚持社会科学与社会哲学的道德中立性的真实原因,并不是他相信'是'与'应该'之间的根本对立,而是他坚信,对于'应该'不可能有什么真正的知识。"②这样,在施特劳斯看来,尽管睿智的韦伯为维护自己的信念做了非常复杂而高超的努力,但他却没有充分注意其命题必然导致虚无主义:在许多正义与善的原则的冲突当中,社会科学对此无能为力,因而冲突的解决只能有赖于个体自由的、非理性的决断。事实上,当施特劳斯指陈到韦伯的社会科学的对象恰恰是借助价值(reference to values)建构起来之时,在他看来强调"拒绝价值判断"的社会科学自身的价值基础与局限性就显而易见了。③

那么,问题的症结在哪里?在施特劳斯看来,历史主义与实证主义的局限性正是近代人放弃追寻整体性的、普遍性的问题的必然结果。换言之,以普遍与整体为探寻对象的古代人可以理解近代的历史主义与实证主义,而近代人却变得无法理解古代人的问题意识了。施特劳斯的政治哲学所寻求的不是对近代以降的各种政治哲学的推进与完善,更不是对它们的克服与超越,因为在最关键的问题上选择了放弃或曰规避的近代政治哲学并不值得他浪费心智;毋宁说,施特劳斯的政治哲学真正的对话者就是古典政治哲学。这样,作为古典政治哲学身份标志的"自然"与"道德"就必然成为施特劳斯的讨论对象。

二 施特劳斯的自然权观念:自然与道德的回归

首先要强调的是,如同人们已然注意到的一样,施特劳斯用"自然权"(natural

---

① 施特劳斯:《自然权利与历史》,第 38 页。

② 同上书,第 43 页。

③ 施特劳斯对韦伯批判的问题点,参见本章第二节中的相关讨论。

right)指称两种对立的观念:古典的 natural right 是指“自然正确”、“自然正当”、“自然正义”等,而近代的 natural right 则是指“自然权利”、“天赋权利”等。[1] 事实上,施特劳斯在《自然权利与历史》当中所刻画的正是“自然权”的这种转变;这种自然权观念的转换导致了现代性的虚无主义本质。因此,下面我们将指出,施特劳斯政治哲学中古典自然权观念的重建意味着“自然”与“道德”回归,因为自然与道德在古典政治哲学中乃是同型合一的。

首先,如果说“自然权”就是以“自然”标准去权衡人类事物,尤其是权衡政治生活是否符合正义的话,那么“自然”本身意味着什么就成了核心的问题。因此,施特劳斯指出,“只要自然的观念还不为人所知,人们就必定无法知晓自然权的观念。发现自然乃是哲学的工作”。[2] 那么,这个被发现的“自然”又存在于何处?在施特劳斯的解释当中,这个“自然”可以从两个角度加以确定。

一方面,通过讨论柏拉图,施特劳斯将哲学的自然(nature)与人的天性(nature)亦即“人的自然”关联到了一起。“正是人的自然构成的等级秩序,为古典派所理解的自然权提供了基础。……善的生活就是人性的完美化。它是与自然相一致的生活。故而,人们可以将制约着善的生活的一般特征准则叫做‘自然法’。”[3]自然或自然法并非是产生于作为物理世界的“自然”以及“自然法则”。因此,自然以及由此而来的自然权与自然法并非是既定的人类学事实,它们并不与经验世界中的自然一样古老;自然乃是哲学的发现。显然,这种“自然”与道德——关于善的生活的规范——很容易发生关联,因为这种关联的逻辑事实上内在于上述“自然”观念本身。这样一来,问题就转化为,“自然”得以发现的人类学的事实是什么?在古典派那里,那就是“习俗”,比如“祖先的法典”或“神律”等,而它们正是“自然”的对立之物。自然是针对习俗与法律而得以发现的。

在施特劳斯看来这一表达不会引起太多的误解:哲学在根除权威之后认识到自然乃是标准,因为哲学的目的就是通过“爱智慧”去质疑权威。这是因为,“哲学,尤其是政治哲学一旦屈从于权威,就失去了它的本色;它就会蜕变为意识形态,亦即为某一特定的或将要出现的社会秩序所作的辩护词;或者,它就会变为神学或法学。”事实上,哲学家们最初会倾向于习俗主义,因为哲学家追求的“正义”最初被等同于法律或习惯。施特劳斯引用苏格拉底之前“最重要的文本”,即“自神的眼中看来,万物都是

---

① 甘阳:《政治哲人施特劳斯:古典保守主义政治哲学的复兴》,《自然权利与历史》,第 10—11 页。

② 施特劳斯:《自然权利与历史》,第 82 页。

③ 施特劳斯:《自然权利与历史》,第 128 页;译文略有改动。

美好(高贵)、善良而正义的,但是人们却认为,有些东西是正义的,而别的东西则是不义的。"因此,正义与不义的区分源于习俗。当哲学家发现了用以质疑习俗的"自然"之后,自然的正义亦即"自然权"就获得了整体性的正义基础,其最重要的后果是,法律的正义必然从属于这种"自然权",亦即"自然正义"。

这样一来,衡量政治活动的普遍标准就变得明晰了起来:"政治活动如果是朝向人类的完善或德性前进的,那它就是得到了恰当的指导。……公民社会或国家的道德与个人的道德并无二致。"自然与道德在这一表述中发生了汇合。显然,这种情形只能发生在最善政体当中;在现实的政体中,二者的分离可以说是政治生活的常态,这首先是因为"有的人生而比其他人优越"这一事实。由于古典自然权论者就人的完善着眼来看待道德事物与政治事务,"他们并非平等主义者",因为并不是所有的"天性"都是"好的天性"。所以,"即便所有人都具有道德能力,有的人需要别人的指导,而有的人则不需要,或者只是在较小的程度上需要"。[①] 人在"至关重要的方面",亦即道德所代表的人的完满的方面的不平等,这构成了古典自然权的出发点;基于这种自然权,在道德上出类拔萃的人自然就是统治者,这就是古典贵族政治的正当性说明。这种自然权与以平等主义为正义的近代自然权的对立显而易见。

此处要强调的是,由于重新确立了"自然"与"道德"的地位,施特劳斯的古典政治哲学必然具备了政治思想家久违的两个视点:整体性的视点与至高的视点。施特劳斯说:"对于有关整体的恰当表达的追求永无休止,但这并不就使得人们有权将哲学局限于对某个部分的理解之内,无论这一部分如何重要。因为部分的意义取决于整体的意义。"[②]在人们的求真知的过程中,尽管没有获得有关整体的确切知识,但这并不意味着人们就可以安心于部分的、确定性的知识,比如说近代实证主义所依据的经验知识。进而言之,在由"自然"与"习俗"构成的"整体"当中,专注习俗的知识并不具有当然的优越性。然而,这并不意味着自然是与习俗地位等同的"部分",因为自然恰恰是生成于对习俗的反思。在这个意义上,"自然"至少在方法论上重新建构了"整体"的观念。

与这种整体性的理解相关,施特劳斯同样强调的是至高的视点的意义。为此他写道:"依据高的事物来尝试理解低的事物,要比依据低的事物来理解高的事物安全。依据低的事物来理解高的事物时,人们必然会歪曲高的事物,而从高的事物理解低的

---

① 施特劳斯借助分析苏格拉底、柏拉图、亚里士多德、西塞罗进行了上述表述。参见《自然权利与历史》,第135—137页。

② 施特劳斯:《自然权利与历史》,第127页。

事物时，人们并没有剥夺低的事物充分展现其自身之所是的自由。”[①]显然，这里的“高处”可以理解为“整体”：整体可以完全理解部分，而部分无法完全理解整体。就人类生活而言，自然=道德就是这样的“高处事物”。这样，在施特劳斯的政治哲学当中，古典自然权必然优越于近代自然权。然而，由于近代自然权以直接的方式诉诸在所有社会中都处于多数者状态的大众的“权利”，近代自然权至少获得了表面的胜利。——这也就是近代特有的自由民主制（liberal democracy）的胜利。

从古典自然权出发，施特劳斯必然要批判近代自由主义，因为自然权内涵的转变在政治思想上对应的正是古典自由主义向近代自由主义的转变。因此，这里有必要强调的是，施特劳斯的自由主义批判并非是在自由主义的层面上进行的，而这一点早在1932年他为卡尔·施米特撰写的书评《卡尔·施米特〈政治的概念〉评注》中就表现了出来。这样，施特劳斯试图恢复古典意义上的自然权、亦即“自然正义”的努力的现实意义，就可以从这种为自由主义批判提供基础的角度加以理解。

三 施特劳斯与中国政治哲学的转型

上面扼要地分析了施特劳斯政治哲学的含义；那么，施特劳斯的这种政治哲学与当下中国究竟具有怎样的关系？刘小枫在《古典心性的相逢：施特劳斯在中国》一文中从“古典心性”相互契合的角度，对施特劳斯表达了最高的敬意。中国知识分子对施特劳斯政治哲学的一见如故，显然具有这种“心性”层面的原因。比如，施特劳斯古典教育让中国读者联想起“至圣先师”孔夫子的政治与教育理念；施特劳斯所阐述的“隐微”与“显白”交互使用的“被遗忘的写作艺术”让中国读者联想到儒学经典《左传》包括“微而显”、“志而晦”等在内的“记事五例”；施特劳斯本人的笔法让中国读者联想到“述而不作”（《论语》）的圣人教诲。可以说，这些都是中国知识分子的“古典心性”要素。然而，本书提到的“自然”与“道德”观念无疑是最重要的“心性”要素。[②]

如上文所述，在现代性的政治实践中恢复自然与道德的地位正是施特劳斯政治哲学的现实关怀。不过，由于这种方式是通过解释古代希腊、古代罗马思想进行的，它给中国的政治哲学带来了新的启发：第一，重新将自然与道德、亦即古典自然权观念引入当下政治思考与实践当中；第二，重新回归中国古典乃是中国政治哲学重建的

---

① 施特劳斯：《英译本前言》，《斯宾诺莎的宗教批判》，李永晶译，华夏出版社，2013年，第2—3页。

② 在笔者看来，代表中国古典文化的儒家与道家，都可以从“自然”与“道德”的角度加以重构；限于本书目的，这里无法对此展开讨论。

不二法门。

事实上，施特劳斯的回归古典并非是目的本身；在所谓现代性的状况下恢复人们对古典的自然与道德观念重新思考才是施特劳斯的目的所在。在为1965年出版的英译本《斯宾诺莎的宗教批判》撰写的有名的序言当中，施特劳斯披沥了自己的思想历程：1920年代犹太人在魏玛共和国中摇摇欲坠的现实正是他撰写《斯宾诺莎的宗教批判》的现实原因。可以说，施特劳斯的第一本著作正是一种对现实的介入，现实的“犹太人问题”乃是作者全部思想的现实根基；施特劳斯的政治哲学也可以理解成他为犹太人撰写的政治哲学。[①] 就此而论，中国的政治哲学的重构首先面临的任务就是对中国“现代性”的把握。

在题名为《现代性的三次浪潮》的讲演中，施特劳斯将现代性的始源设定为马基雅维里：后者将自然正义——连同“天意”与“偶然”——清除出政治思考，将道德问题与政治问题转换为可以解决的技术问题。这种乐观主义在卢梭代表的现代性的第二次浪潮中达到顶峰：人彻底摆脱了自然的监护，理性取代了自然。然而，在由尼采代表的第三次浪潮中，在“人将成为自己命运的主人”的同时，“永恒回归”则构成了现代性的反动：现代理性主义或曰人们对现代理性主义的信仰成了批判的对象。[②] 施特劳斯“笔法”的高明之处在于，回归古典、回归自然被重构为西方现代性理智与逻辑上的必然归结。那么，这里自然会出现的问题是：以回归古典为标志的政治哲学的复兴是否也是中国现代性的必然命运？这个问题同样是如何理解中国现代性的问题。

从所谓“保守主义”的角度来看，中国的施特劳斯至少将中国现代政治哲学的起源推进了一个世纪以上，亦即中国现代性的真正肇端：中国在1894—1895年的中日甲午战争中的战败。事实上，当时被视为东洋“蕞尔小邦”的日本在冲击并瓦解东亚传统国际政治秩序的同时，更造成了国朝士大夫“心性”的巨大震荡。随着被称为“洋务运动”的中国早期现代化运动的戛然而止，中国的现代化丧失了方向性。在“奋不顾身”的现代化运动中，中国古典在遭逢了一番内外的攻击之后，逐渐演变成了“国故”与“遗产”。而此后的国朝士大夫则拿起形形色色的手术刀，开始了“整理”与“批判”；其中，被误解的近代科学主义更是大行其道。因此，中国的现代性首先意味着以西方现代性为模式建构的现代性。

然而，对于中国的政治哲学而言，真正的困难之处在于，施特劳斯所刻画的现代性的三次浪潮以共时性的方式出现在当下的思想空间当中：学界无论是对自由民主

---

① 参见拙文：《中译本前言》，《斯宾诺莎的宗教批判》，华夏出版社，2013年。

② 施特劳斯：《现代性的三次浪潮》，《苏格拉底问题与现代性》，第32—46页。

的诉求、对人民民主的坚持、还是对后现代性的欢呼都是这种现代性状况的表征。因此，就西方现代性的历时性与中国现代性的共时性的对立这一点而论，我们似乎无法以施特劳斯的方式论述中国回归古典的必然性。然而，有趣的是，正因为上述共时性的要素，中国现代性历史的浅近使得中国学人“去圣未远”，可以说古典仍以某种方式存在于当下的思想状况当中；在这个意义上，中国古典哲学的复兴似乎并不比西方回归古典哲学困难。换言之，这种以西方现代性为模式的中国现代性具有强烈的外源性，因而基于现代性的中国古典批判主要是外在的批判，其批判的锋芒与力量必然因时过境迁而风化、消退，因而可以说它并未真正撼动中国学者的“古典心性”。

我们有必要留意的是，到了改革开放的新时代，深受马克思主义影响的中国的现代主义者们提出了对中国传统进行“创造性转化”的说法，其目的则是适应现代社会。这似乎是一个良善而温和的目标：在现代社会中拯救中国国粹，这不是皆大欢喜的事情吗？换言之，这不是中国古典政治哲学复兴的现实契机吗？事实并非如此：人们忽视了这种“向前看”的乐观的幸福主义所具有的致命缺陷：如果被视为中国传统转化方向与标准的“现代社会”本身是问题深重的，那么任何以现代为旨归的“创造性转化”努力不都是镜花水月吗？当然，如果中国的“现代性”能够被成功重构为中国传统的内在生成，那么许多问题自然就将消失。然而，如果中国的古典或曰传统思想本身没有得到真正的理解，那么上面的重构工作依然希望渺茫。正是在这一点上，施特劳斯的古典政治哲学正强烈地刺激了中国学人的思考。

四　作为哲学的社会科学

在现代中国国民、知识界追求政治清明的过程中，施特劳斯的古典政治哲学的导入与研究无疑是一个积极的要素，因而正在成为一个具有思想史意义的重要事件。对此，本章已经进行了相关的讨论。从本章的角度而言，这种古典政治哲学的成立除了引发我们对其相关问题的思考之外，还将本书的主题亦即“社会科学”的性格、尤其是其根本性的哲学预设呈现了出来。由于社会科学的基本预设依赖于“科学”观念本身，因而如同科学与哲学在理念与现实中相互交错的关系一样，“社会科学”在方法与价值上同样与政治哲学呈现出并立、竞争、融合的相互关系。因此，如果说政治哲学的主旨是善政，那么在认识并如何实现善政的这个意义上社会科学同样不可或缺。

尽管如此，中国新近出现的古典政治哲学的热潮可能引发人们的以下疑虑：与政治哲学那种整全的、寻求本质的思考方式相比，注重经验知识的社会科学如何凝聚人们对其持续的理解与必要的兴趣？换言之，与政治哲学提供的超越历史的、因而常常引发人们心动的观念相比，社会科学在当下中国能展现出其特有的力量吗？之所以出现这个问题，是因为社会科学如同自然科学一样，很少提供直接的心理上的确定感。——它关注的更多是外在的客观世界，因而对人的事务似乎常常呈现出无动于衷的冷漠。不过，这种看法是一种对意义与确定感的误解，更是对“科学”的误解。这种判断再次将我们带到更高一级的思考层面；下述说法或许更准确地将这种误解呈现了出来。

> 科学是一种思考与提出问题的过程，而不是一种知识体。它是我们宣称知道某事的其中一种方法。就某种意义而言，科学方法是一套准绳，可决定有关不同真实性观点的冲突如何解决。它提供一种策略，使研究者在处理某些问题时能加以运用。……在寻求知识的理解上，科学途径拥有许多竞争者。对历史上的许多人而言，这些竞争者都占有优势。真实性的分析通常不如神话、迷信与预感来得受欢迎，这些方式在所试图预测或控制的事件之前，均能带来可靠的确定感，尽管事后很少有确定感。①

在现实表层的逻辑中，社会科学常常在竞争对手面前表现得默默无闻；它甚至无法与历史上的“神话、迷信与预感”的力量相提并论，因为这些力量给人们提供了独特的心理上的慰藉。同样，社会科学在新的近代社会中的新的竞争对手、亦即总体性的意识形态面前，也不得不全力进行其存在的正当性证明，因为总体性的意识形态借助政治权力的力量，建构了一种专制的“真理体制”。从社会科学的角度看来，导致这种局面的逻辑是一致的：与任何宣称掌握了社会历史发展“规律”、“法则”的宏大叙事与意识形态相比，表面上它确实无法为人类生活、为个体生活提供富有魅力的满足感与确定感。

然而，社会科学并不会为此感到丝毫的沮丧；相反，正是在心理感觉相反的意义上，社会科学低调地展示着其不可替代的力量。如果对所谓“历史法则”的信仰失去了信心，那么人们将面临方向感的丧失，一种闭塞感将重新让一切未来主义的心灵不堪重负，各种虚无主义将大行其道。在这种重压之下，如果人们能够驻足回首过往，同时严肃地审视当下身处其中的现实，人们或许会获得新的动力。其实，社会科学的

---

① 胡佛等：《社会科学方法论的思维》，张家麟译，韦伯文化事业出版社，2001年，第5页。

意义就在人们“驻足回首”、“审视当下”的时刻呈现了出来。对于任何有责任感的民族、政治家与公民来说，放弃了严肃的社会科学，也就意味着放弃了责任与尊严、放弃了追求更好的人的生活的可能性。考虑到这一点，下面的引述、尤其是最后一句话将为这里的讨论画上暂时的句号。

> 不管这一认识（引者按：社会科学的认识）能否使人恢复自信或感到所要求的满足，事实依然是：这一认识是我们认识社会领域所需要的东西。……这一认识是对复杂的发人深思的社会力量——这些力量可能会在未来的一段时间里继续起作用——的一种认识，得之不易，这一认识并不打算提出“万能理论”或对极具魅力的当权者、国际冲突、社会福利或社会暴乱的实质做出定论。这一认识所真正提出的东西要重要得多：一种运用于应付那些必然要影响到我们切身利益的力量和环境。……我们在为最大限度地改善社会生活而努力时，不会再凭空想象、自欺欺人。[1]

① 鲁尔：《社会科学理论及其发展进步》，郝玮等译，辽宁教育出版社，2004年，第284页。

第四章
韦伯的政治社会学与中国社会的经验研究

在前面的两章中，笔者讨论了中国韦伯研究对于中国社会科学基本预设的影响。那么，韦伯的学术研究与观念对于中国社会科学的具体研究又产生了怎样的影响？换一个角度说，在中国社会科学的具体领域的具体研究当中，中国学者对韦伯学说进行了怎样的理解？他们又是在何种程度上用韦伯的方式对中国社会的经验现实进行了具体的研究？本章以中国学者对韦伯的官僚制（又译为“科层制”）论的理解与解释为中心，分析中国学者的研究实践的具体情况，进而勾画这种韦伯研究与中国社会科学建构的关联。

作为具体的分析路径，本章将从中国学人对韦伯“政治成熟”观念的理解出发，分析他们的理解在何种程度上与韦伯的本意一致，又在何种程度上与韦伯发生了分歧。要说明的是，笔者在前一章中从政治哲学的角度讨论了“政治成熟”的若干问题，本章将从一个新的角度、亦即“政治社会学”的视点进行分析。

一　引言：韦伯的政治社会学与官僚制研究

在韦伯开创的“政治社会学”研究领域当中，官僚制研究无疑处于特别的位置。这首先是因为，韦伯是第一位对现代官僚制进行社会学分析的社会科学家。然而，与这个显而易见的理由相比，下述理由更具有实质意义：韦伯的官僚制研究是在近代资本主义的形成、近代以降的合理化过程中进行的。换言之，韦伯将官僚制这个本来属于狭义的行政学、广义的政治学的研究对象纳入到了近代以降广阔的社会历史的变动中加以考察，为这一研究奠定了社会学的基础。

那么，面对韦伯开创的“政治社会学”，中国学者在何种程度上理解了韦伯政治社会学的研究方法与意义？中国学人对于“政治”观念形成了怎样的新的认识、这种认识又以何种方式对社会科学研究发生了影响？考察中国学者对韦伯官僚制论的理解与感受，将成为我们回答上述问题的一个有力线索。我们先看一下韦伯的若干说法。在解析近代资本主义形成的原因时，韦伯强调：

> 法律与行政的合理结构无疑当为重要的因素。因为基于合理经营的近代资本主义，不但需要可以估量的生产技术手段，而且还需要可资估量的法律体系以及按照正式规则办事的行政机构；缺乏了这些条件，冒险的及投资的商业资本主义、或者各种依赖政治的资本主义也许还可以存在，然而任何具有固定资本与确实计算的、合理的私人经营却是绝对无法生存的。只有在西方，才可能将经济生活的准则植基于如此一套……法律与行政制度。

另一方面，对于近代国家的形成，韦伯指出：

> 一般而言，“国家”——也就是基本上具有合理制定的“宪法”、合理制定的法律，以及由根据合理制定的法规或原则办事的专门官吏所负责的行政等特征的政治形式——仅知之于西方，尽管他处已有萌芽。[①]

这里，韦伯将行政的合理化视为近代国家的本质特征，而这种国家仅见于西方。因此我们可以说，韦伯对行政合理化的研究构成了其宏大的、以探讨近代资本主义生成机制为主旨的比较宗教社会学研究的一环；这也正是韦伯对“官僚制”进行分析的根本原因。反过来说，在韦伯的官僚制研究当中，我们可以看到其政治社会学、宗教社会学乃至其政治观念的核心特征。那么，回到本章的课题：中国学者自接触韦伯学说以来，对韦伯的官僚制研究进行了怎样的理解与评价？

笔者在本书的第一章中提到，早在 1987 年中国学者就已阅读到著名的中国思想

---

① 以上两段引文见韦伯：《资本主义精神与理性化》，《中国的宗教；宗教与世界》，康乐、简惠美译，广西师范大学出版社，2006 年，第 459、451 页。

史学者余英时的著作《中国近世宗教伦理与商人精神》。在该文的结尾，作者得出了一个独特的结论。作者指出："明清商人虽已走近传统的边缘，但毕竟未曾突破传统。"主要原因何在？在解答前，余英时转述了罗斯（Guenther Roth）对韦伯的下述解释：韦伯认为，自由商业在"共和城邦"中易于发展，在君主专政的官僚制度下则常遭扼杀，因为后者以"政治安定"（political stability）为主要目标。由于维持政治稳定是传统中国专制体制的主要任务，因此，余英时的结论就是，传统社会中的官僚体制是中国经济转型的主要阻碍因素。[①] 为了佐证这一论断，作者除了介绍日本学者的一些研究之外，还引述了明末《士商要览》卷三"是官当敬"条目下的注释，作为具体的材料。这里再次转录于下。

> 官无大小，皆受朝廷一命，权可制人，不可因其秩卑，放肆侮慢。苟或触犯，虽不能荣人，亦足以辱人，倘受其叱挞，又将何以洗耻哉！凡见长官，须起立引避，善尝为卑为降，实吾民之分也。

对此，作者余英时感喟道：试看专制主义的官僚系统有如天网地罗，岂是商人的力量所能突破？这就是说，在余英时的研究中，"专制主义官僚系统"成为近世亦即明清时期中国社会的根本的结构性力量，它决定了中国的经济与社会的具体形态。所有对官僚制专制的批判莫过于此。

值得注意的是，中国最早的两篇韦伯研究文献都是关于韦伯官僚制（科层制）的评述，它们早在1980年代初就得到了公开发表。此后，韦伯的这一研究领域得到了中国学者持续的关注。由于官僚制自身的双重属性（后述），中国学者的观点也发生了根本性的分歧。比如，中国的一位《韦伯传》作者有如下论述：

> 韦伯关于社会主义必然产生官僚制的统治的思想，与他对官僚制的发展的论述是相一致的，也与他对社会发展的悲剧论调相一致。然而，他却忽视了一个重要的现象，即社会主义社会中人民管理与人民民主制的发展，忽视了新的社会主义政治体制的积极作用。在社会主义条件下，官僚主义当然是一个很大的危害，韦伯的论述对于我们不是没有借鉴和参考的价值，但他仅仅看到官僚资本主义的危害，却没有看到社会主义的人民对官僚主义的抑制作用。在社会主义条

① 余英时：《士与中国文化》，上海人民出版社，1987年，第577页；另外，随后的引文见该书第578页。

件下，只要加强人民的监督和人民管理的力度，官僚主义是不难加以控制的。[①]

在上述论述中，作者意识到“官僚主义”是政治生活的消极侧面，因此他认为“社会主义”具有控制官僚主义的能力，其方法就是“加强人民的监督和人民管理”。然而要注意的是：第一，“官僚制”并不等同于“官僚主义”，官僚制必然存在于包括国家在内的任何合理的现代组织与团体；第二，官僚主义在不同的制度下具有不同的表现形式，其消极程度也因此不同；只有在真正的民主制下，官僚主义才能得到最大程度的抑制；第三，在社会主义条件下如何加强人民监督与管理的力度，并非是不证自明的。事实上，上述引文中所谈的“官僚制”是指中国历史上自秦汉以来形成的“官僚政治”，而对这种政治的批评，王亚南早在1948年即出版过专著进行了更为深刻的分析与批评。[②] 令人遗憾的是，多数中国论者并未注意到、更未继承先辈学人的学识。

如果说中国学者对于韦伯的官僚制分析已然有了初步的了解，那么在具体的中国政治现实分析中，韦伯的这一学说以及它所反映的韦伯的政治观念得到了怎样的理解与运用？行政权力及其官僚制度得到了怎样的认识？下面，笔者从韦伯提出的“政治成熟”这一观念着手，分析韦伯的政治社会学在何种程度上得到了接受与理解。

二 中国“政治成熟”话语的现状与陷阱

在进入讨论之前，笔者首先要指出两点。第一，“政治成熟”并非仅仅是一个分析性的概念；事实上在韦伯那里，它更是作为“政治教育”的对偶概念提出来的。如果说分析性的“政治成熟”概念会指出中国现实政治的问题所在，那么建构性的“政治教育”概念则为现实政治的变革提供了一个技术上可操作的空间。因此，“政治成熟”与“政治教育”必须同时得到理解与阐述。第二，这两个对偶概念要在韦伯的政治社会学层面加以理解。

让我们回到上面的问题。在说明为何要向中国介绍韦伯早期思想时，甘阳指出，

---

① 姬金铎：《韦伯传》，河北人民出版社，1998年，第173—174页。

② 王亚南：《中国官僚政治研究》，商务印书馆，2010年。在该书的结尾，著者指出，“只有让人民、让一般工农大众普遍的自觉行动起来，参加并主导着政治革新运动”，才能终结中国的官僚政治。这一说法虽然具有当时的历史痕迹，但就其实质而言，我们可以理解为民主体制对官僚政治的约束作用。

韦伯的全部问题意识都源于当时的德国落后于英国等欧洲发达国家的事实;这种韦伯的历史处境与中国当下的情形具有类似性。基于韦伯对德国政治担当阶级的教诲,甘阳重新进行了下述表述。

> 一个落后民族走向"外在强盛"即经济崛起的过程,在韦伯看来绝不意味着这个民族必然就在走向"内在强盛",因为一国"内在强盛"的不发达并不是经济不发达的结果,而是政治不发达的结果。①

在甘阳看来,中国政治的中心问题就是如何使中国从目前的"非政治民族"状态走向一个成熟的"政治民族"。因为对秩序与政治稳定的片面强调,压抑了民族与国民政治生活的自然生长过程,长远看来必将影响政治安定自身。不过,对于"政治成熟"的具体内容,甘阳除了强调要进行"政治改革"之外,并未进行具体的讨论。

几乎是在同一时期,1980年代"新启蒙运动"的另一位旗手刘小枫在一篇文章中提到:"……经济改革后的中国有如俾斯麦新政后的德国,在国际政治格局中已经日渐强盛,但国内经济秩序出现诸多社会不公正现象,经济学家们为自由经济抑或经济民主吵翻天,于是,一个韦伯式的声音出来说:中国学人还没有'政治成熟',还没有看到,中国已经成为经济民族,如今的问题端在于如何成为政治成熟的民族。"②在这里,发出"一个韦伯式的声音"的学人,我们可以理解为包括前面提及的甘阳、作者自身等在内的学者。③

上述两位著名学者的呼吁至少在下面的意义上非常明确:在中国"以经济建设为中心"的官方话语的影响中、在市场机制正在重新塑造中国社会机制的过程中,如何将经济上的成果转化为民族成熟的自我意识,这是中国学人与政治精英面临的现实任务与难题;因此,对这一任务与难题有先觉的两位学者,率先将"文化启蒙"导引向"政治启蒙"当中。

然而,在当下的思想状况中,这些学者更容易被贴上简单的意识形态标签。对中

---

① 甘阳:《走向"政治民族"》,《读书》,2003年第4期,第5页。

② 刘小枫:《多元的抑或政治的现代性》,《二十一世纪》,2001年第4期;注意该文的主旨并非是直接讨论"政治成熟"。

③ 另外,张旭东在2002年进行的"韦伯与文化政治"的讲演中,讨论了韦伯在《民族国家与经济政策》一文中所论的政治成熟问题。参见张旭东:《全球化时代的文化认同:西方普遍主义话语的历史批判》,北京大学出版社,2005年,第276—287页。

国学界的这种认知状况，我们有必要从以下三个角度进行分析。第一，韦伯“政治成熟”概念并未得到中国学者的普遍关注与深入分析。第二，作为“德意志帝国”的德国（1871—1918）在何种意义上与现代中国，尤其是1978年改革开放后的中国具有相似性，这个问题亦未得到中国学人的认真讨论。第三，在经验领域当中，“政治成熟”在当下中国的实然结构如何？这一问题亦未得到充分的注意。在这些情况下，上述学者提及的韦伯“政治成熟”仅仅被视为昙花一现的观念。下面笔者将对前两点略加分析，第三点则在下一节中进行详细讨论。

首先就第一个问题而言，由于中国学者多热衷于提出治国策略，热衷于站在体制的角度发表意见，这种言论状况导致“政治成熟”仅仅被视为一种普通的观念，其独特的性格遭到了漠视。更重要的是，这种“政治成熟”的观念因其固有因素而无法进入官定的言论空间，同样构成了它无法引起注意的重要原因。这里所说的“固有因素”是指，“政治成熟”概念的阐述者同时亦是“政治教育”的实践者，这种身份与在意识形态空间中试图独占“政治教育”权限的“先进”的代表型政党必然要发生龃龉。不过，与上述外在性的因素相比，韦伯“政治成熟”概念自身尚未得到清晰的阐述，则是重要的内在因素。

其次就第二个问题而言，1871年俾斯麦主政后的德国与1978年实行新政后的中国，究竟在何种意义上可以加以类比？显然，韦伯所面临的德国“落后于发达国家”的事实与经济建设上的成果导致的“幸福主义”观念首先可能是二者共有的状况。同样，二者在文化观念上亦具有类似性——德意志文化与中华文明分别成为二者试图在全球化、在诸国民的竞争中复兴的目标。由此而来的类似的政治观念则是，二者要成为诸国民的领导者——从现实主义的角度而言，就是要成为韦伯意义上的“权力国家”。因此，这些共性似乎保证了韦伯“政治成熟”论可以移植、复制到中国加以使用。然而，在笔者看来，韦伯的“政治成熟”论虽然适用于当下的中国，但其理由却全然不同于上述类比，因为从韦伯政治社会学的视角——这里限定为“民族国家”与“官僚制”——来看，新政后的德意志帝国与新政后的中国的性格迥然不同。如果说“民族国家”的成立是韦伯思考政治问题的特殊国际政治的现实状况，那么近代“官僚制”的成立则是韦伯思考政治问题的普遍人类社会的现实状况。

第一，作为新兴的“民族国家”，二者的构成原理截然不同。如果进一步概括二者的共性，那么我们就会发现，它们都具有指向“民族国家”外部的性格。在这个意义上，上述共性大致源于国际政治的框架。然而如果我们将视角转向二者的内部政治秩序，二者截然不同的国家构成原理就突显了出来。作为简单的历史事实，德国的“民族国家”（nation-state）乃是建立在近代政治国民主权原理上的“国民国家”

(nation-state),德意志帝国普通选举法是德国政体的实质性保障;就此而论,“民族国家”的本质就是“国民国家”。[①] 与此相对,后者是建立在阶级斗争史观上的、作为“阶级国家”的“人民国家”;在实践中,作为“人民”先进代表的政党的专政构成了现代中国的国体,“人民国家”进一步转化为“党—国家”(party-state)。简言之,现代中国虽然具有“民族国家”乃至“国民国家”的表象,但其主权原理却是特殊的。在这个意义上,韦伯提出的“政治成熟”与“政治教育”的内容并不能简单地移植到中国使用,因为韦伯所置身其中的政治秩序远非1978年以后的中国情形。

第二,作为近代以降的“官僚制”国家、亦即行政管理主导的国家,二者性格与品格亦截然不同。这一点本书后面还要详加考察;这里要提前强调指出的是,韦伯虽然在多篇文章中对近代官僚制进行了多角度的批评,但对当时德意志帝国官僚制的长处,仍然是赞不绝口:“就严格规定的专业化性质的公务而言,举凡要求证明自己的责任感、客观性以及把握组织问题的能力时,我们的官员系统总是能够杰出地通过一切考验。”[②]事实上,韦伯对一般意义上的官僚制的正面赞辞,很难说不与他对德国官员出色的职业行为的观察无关。然而,由于历史与现实国情的不同,对于韦伯作为德意志帝国“政治教育”一环而提出的官僚制批判,中国学人必须进行符合当下现实的重新理解。

尽管如此,韦伯的“政治成熟”概念对当下的中国依然具有一定的借鉴意义。这是因为,不同于近代启蒙思想家的政治构想,韦伯的政治观念是在政治社会学——具体为“统治社会学”——层面展开的;换言之,韦伯的政治见解由于具有对人类的生活共同体,亦即社会层面的分析与根据,它具有适用于所有社会的内在可能性。

三　韦伯的政治观念与“政治成熟”的三重结构

讨论韦伯“政治成熟”问题,首先要讨论韦伯在何种政治意义上使用这一概念的,这是因为,在韦伯的政治社会学的分析层面,“政治”具有三重的结构——文化政治、权力政治与技术政治。与此相应,政治成熟同样具有三个维度。

提到韦伯的“政治”观念,人们通常会想起韦伯在一些脍炙人口的政论中提到的

---

① 本书按中国学界的习惯使用“民族国家”的说法。不过,如此处所论,将nation-state译为“民族国家”并不准确;现代意义上的nation-state,更是指基于国民主权的“国民国家”。

② 韦伯:《韦伯政治著作选》,阎克文译,东方出版社,2009年,第145页;下面的注释中简称为《政治著作选》。

说法，比如“一切政治的本质就是冲突”、“政治的决定性手段是暴力”等。[①] 这种本质性的说法与韦伯对近代社会的综合诊断——“诸神之争”——乃是一致的。然而，在我们分析韦伯对政治的全面理解时，我们有必要注意韦伯晚年在《以政治为业》的这篇著名讲演的结尾处的说法。韦伯写道：“政治是件用力而缓慢穿透硬木板的工作，它同时需要激情和眼光。”[②]这里，政治需要“激情和眼光”并不难理解，因为这是以政治为生活——而非靠政治生活——的人的必备素养。那么如何理解“用力而缓慢穿透硬木板”的这个比喻？在笔者看来，这个比喻暗示了韦伯从技术的角度对政治的理解——“穿透硬木板”需要具体的技术，甚至是首先需要技术，对此“激情与眼光”无法越俎代庖。因此，我们要注意韦伯对作为技术的政治进行了怎样的表述与理解。事实上，韦伯作为社会科学分析，尤其作为政治社会学论述的“统治社会学”就可以完全理解为他对这种作为技术的政治的理解与洞察。

与这种作为技术的政治观念息息相关，韦伯在技术政治的表达形式亦即“行政管理”与国民表达意志的“政治”的相生相克的构图中，提出了另外两种政治观念，那就是作为权力的政治与作为文化的政治。

> 他（即官员——引者）引以为豪的地方就在于保持不偏不倚，克制自己的倾向和观点，为的是以有良知、有意义的方式去执行职责的一般定义或具体指令对他的要求，哪怕——特别是——在它们不合自己的政治观点时。相反，为官员指定任务的领袖就必须不断解决政治问题——包括权力政治（Machtpolitik）问题和文化政治（Kulturpolitik）问题。[③]

因此，如果说韦伯所说的“行政管理”为技术政治的一个方面，那么从政治整体而言，韦伯的政治观念包含权力政治、文化政治与技术政治三个层面的内容。

依据上述分析，韦伯在不同的时期与不同的场合所谈论的“政治”分别可以分解还原为上述三种类型。重要的是，与这种政治观念的结构相对应，韦伯的“政治成熟”以及相应的“政治教育”也具有三个层面的标准与要求。下面，笔者依据韦伯“政治成熟”论的经验现实语境，对其具体内容加以分析。

---

① 韦伯：《学术与政治》，冯克利译，生活·读书·新知三联书店，1998年，第108页；《政治著作选》，第142页。

② 韦伯：《学术与政治》，第117页。

③ 韦伯：《政治著作选》，第145页。

1. 文化政治与政治成熟

1894年秋，刚进入而立之年的韦伯离开帝都柏林，赴巴顿大公国的名门弗莱堡大学任教，出任国民经济学与财政学的正教授。翌年5月13日举行的就职仪式上，韦伯发表了著名的讲演《民族国家与经济政策》，首次提出了他的"政治成熟"论。那么，为什么韦伯会在此时此地谈论这一主题?

依据韦伯传记的介绍，对现实政治抱有高度热情的韦伯由于离开了政治中心，他必须考虑如何发挥自己对现实政治的影响。[①] 从这一个体层面的考量而言，我们不难理解韦伯在讲演中爆发出的激情："是来自听众的反对意见而不是赞成意见促使我发表以下论点的。"[②]在讲演稿刊行之际，韦伯将自己的讲演定性为一种挑战书。那么，韦伯挑战的对象究竟是谁？那就是徘徊于德国社会的惰性，一种小富即安、不思进取的社会心理。事实上，韦伯不惜引用但丁《神曲・地狱篇》中的名句"放弃一切希望"来表明诸国民竞争的严峻性与苛刻性；在韦伯看来，"一个不争的事实是，在民族统一完成以后德国充斥'政治厌倦症'，新生代德国市民阶级尤其钟情于一种德国特有的'非历史'与'非政治'的精神，陶醉于眼下的成功而只求永保太平世界"。[③] 这里或许存在对当时德国现状的事实认定问题，然而真正的问题乃是，在具有特定政治意识的韦伯看来，那就是事实。从这个意义上说，韦伯1895年的就职演说是他针对德国国民精心组织的一次政治教育；韦伯的那种政治意识就是文化政治的意识。

在这次讲演中，韦伯全面披露了自己的个人信条，那就是对德国国民国家的热爱。由于韦伯对德国现状的诊断是德国缺乏作为国民国家的主体性，因此要求德国进一步采取"世界政策"，以保全德国的文化。他为此动情地说："说得略为夸张一点，如果千年之后我们再度走出坟墓，我们在那些未来民族的面相中首先希望看到的就是自己族类的依稀印记。"[④]毋庸讳言，这里所说的"世界政策"就是以英国为代表的强国的殖民政策。因此，"我们经济民族主义者必须以一个我们认为至高无上的政治标

---

① 今野元:《マックス・ウェーバー:ある西欧派ドイツ・ナショナリストの生涯》，東京大学出版会，2007年，第108页。这里笔者要对日本爱知县立大学副教授今野元博士(柏林大学与东京大学)致以诚挚的谢意；今野博士对笔者唐突的资料请求不以为忤，很快寄来了包括本书在内的日本韦伯研究的相关资料。

② 韦伯:《政治著作选》，第1页。

③ 韦伯:《民族国家与经济政策》，第102页。

④ 同上书，第91页。

准来衡量那些领导民族或渴望领导民族的阶级。这个政治标准就是这些阶级的政治成熟性。所谓'政治成熟'就是指这些阶级能够把握本民族长远的经济政治'权力'利益而且有能力在任何情况下把这一利益置于其他任何考虑之上"。[①] 在这个意义上，韦伯所呼吁的"政治成熟"首先就是政治担当阶级的文化观念的成熟。

这样看来，韦伯在此次就任演讲中展开的"政治成熟"论首先是一种关于自我文化意识成熟与否的论述，其次是谋求通过"世界政策"亦即当时通行的帝国主义政策来实现这种文化目标。因此，这是一种出色的"文化政治"层面的"政治成熟"论述。值得注意的是，韦伯在谈到"德国文化"时，一方面针对东部的波兰、俄国等落后文化抱着强烈的自豪感，另一方面面对西欧尤其是英国的新教文化，又带有莫可名状的焦虑——德国式的"大国焦虑症"；解消后者的方法，只有使德国成为英国一样的强国。这样，韦伯的这种文化政治意识能否为德国政治的担纲者所共有，就成为他断定德国政治是否成熟的标准。

就韦伯自身的"文化政治"的实践而言，以《新教伦理与资本主义精神》(下文简称《伦理》)为核心的宗教社会学研究具有出色的"政治成熟"意识——韦伯对新教文化的推崇与他对盎格鲁—撒克逊文化圈的政治的憧憬具有内在的关联。这种关联体现在他在《伦理》中的著名悖论上——由新教伦理孕育的近代资本主义精神正在走向它的反面。看到这一"悖论"的韦伯论者对此作出了截然相反的解读：一方看到了理性资本主义的胜利，因而认为韦伯是一位现代性的支持者；而另外一方则看到了"钢铁的牢笼"，认为韦伯是一位现代性的批判者。然而从文化政治的角度来看，韦伯《伦理》的主旨并非是"现代性"与资本主义精神的问题，而是新生德意志帝国的文化自我意识——在天主教与新教的对立图式中，韦伯选择了后者；而在英美新教与德国新教的对立当中，韦伯同样选择了后者。简言之，《伦理》以及其中的著名结论，在这个意义上正是"文化政治"成熟的产物。

这里还要注意的是，如笔者在前一章中指出的一样，韦伯的这一论断的基础乃是其社会科学，尤其是宗教社会学的研究，而不是基于简单的民族主义感情。

2. 权力政治与政治成熟

然而，文化政治并非是政治本身。换言之，无论韦伯如何在上述意义上呼吁德国

---

① 韦伯：《民族国家与经济政策》，第 98 页。

国民与政治担纲者应该具有相应的文化观念与意识，他所企及的政治目标可能都无法得到实现；德国在韦伯亲身经历的第一次世界大战中的表现恰好表明了这一点。于是，韦伯将“政治成熟”关注的焦点转向了德国的内政。在韦伯看来，由于未来的德国需要真正的政治领袖，他就将“政治成熟”引入到权力政治的层面。那么，政治的担当者在何种意义上可以在“权力政治”的意义上获致成熟？1917年的韦伯面临即将到来的战后的政治改革，发表了《新政治秩序下的德国议会与政府》，从国内政治选举领袖的方式的角度对这个问题进行了分析。

如同众多的韦伯论者都注意到的一样，韦伯对具有卡里斯玛型的统治、对“凯撒式”领袖表现出了不同寻常的关注。[①] 然而真正的问题在于，这些“天然的”领袖如何才能获得公共权力？因为对于任何一个国家与民族而言，这些人物的产生更是非常规、非日常的。因此，回到日常经验的现实当中，韦伯发现，美国式的由公民直接投票选举领袖的做法，在一定程度上有助于这些天然的领袖最终获得公共权力，但这种做法无法简单地移植到德国。这样，韦伯再次注意到了议会制的作用。

从结论上说，在韦伯那里，议会制首先是作为选择领袖的手段得到了解释与承认，尽管议会制的功能并不仅仅限于选择领袖。这是因为“至关重要的问题在于，唯一具备政治领袖所需素养的人，就是在政治斗争过程中被选择出来的人，因为一切政治在本质上都是斗争。总的说来，更有效地完成这种准备，靠的就是广受诟病的‘煽动手腕’，而不是坐在塞满了文件柜的办公室里……”[②]换言之，就政治的本质而言，议会制为未来的领袖提供了这样一个斗争的场所；在议会斗争中，只有经受住对手和竞争者的批评的人物，才能获得胜利。这里还要注意的是，韦伯在这里流露出了他对“官员”的政治素质的不信与轻蔑之意；“官员”成为权力政治的首要的警戒对象。

韦伯在谈到他一直倾慕的英国议会制时，更直接指出了这种制度的政治效果。

> 足够数量的天然领袖和具有政治气质的人物，都是在议会生涯中（……）、也是在严格按照考克斯会制度组织起来的政党内部出现和上升的。一方面，议会生涯为怀有政治抱负、权力意志和责任感的人物提供了太好机会；另一方面，只要这些真正具有政治气质和天赋的人物证明自己能够赢得大众的信任，大众民

---

① 德国学者蒙森以降的许多韦伯论者将此列为韦伯的罪状：韦伯要为此后的希特勒政权的出现负思想上的责任。显然，这是一种短路的解读。

② 韦伯：《政治著作选》，第177页。

主的“凯撒制”特征就会迫使政党屈从于这些人物。[①]

换言之,英国的议会制同时为政治人物准备了通向权力的通道:如果某个人物经受住了议会斗争的考验并脱颖而出,那么,这个被证明具有天赋的人物将以“凯撒式”的方式展开实际政治运作。因此韦伯继续指出:“特别是在选择领袖的当代条件下,一个强有力的议会和负责任的议会党团,因而还有它们的这一功能——选择大众领袖以及让他们证明自己是政治家,就是保持政治稳定的基本前提。”[②]

这里值得注意的是,韦伯的上述论述具有明确的针对性——“文人们鼓吹的在国内事务上的‘无权力意志’,与某些人大肆夸耀的在世界上的‘权力意志’并不相符。这个民族是否感到已经准备好承担一个7000万人的民族对子孙后代承担的责任,将要取决于我们解决德国内部重建问题的方式。”[③]显然,这个内部重建的方式就是实施民主化与议会制。在这里,韦伯将批判的矛锋指向了“文人”或曰“文人墨客”,因此这些人构成了“权力政治”意义上的“政治成熟”论辩的另一种对象。

实际上,韦伯的上述论述发表于1917年,面临帝国即将到来的败绩,思想界与舆论界对未来德国国体问题展开了激烈的争论。在韦伯看来,除了实行普选与议会制之外,其他的看法都是文人墨客们制造的“观念”。因此,他的下述说法值得我们关注。

> 我们这里讨论的是一些单纯的技术问题,即国家意志是如何形成的,这对于一个大规模的国家来说,只有有限而不是无限可能的选择形式。对于一个具有客观精神的政治家来说,其中的哪一种形式在既定时代对于他的国家最为有效,这是一个事实问题,回答这个问题要取决于国家面临的政治任务。[④]

在韦伯看来,如何通过对国家运转方式的技术变革来实现自己的现实政治目的,这是政治家唯一要考虑的问题。当然,这个“政治家”必须具有相应的客观精神,而不是受困于某种意识形态或特定的信仰。与此相反,“文人墨客”却将现实的技术问题转换为具有“无限可能的选择”的观念问题。因浪漫的幻想支配了他们的头脑,他们无法睁眼看世界。其结果是,简单的政治技术问题遭到了形形色色观念的掩饰与

---

① 韦伯:《政治著作选》,第185页。

② 同上书,第185页。

③ 同上书,第216页。

④ 同上书,第109页。

曲解。

然而，理想的议会制并不会自动生成；议会制这一技术需要人来掌握与运用。韦伯指出："未来议会制的权力分配所采取的实际形式，将要依赖于具备领袖品质的政治人物的出现以及他们所发挥的作用。"[①]这样，韦伯再次强调了政治领袖在议会制中的实质作用。另一方面，这种"政治领袖"首先要通过议会斗争而得到实质的造就。要注意的是，这并不意味着韦伯陷入了简单的循环论证。毋宁说，韦伯再次将政治问题放置到政治社会学的层面加以解析：理想议会制与理想领袖产生于二者的相互作用过程。在这种相互作用的社会过程中，领袖与理想制度究竟孰先孰后的问题，并不构成实质性的问题。

3. 技术政治与政治成熟

与上述两种政治相关，韦伯对官僚制度与官员在统治技术上的作用进行了详细的分析。如果说上面的议会制在培育领袖、稳定国家方面具有技术的性格，那么，作为日常行政管理的政治则完全在政治意志得以实现的具体的技术层面展开。这一点首先是由官僚制度的内在性格决定的。

韦伯指出，官僚体制广泛传播的决定性原因，"向来是由于它的纯技术的优势超过任何其他的形式。一种充分发达的官僚体制机制与其他形式的关系，恰恰如同一台机器与货物生产的非机械方式的关联一样。精确、迅速、明确……在由训练有素的具体官员进行严格官僚体制的，特别是集权体制的行政管理时，比起所有合议的或者名誉职务的和兼职职务的形式来，能达到最佳的效果"。[②] 从技术合理性的角度而言，官僚制与资本主义的生产方式一起成为近代社会的本质特征；官僚制正是韦伯理性化命题的核心社会学基础。

在上述意义上，韦伯继续论述说："真正的官员——这对评价 1918 年之前德国的制度是决定性的——按其真正的职业应该是不搞政治的，而是应该：'从事行政管理'，首先应该是无党派的；只要在'国家利益至上的原则'即统治秩序的生命攸关的利益不容置疑的情况下，这至少也适用于所谓'政治的'行政官员，官员行使职权应该'不急不躁'，'不要发怒，不抱偏见。'"[③]从这里可以看出，官员的"政治成熟"的标准包

---

① 韦伯：《政治著作选》，第 214 页。

② 韦伯：《经济与社会》，林荣远译，商务印书馆，2006 年，第 296 页。

③ 同上书，第 751 页。

括两方面的内容：其一，由于官员的本职是从事行政管理，亦即负责实施国家最高权力机构的政治意图，因此政治成熟的官员必须在专业技术上训练有素；其二，官员的行为必须符合国家利益，因此政治成熟的官员必须与特定党派的利益保持距离。

然而问题是，由于官僚制具有统治技术上无可替代的合理性，它导致了另外一种政治效果：它自身从权力手段转变为坚固的权力实体。

> 一旦充分实行的官僚体制，就属于最难摧毁的社会实体。官僚体制化是把[默契的]“共同体行为”转变为做出理性安排的“社会行为”的特殊手段。因此，作为统治关系的“社会化”的工具，对于拥有官僚体制机构的人来说，它过去是、现在仍然是头等的权力手段。[①]

从统治社会学的角度而言，作为实施统治的主体亦即行政官员，官僚制乃是一种出色的权力手段。这种手段全然不同于权力政治中的斗争，而是依靠文件传达、等级服从等理性化的手段。在这个意义上，官员的权力亦即执政权与政治家的权力是截然对立的；上述韦伯对“权力政治”的论述，其中一个主要的批判目标正是指向了行政权力。因此，如果这种官僚的权力在政治中占据了支配的地位，它将妨碍政治担当者的产生与成熟。

由于韦伯看到了这种表面上与政治无涉的官僚制所产生的政治效果——即行政取代政治而导致的政治的不成熟——，那么如何对这种消极效果加以控制，就成为最终判定政治担当者在技术政治上是否成熟的标准。这里，韦伯再次诉诸他视为模范的英国议会制度，尤其是议会所设立的各种委员会。

> 常有人强调指出，从英国新闻界及其读者跟踪关注议会各委员会议程的那种方式，即可看出政治成熟的最佳标准。政治成熟不仅反映在对大臣的不信任投票、指控以及法国—意大利式杂乱无章的议会制统治那种类似的景观上，而毋宁说是反映在这一事实上：国民始终都很了解官员们在如何处理他们的事务，所以能够对他们的工作加以持续的控制和影响。[②]

通过“议会各委员会”展开的行政调查与质询，官员将被迫公开他们手中的行政

---

① 韦伯：《经济与社会》，林荣远译，商务印书馆，2006年，第309页。

② 韦伯：《政治著作选》，第147页。

工作；这样，国民以及作为国民代表的议员就可以对行政权力加以制约与平衡。正是在与上述事实相反的意义上，韦伯对德国政治的不成熟进行了尖锐的下述指摘。

> 德国人如果竟被完全剥去了官僚统治的甲壳，就会丧失所有的方向感和安全感……德国人在政治上的“不成熟”便从不受控制的官员统治和被统治者习惯服从那种统治中产生了，因为被统治者并不分担责任、也不关心官员的工作状况和程序。只有一个政治上成熟的民族才能成为“主宰者民族”（“Herrenvolk”），这意味着人民控制着对自身事务的行政管理，通过自己选举产生的代表果断地共同选择自己的政治领袖。①

这种“主宰者民族”，首先是人民能够主宰自己命运的民族：人民能够选择自己的领袖，能够控制事关自身的行政管理。当然，韦伯的上述分析事实上具有明确的针对性：在俾斯麦治下形成的德国官僚制导致了德国国民丧失了斗争的意识；作为政治家的“奴才”的官员反过来成为政治家的“主人”，进而成为国民的“主人”。② 由于这种结局事实上导致了官员的专政，它将最终带来国民与政治领袖的不成熟。事实上在韦伯看来，俾斯麦身后的政治遗产就是留下了一个“缺乏任何政治教育的民族”。③

这里要重复强调的是，韦伯进行的官僚制分析的基础乃是社会学上的事实——“鉴于官僚化的推进已经不可阻挡的这一基本事实，关于未来政治组织的形式，就只能提出以下问题了。”在韦伯看来，真正的政治问题只有三种：第一，在这种官僚制管理之下，如何尽力挽救“个人”自由的可能性；第二，如何保证能够对这个官僚阶层“进行有效控制的力量继续维持下去”；第三，最重要的问题“在思考什么是官僚系统本身无力作为的事情”时就会出现。④ 如果将德意志帝国末期的韦伯视为“自由民主主义者”——理由是韦伯坚持议会民主制的方向——，那么韦伯的上述分析明确无误地表明，韦伯的这个“主义”在实质上与作为政治意识形态的“自由民主主义”并无多少关联。对于韦伯而言，面对现实问题时，只有作为经验科学的社会科学的分析才是可靠

① 韦伯：《政治著作选》，第 215 页。

② 韦伯曾经分析说，“俾斯麦在长年的统治中通过铲除一切独立自主的国务活动，使他的大臣同僚们对自己无条件的、服从官僚体制的依附，后来在他下台时不得不惊讶地亲身体验到，大臣们不必操心他们的职位，继续不倦地进行统治，仿佛不是这位天才的主子和这些奴才的创造者，而是官僚体制中的任何一个人物，被别人所换掉……”参见韦伯：《经济与社会》，第 311 页。

③ 韦伯：《政治著作选》，第 119 页。

④ 同上书，第 131 页。

的。维护个体“自由”，实现政治“民主”，这些目标均源于社会科学的分析，而非价值与意识形态的取舍。

同时值得注意的是，在上述三个问题当中，韦伯在战略上将第三个问题视为摆脱困境的出口——亦即首先要恢复政治领袖的地位，因为官僚系统无力产生能够进行决断的政治领袖。不过，韦伯并非将希望诉诸于卡里斯玛或凯撒的重新降临，而是放弃任何非日常的希望，借助“持续”的，因而必然是常规的手段来选择领袖，那种手段就是议会统治。我们看到，不同于“文人墨客”在精神世界中的浪漫想象，在现实的政治世界当中，可供人们选择的手段其实具有高度的收敛性。

要言之，在技术政治的意义上，“政治成熟”的担当阶级一方面要求对官员进行职业训练与教育，另一方面要对官员进行监督，重新恢复“主人”与“奴才”的正常秩序；其中民主化就是最重要的监督手段。换言之，在统治社会学的意义上，韦伯之所以支持“民主化”，正是因为民主化能够对近代社会的技术理性进行控制。当然，民主化意味着实施真正的议会制度。在韦伯看来，“只有专业公务员和职业政治家的这种合作，才能保障对行政的持续监督，从而保障对领导者与被领导者的政治教育。有效的议会监督和控制体系将迫使行政当局保持公开性，这必须成为对国民进行政治教育以及一切有效的议会工作的先决条件”。[①] 我们容易注意到，“公开”这一简单的技术手段具有深远的政治效果。只有在公开的政治环境中，政治家与国民才会走向政治成熟。在这个意义上，“政治教育”同时指向了领袖、官员与一般国民；技术政治和理性必须得到具体民族或国民的政治意识的平衡与控制。

如果说文化政治与权力政治意义上的“政治成熟”具有特定的时空背景——亦即与韦伯同时代的德意志帝国的盛衰——，那么，技术政治上的“政治成熟”则是近代社会一种普遍而内在的要求，因为在韦伯看来，官僚制非但是理性化的近代社会的本质属性之一，它在技术上还深刻地影响了政治运作的具体方式。其中，一般国民与领袖人物文化政治与权力政治意识的萎缩，就是这种技术政治专政的结果。就此而言，如何控制行政权力，成为政治生活是否走向成熟的关键因素。

四　韦伯视角下古典中国的政治特征

如前文所述，中国学者对于“文化政治”以及这个意义上的“政治成熟”并不陌生。

---

① 韦伯：《政治著作选》，第 148 页。

因此，就韦伯的政治观念与政治成熟论的结构而言，国人在“权力政治”与“技术政治”上的成熟与否就成为中国“政治成熟”论者必须关注的问题。这里首先要考虑的问题是，从韦伯的政治社会学的角度来看，中国社会具有何种政治性格？韦伯的《儒教与道教》给我们提供了理解古典中国政治特征的分析。

如同韦伯论者均了解的一样，作为韦伯著名的宗教社会学研究的一部分，韦伯以一个“外行”的身份对古典中国的“宗教”进行了社会学的分析。在迄今为止中国学人对《儒教与道教》的理解当中，该作品被视为《新教伦理与资本主义精神》主题的延长——如果说后者试图证明为什么近代资本主义只出现在新教占据主导地位的西欧，那么前者则试图从反面证明，近代资本主义无法在其他地区产生。[1] 这种看法在特定的视角与框架内，比如在韦伯的宗教社会学的视野内显然成立。然而如果从上文分析的“文化政治”的角度来看，中国学人就有必要意识到这种框架的边界。不同于这两种解读，在笔者看来，如果从统治社会学的角度来看，《儒教与道教》更是一部出色的描绘古典中国政治尤其是技术政治的著作。

事实上，贯穿《儒教与道教》全文的主题，除了作为精神要素的儒教外，还有作为这种精神的社会学基础的“官僚制”或曰“行政管理”。在探讨古典中国理性的行政管理成立的历史时，韦伯反复注意到战国时代战争的作用，因为“各国争夺政治权势的竞争成为诸侯经济政策理性化的催产素。这种理性化是士阶层的杰作。”[2]其中，“理性的行政管理”是最重要的结果。在韦伯看来，秦王朝建立的“中央王国”不仅意味着中国（东周）封建制的结束，更意味着中国自此进入了“行政管理理性化”的官僚制国家的形态。

这样，从韦伯的官僚制论中，我们可以得到一种关于古典中国政治的另外一种理解——如同前文引述的一样，官僚制会形成一种“最难摧毁的社会实体”。在这个意义上，“官僚制国家”而非其他——比如基于阶级史观的定位——乃是对于秦汉以后的古典中国的政治本质的准确表现。不过，这种“官僚制”并不等同于近代以降的国民国家所实行的理性化的官僚制。韦伯虽然使用诸如“理性的行政管理”、“实践政治的理性主义”、“官僚理性主义”等说法描述古典中国的政治特征，但韦伯时刻让读者注意到，古典中国的这种官僚制在理性化上有明显的界限——韦伯甚至数次以“非理性”来表述这种官僚管理制度。

当然，韦伯对古典中国官僚制的暧昧态度很难说不与他的文化政治观念有关；这

① 中国学者基于这种对《儒教与道教》颇为正统的理解，进一步生产了大量的论述，这里无暇枚举。

② 韦伯：《儒教与道教》，王容芬译，商务印书馆，1997年，第91页。

一点正体现在他从正反两个方面论述了古典中国的科举制度，亦即中国官僚制度的技术基础的作用。一方面，“从教育手段来看，官方把持的科举考试是一种普遍教育意义上的所谓‘文化’资格证明，类似西方传统的人文主义的教育考核，但更为专门化”；然而另外一方面，“中国的科举根本不像我们近代考法官、医生、技术人员等等的理性官僚制的考试制度，根本不确认专业是否合格”。[①] 这就是说，经由科举制度选拔出来的官员，并非是在专业上训练有素的近代意义上的专业人才，而是取得了“文化资格”认证的文人学士。他们虽然具有纯正的入学教养，谈吐高雅，但是“一切实际政务则被拒之门外”。[②] 正因如此，韦伯罕见地表达了自己的疑惑：既然如此，古典中国的官员何以成功地持续统治了如此广袤的土地？这个问题虽然构成了我们必须深思的问题，但韦伯对此却语焉不详，因为探讨这个问题并非其主旨。

相反，韦伯不厌其烦提及的是古典中国的官员的这一特性：他们不具有专业素质，仅仅是受过文学、人文主义教育的绅士。“中国的大官是，或者毋宁说原先曾经是，接近于我们的文艺复兴时代的人文主义者：一种从遥远的过去的语言文献中接受人文教育的和通过考试的文人。……这个阶层及其从中国古代发展起来的习惯曾经决定过中国的整个命运，倘若[我们的]人文主义者当时哪怕最微不足道的机会，以同样的成就实现自己的主张，那么我们的命运也许也会曾经是相似的。”[③]在韦伯看来，欧洲的“人文主义者”未在任何意义上完全掌握行政权力，这成为近代欧洲走上独特道路的另外一种要因。反过来说，古典中国之所以成为古典中国，就在于其特殊的官僚制度与官员文化。

显然，从近代的官僚制度来看，古典中国的官员在技术政治上并无“政治成熟”可言。对于古典中国而言，那些官员由于受过出色的儒家经典教育，在坚守与传承中国文化的意义上，换言之，在古典时代的文化政治的意义上，毋宁说他们是“政治成熟”的。基于这种分析，理解古典中国的政治形态在何种意义上与当下中国具有关联，这构成了中国学者讨论当下中国相关问题的前提。

这里值得注意的是，就韦伯理解的古典中国的官僚制而言，它至少是在一定程度上具有理性化的实质内容的官僚制，因此古典中国的诸种政治表现——诸如它的“大一统”以及（黑格尔—马克思式的）“中国社会停滞”论等——都可以从中找出原因。关键的问题在于，在韦伯看来近代社会必然是采纳了合理化的官僚制的社会，革命后

---

① 韦伯：《儒教与道教》，王容芬译，商务印书馆，1997 年，第 173 页。

② 同上书，第 183 页。

③ 韦伯：《经济与社会》，第 741 页。

的现代中国亦无法有效取代官僚组织以及各级官僚的作用。那么，当下中国的官僚制除了古典中国官僚制传统的某种延续之外，在革命建国中哪些决定性的因素又被赋予了中国的官僚组织？当下中国的官僚制与传统中国的官僚制相比，呈现出怎样的变化？这些问题成为我们沿着韦伯的方向继续思考中国当下政治成熟的重要问题领域。

然而如本章第一节所述，中国的韦伯学者乃至一般的学者并未触及到这些中国社会研究中真正重要的问题。

要重复强调的是，由于韦伯从人类生活共同体的一般行为方式亦即“统治”的角度理解政治现象，他对政治的理解获得了普遍性的要素；比如，政治有必要从“文化政治”、“权力政治”与“技术政治”三个角度理解。韦伯本人在不同的时期对这三种政治观念有不同的表达与倾斜；如果说早年的韦伯、亦即处于德意志帝国上升时期的韦伯强调的是“文化政治”，那么当德国在第一次世界大战中处于危机时刻时，韦伯则强调“权力政治”对于德国未来的作用。“技术政治”则体现了作为社会科学家的韦伯对于近代政治现象的出色洞察与理解。显然，韦伯提出的“政治成熟”与“政治教育”也有必要在上述三个领域加以理解。

富有意味的是，由于韦伯的历史处境与当下中国的某些表面的相似性，近年中国学者对韦伯的“政治成熟”关注了起来。不过，如本章引言所述，中国学人当下对韦伯“政治成熟”的理解，多数局限于“文化政治”这一特定的领域而无视其他，这导致了对韦伯、更重要的是对于中国经验现实的片面理解。

如果说中国在文化政治意义上的“政治成熟”已然得到了广泛的关注，那么，在技术上如何使得中国达成该政治意义上的目标，就是当下中国政治教育的主要目标与领域。

作为社会结构，现代中国的官僚制乃是古典中国的官僚制与现代理性官僚制的一种混合体制；这种混合体制由于革命后社会主义制度的导入而获得了来自第三个方向上导致其进一步发生形变的力量。在这个意义上，无论是当下中国所取得的成绩，还是其面临的诸多问题，都可以从这种混合官僚制的角度加以分析与理解。比如，韦伯的下述针对德国未来“社会主义”下的工人的说法，非常值得深思。

> 工人们很快就会发现，一个在矿井上工作的工人，无论矿井是私人的还是国家的，他的命运都没有丝毫变化。如果矿井经营不善、利润微薄，一个萨尔的煤矿工人的生活将与私人矿井中的工人毫无二致，事态也会变得同样糟糕。不过两者的差异在于，针对国家的罢工是不可能的，在这种国家社会主义统治下，工

> 人的依附性将绝对日甚一日。……不过到那时，国家本身也将不得不承受工人目前针对企业家的那种憎恨。[1]

因此，从统治社会学的角度来看，中国官僚制的这种三重结构成为我们思考"政治成熟"问题的一种经验状况。

这里要再次重复强调的是，在韦伯的政治社会学当中，官僚制乃是与近代社会并行发展的理性化管理与统治的手段；在实现国民的政治意志、具体政策以及维持政治的日常运作上，它无可替代。真正的问题在于，这种作为技术政治的官僚制度与权力政治处于紧张当中——在官僚主导了政治的地方，人们无法期待政治上合格的领袖人物出现，因为后者产生唯一的途径就是政治斗争。同样，如果行政权力掩盖了国民主权以及作为国民主权表现形式的权力政治，国民与官员的主仆关系将被颠倒，国民将无法达致任何意义上的政治成熟。

因此，在理解韦伯的"政治成熟"观念时，我们需要对下述事实保持"头脑的清明"——正是在上述意义上、在与近代政治意识形态无关的统治社会学的意义上，韦伯对民主化与议会制度进行了辩护。在这个意义上，韦伯并非是一般意义上的"民主主义者"，因为他看到了"民主"的悖论：民主乃是孕育官僚制的母体。尽管如此，或曰正因如此，韦伯的下述表述就值得我们深思："我们对业已多次遇到过的而且还将反复探讨的事实必须十分注意：'民主'本身，尽管和由于它的不可避免的、然而是不受欢迎的促进官僚体制化，是官僚体制的'统治'的对手，而且它本身在某些情况下会造成官僚体制组织的突破和障碍。"[2]这意味着在韦伯看来，只有通过议会制与民主化，才能达成未来德意志民族"政治成熟"的全部内容。这就是韦伯基于作为经验科学的政治社会学——而非思辨哲学的逻辑、更非"文人墨客"的浪漫幻想——对德意志帝国病症的全部诊断，亦是韦伯试图导引国民走向共识的最终处方。

五　结语：政治社会学与当代中国社会研究

最后，让我们从中国社会科学建构的角度对本章进行小结。本章的关注焦点是如何基于中国经验现实理解韦伯的"政治成熟"观念，然而从中国学者的"政治成熟"

---

① 韦伯：《政治著作选》，第 229 页。

② 韦伯：《经济与社会》，第 313 页。

论来看，多数学者依然关注的是观念问题，而非中国的经验现实，尽管他们对现实也有所指涉。这种研究现状的弊端在于，现实经验的有限性与确定性遭到了理论构想的遮蔽，理论成为学者竞相阐述的对象。这种状况导致了中国学者无法基于经验现实来凝聚走向共识的资源；相反，许多学者却因某个抽象观念或立场的分歧，产生激烈的争论与对立。从韦伯的政治社会学来说，这种状况源于"文人墨客"的浪漫幻想，是一种无谓的内耗。

因此，如何从经验的层面细致解析韦伯的政治社会学提出的问题，对于中国社会科学的当事者而言，既是一种基础性的科学研究，又是一种富有紧迫性的时代课题。毕竟，中国社会科学的参与者有必要以"社会科学"的身份、而非其他为中国的现代化建设事业提供知识上的支持。在这个意义上，是否具有社会科学的意志，成为我们判断中国特定个体与群体的"政治成熟"的标准。同样是在这个意义上，中国的韦伯研究不仅关系到中国社会科学的建构自身，还关系到这个国家与民族的文明进程。

第二部分

比较的视点：马克斯·韦伯在日本

在前面四章中，笔者对中国的韦伯研究的若干主题进行了分析，并以其为基础探讨了中国社会科学由于韦伯学说的引入而发生的形变与重构，这些章节构成了本书的第一部分。我们发现，随着韦伯研究积累的扩大，中国社会科学的观念框架、方法论、研究主体都在相应地发生变化。由此我们可以说，韦伯研究已经成为中国社会科学自我更新的一个基点。那么，如何从另外一个客观的视点审视上述变化？我们如何对上述变化进行评价？在接下来的两章即本书的第二部分中，笔者将从比较社会学的角度，通过介绍日本社会科学的韦伯研究状况，来为本研究提供一个参照系统。

那么，本书为何要选取"日本的韦伯研究"作为比较对象？笔者将在第五章中阐述具体理由。这里要提前指出的是，本书选取"日本的韦伯研究"作为比较的坐标与视点的理由，首先体现在日本的韦伯研究史中；其中，中日两国在特定时期社会科学与国家权力关系的类似性，构成了笔者选取日本这一参考坐标的本质理由。质言之，通过考察两国社会科学研究体制形成史中的某些相似性，我们将获得关于社会科学作为科学的本质特征的方法与途径。在第五章中，我将首先从研究史的角度介绍日本的韦伯研究情况；在第六章中，我将通过一个具体案例分析，来刻画日本韦伯研究的厚度及其对日本社会科学性格及品格的影响。

当然，对于"日本的韦伯研究"这一参考对象的选择，我们更容易举出一个宏观的理由。众所周知，近代日本自1868年明治维新以来，在国家建设上取得了让世界瞩目的成绩，因而一向被视为现代化的"优等生"。关于日本现代化成功的经验，迄今为止学者已经进行过多角度的探讨，产生了大量的文献。就与韦伯相关的视角来说，韦伯在《儒教与道教》结尾处的说法让人瞩目："从一切迹象看，中国人有能力，甚至比日本人更有能力吸收在技术和经济方面都在近代文化领域中获得全面发展的资本主义。"[①]韦伯这么表述时，显然注意到了近代日本在现代化上的突出成绩。那么，与日本相比，究竟是怎样的历史条件导致中国在相当长的时期内处于落后状态？这是另外一个值得中国学人关注的问题。

笔者无意在这部小书中冒险进入上述大问题，但下述问题却因与主题有关而让笔者不得不一再思考：日本的社会科学在其现代化过程中起到了怎样的作用？日本的社会科学与韦伯研究又有着怎样的关系？日本的韦伯研究，对中国学界而言依然是一个尚未得到关注的研究领域。本部分通过两章的内容，试图对上述问题进行初步的解答。

---

① 韦伯：《儒教与道教》，王容芬译，商务印书馆，1997年，第300页。

第五章
日本的韦伯研究与日本社会科学的建构

一 引言：韦伯研究与战后日本的社会科学

在马克斯·韦伯留下的大量社会科学著作面前、在其跨越历史与国家界限的学问研究领域面前，如何准确地理解韦伯的思想成为许多学者殚精竭虑思索的问题。结果，在社会科学诸领域——比如社会学、经济史、政治学、法学等——中出现了数量更为庞大的"韦伯研究"。显然，这种"研究"包括两个方面：各国学者"翻译"与"研究"韦伯的过程，首先是学习韦伯思想与学说的过程，其次又是利用韦伯提供的方法论与概念工具进行具体研究的过程；后者既包括对韦伯所开辟的研究领域的研究，亦包括对韦伯自身学说的研究。值得注意的是，在这一韦伯接受过程中，相应的"社会科学体制"得到了建构：既包括研究制度的建构，亦包括研究主体的培养与训练。这是因为，在讨论社会科学方法论这一点上，韦伯比所有人都付出了更多的思考。

那么，这种独特的韦伯研究与特定的社会科学建构具有怎样可能的关系？本章拟以日本的韦伯研究史为素材，通过分析"韦伯要素"——韦伯著作的翻译与研究——在日本社会科学建构过程中的几个具体环节，对这一关系进行解析。作为在近代大变革的历史时期大量吸取西欧文化、从而顺利实现了近代民族国家转型与现代化的国家，日本社会科学及其研究主体毫无疑问发挥了积极的作用。就此而言,分析日本韦伯研究史的意义在于,现代日本社会科学的性格与品格可以成为中国学者重新审视中国社会科学的有效参照框架。

首先概括而言,日本的社会科学研究者在第二次世界大战前,就已然通过自己的努力消化、吸收了韦伯的大部分学说,并逐渐自成体系;不仅如此,通过使用韦伯的概念与研究方法,日本知识界还生产了多数的研究成果。不过,这种情况并未为世界其他国家所知晓。1945年日本战败后,由于美国主导了战后日本的民主化改革,日本的社会科学研究亦开始受到美国的影响;其中,美国化的韦伯研究在日本得到了广泛的介绍。在这种情况下,日本独特的韦伯研究传统愈发难以得到认知与理解。

上述情况在1980年代发生了改变。正是在这一时期,德国学者通过一个细节首先窥见到日本韦伯研究的水准可能并非一般。1984年德国Mohr Siebeck出版社开始刊行预计全41卷、50册的《韦伯全集》。令德国学者吃惊的是,韦伯全集开始刊行这一消息所引发最大反响的地方既非韦伯故乡的德国、亦非社会科学高度发达的美国,而是名不见经传的日本——日本用户看到全集开始出版广告,总计订购的部数占发行总量三分之二,尽管全集定价极高。据此,有日本学者认为,日本的韦伯研究在世界范围内"达到了最高的水准"。[①] 这种评价准确与否暂且不论,关注日本韦伯研究的学者首先会发出下列疑问:韦伯学说究竟在什么地方与日本社会科学学者的灵魂产生了共鸣、以致引发了他们如此的重视?日本版的韦伯与德国版、美国版的韦伯又有何不同?[②]

德国学者舒文特克(Wolfgang Schwentker)率先对上述问题进行了回答。舒文特克于1998年出版了关于日本韦伯研究史的专著《马克斯·韦伯在日本》,描述了自1905年韦伯的名字为日本学者所知到1995年之间的日本学者对韦伯学说的介绍与吸收情况。[③] 舒文特克的核心问题意识是:"德国人能从日本的韦伯研究中学到什么?"无须赘言,这个问题的回答首先取决于日本韦伯研究的内容与水准;本文将在稍后介绍并讨论这个问题。这里我们要留意的是,对于中国学者而言,同样的问题意识可以表述为:中国人能从日本的韦伯研究中学到什么?

---

① 橋本努:《ウェーバー的問題の今日的意義》,《マックス・ウェーバーの新世紀:変容する日本社会と認識の転回》,橋本務等编,未来社,2000年,第322页。

② 这两个问题是日本韦伯学者山之内靖提出的;参见山之内靖:《日本の社会科学とウェーバー体験》,筑摩書房,1999年。

③ Schwentker, W., 1998, *Max Weber in Japan. Eine Untersuchung zur Wirkungsgeschichite* 1905—1995;另外,他还出版有编著作品《马克斯·韦伯与现代日本》(*Max Weber und das moderne Japan*, 1999)。

在本章中，笔者无法全面把握日本学界在长达一个世纪的时间里生产的数量庞大的韦伯研究；当然，这种把握亦非本文主旨。[①] 本章的主旨在于，依据迄今为止学者对日本韦伯研究史的整理，进一步分析日本韦伯研究与日本社会科学性格之间的关系。关于日本韦伯研究史的时代区分，舒文特克在其前述研究中分为四个时期：(1)初期(1905—1925)；(2)开拓发展时期(1925—1945)；(3)战后"第二次开国"期(1945—1965)；(4)韦伯复兴期(1970—1995)。[②] 另外，日本也有学者将韦伯研究史区分为：(1)接受期(1905—1945)；(2)近代化时期(1945—1965)；(3)鼎盛期(1965—1970)；(4)韦伯被视为近代批判者的时期(即1970年以后的时期)。[③]

下面，本章将综合上述区分，具体分为"战前日本的韦伯研究"与"战后日本的韦伯研究"(前期与后期)两个阶段，分三个小节进行回顾与介绍。在进行介绍时，笔者将一方面关注日本所处的国内、国际形势对韦伯研究的影响，另一方面还将留意社会科学的自律性在韦伯研究中得到了怎样具体的体现。通过这两个视角的观察，笔者将致力于分析日本的韦伯研究与其社会科学建构的关联问题。

二 战前日本的韦伯研究：韦伯、马克思与社会科学

根据日本学者的考证，韦伯的名字最初出现于1905年出版的日本研究文献当中，而其学说的正式介绍与研究则出现在1910年。当时京都帝国大学的副教授河田嗣郎在其著作《资本主义精神》(1910)中，对韦伯的《新教伦理与资本主义精神》(下文简称《伦理》)进行了讨论。1916年，在同文馆出版的《经济大辞典》当中，"韦伯"作为独立的人名得到了解释。韦伯死去的翌年即1921年，伊藤久秋发表题为《马克斯·韦伯教授去世》的纪念文章；1924年大内兵卫撰文介绍了前年出版的韦伯的《经济通史》。[④] 概括而言，日本这一时期虽然已经接触到了韦伯及其学说，不过仍停留在比较粗略的认知阶段。

---

① 日本韦伯研究的文献情况，请参照本研究的附录《日本韦伯研究年谱》。

② 山之内靖：《日本の社会科学とウェーバー体験》，筑摩書房，1999年，第46页。

③ 橋本努：《ウェーバー的問題の今日的意義》，《マックス・ウェーバーの新世紀：変容する日本社会と認識の転回》，第323—324页。

④ 三苫利幸：《日本における〈倫理〉受容についての一考察》，《マックス・ウェーバーの新世紀：変容する日本社会と認識の転回》，第219—222页。

尽管如此，这里值得注意的是，河田嗣郎在《资本主义精神》中，同时涉及了韦伯学说与马克思主义。他认为，"资本主义精神"与"社会主义思想"在很大程度上都依赖于个人的自觉，在这一点上二者相同。不过，与前者是个性的自觉相对，后者是"作为所谓的无产阶级的自觉"，并进而形成个体自觉与阶级自觉的一体化，结果导致"个体的意义被包容、淹没于整体当中，诸个体的存在意义极端萎缩"。这显然是对社会主义思想的一种批评。不过，在进行这种分析之前，河田同样对"资本主义精神"的悖论进行了分析。[①] 据此我们可以说，在韦伯学说导入的最初时期，日本社会科学者的认识具有相当明确的客观性；就近代社会科学自身的目标与原则而言，这或许是一个理想的开始。然而，随着日本社会的急剧变迁，日本韦伯研究、因而其社会科学研究开始受到时代课题的强烈影响。

日本社会进入1920年代后，马克思主义的社会科学在学术与思想界逐渐形成了一种巨大的势力，甚至出现了"马克思主义独占了社会科学的名义"的局面。不同于韦伯研究，早在1902年的日本，马克思主义就获得了介绍，其后一直得到学界的关注。进入1920年代，日本的马克思主义研究取得了关键性的发展，这一点首先表现在翻译上。1919年马克思最重要的著作《资本论》开始得到翻译，并最终于1925年完成；1927—1929年，《马克思恩格斯全集》出版，初版即售出一万五千部。1924—1927年，德国留学归来的青年学者福本和夫首次对唯物史观进行了全面阐述，震动了日本学术界与思想界，形成了"福本主义"。而1932—1933年刊行的《日本资本主义发达史讲座》(简称《讲座》)，则忠实地运用马克思主义的方法论，一方面对日本历史与现状进行了统一把握，另一方面对经济、政治、文化等所有部门进行综合的、批判性的分析，获得了日本读者广泛的阅读。正是在这个意义上，多数日本学者认为，《讲座》的成立标志着马克思主义独占了社会科学的名称。比如，思想史学者石田雄指出，"自此以后的日本社会科学者，即便站在反对马克思主义的立场的学者，如果不考虑马克思主义提出的问题——方法论与综合理论体系的重要性、批判性的价值前提等——就无法谈论社会科学"。[②] 换言之，马克思主义成为日本学者思考社会科学问题的基础与出发点。

值得注意的是，受这种状况的影响，韦伯研究也获得了日本学者的重视——其中，与马克思主义保持距离的学者对韦伯学说基本采取了肯定的态度，而马克思主义

---

① 三苫利幸:《日本における〈倫理〉受容についての一考察》,《マックス・ウェーバーの新世紀:変容する日本社会と認識の転回》,第221页。

② 石田雄:《日本の社会科学》,東京大学出版会,第123页。

学者则对韦伯学说展开了批判。这种情况意味着，日本的韦伯研究开始出现立场上的分裂。然而，随着1937年日本对大陆发动全面侵略战争，这种状况发生了彻底的改变——马克思主义彻底销声匿迹。事实上早在1930年代初，由于日本共产党遭到了毁灭性的镇压，马克思主义已经开始成为学术禁忌。这样，由于竞争对手遭到了权力的压制，韦伯研究逐渐成为主流。在这一过程中，首先值得关注的事件是，由梶山力翻译的韦伯《伦理》一书于1938年正式出版；另外一位日本著名的韦伯学者，亦是在这一年开始对韦伯进行了重新的评价——由此前的批评态度转向肯定的态度。这位韦伯学者就是在二战后相当长时期内牵引了日本韦伯研究、乃至社会科学研究的欧洲经济思想史学家的大塚久雄(1907—1996)。在此期间他论述说，韦伯《伦理》提出的"生产伦理"有助于生产力的扩大。由于"提高生产力"是当时日本国家的官方主流话语，大塚久雄的韦伯解释被认为与日本官方宣扬的战时动员思想相去不远。

关于二战期间日本韦伯研究状况，日本著名的政治思想史学者丸山真男(1914—1996)曾总结说，1937年"日华事变"亦即"卢沟桥事变"前后，日本学界对韦伯的关心高涨；这种关心可以分为四个领域。第一，价值自由论与世界观以及科学关系的再讨论；第二，学问体系中理论科学与政策科学之间的关系，尤其是经济学领域中经济政策乃至社会政策的学问性格被再次视为问题；第三，对韦伯东洋社会论的关注；第四，所谓经济伦理、或者更为广泛的生活态度以及精神气质的问题。[①] 毋庸说，这些问题在某种程度上都源于当时日本知识界面临的现实问题。比如，日本学者对韦伯中国、印度等"东洋社会"分析的关注，直接源于日本军国主义在此期间对亚洲的侵略与控制的需要。前面提到的大塚久雄在这一时期的表现就是典型代表。那么，韦伯学说究竟得到了怎样的利用？下面将举两个例子，借以说明日本韦伯学者的时代角色。

首先，与京都学派的哲学家与文人墨客提出的"近代超克论"——在方法上通过诉诸对日本传统的回归来超越西洋的近代——不同，大塚从合理性的角度展开了社会科学版的"近代超克论"。在发表于1944年的论文当中，大塚论述道："在克服旧资本主义的'自由'经济、形成新的'经济统制'('计划经济')的过程中，个别的'经营'——因此构成这种经营的诸个体也——不必通过'赢利'而直接参加到由'全体'构成的'统制'当中，其自身也就获得了国家性与政治性。因此，新'经济伦理'(精神气质)必须与这一事实相应并对此加以推进，必须直接意识到个别的'经营'(或者个体的劳动)与'全体'(国家)的计划的联系。"[②]注意到大塚这种论述的日本学者均批判

---

① 丸山真男：《戦前における日本ウェーバー研究》，《丸山真男集》(第9卷)，岩波書店，1996年，第298页。

② 转引自石田雄：《日本の社会科学》，第230—231页。

说，上述说法的根本目的是要求生产部门服务于当时法西斯主义的“翼赞体制”。[①] 概言之，这一时期的韦伯研究，其根本志向就是建构更为合理的资本主义体系，以服务于国家的整体性目标——取得对外战争的胜利并超越西方的近代资本主义道路——，而此前日本社会科学曾经具有的那种国家权力批判以及日本帝国主义批判的精神则完全销声匿迹。

不过，这并不意味着日本的韦伯研究完全屈从于当时的国家政策；相反，韦伯学说仍在多种意义上被日本学界精英吸收为社会认识的理论源泉与根据。比如，在作为广义的政治学的行政学领域，韦伯学说正是在此期间得到了发现与接受，并被赋予了决定性的位置。政治学者蜡山政道（1895—1980）于 1936 年出版的《行政学原理》就是代表。他在该书中有下述即便今日看来依旧是准确的分析：“这样，韦伯的理解社会学在揭示了国家中存在着行政的、管理的职能这一点上做出了贡献。与权力或强制力等一样，国家的行政并不能从与其他团体不同的特征中寻求。毋宁说，把国家还原为人的社会行为，发现基于管理行为这种特定行为的团体性，只有这样才能认识行政。可以说国家中的行政是国家的基础条件，强制力或者对其独占加以正统化的各种要素，仅仅是建立在那一基础上的上层建筑。”他继续指出：“这种将行政视为国家的社会基础的认识，使得行政学脱离传统的方法论——此前行政的方法论是来源于国家的政治或法律特征、因而亦即来源于政治学或法律学的前提——，获得了方法论上独立的可能。”[②]显然，这种方法论上的可能性源于韦伯的社会学研究与视角。简言之，借助韦伯的概念工具，日本的行政学获得了方法上的独立，成为社会科学一门独立的分支。重要的是，这种行政学已经开始摆脱意识形态的束缚，开始进入客观分析的领域。

总体而言，从上述早期阶段的日本韦伯研究来看，作为客观科学的社会科学不可避免地受到时代状况的制约，因而社会科学标榜的“客观性”的内涵必须进行重新理解；不过，这种情况亦正是 20 世纪以来社会科学的新性格。与这种性格相对的是，19 世纪末之前，社会科学被建构为一门旨在解析人类普遍原理的学问，而不是服务于特定的国家目的的手段；换言之，社会科学的主要目标是对社会结构的客观分析与理解。进入 20 世纪后，随着诸民族国家在全球范围内的竞争的激烈展开，这种客观研究发生了变质。其中，社会科学被要求服务于具体的国家目标，其方法论也不得不重

---

① 1940 年日本主要政党在“一国一党”的口号下自发解散，转而结成“大政赞翼会”，以全面支持日本军国主义的战争体制，这种制度被称为“翼赞体制”。

② 转引自丸山真男：《戦前における日本ウェーバー研究》，《丸山真男集》（第 9 卷），第 306 页。

新建构。日本韦伯研究在第二次世界大战中奠定了基础，这并非偶然。

如同丸山真男尤其是紧随其后的山内之靖（1933— ）全面揭发的一样，日本在1937年开始全面侵华战争后，国家与社会一举进入总体性战争的状态，社会科学成为这种国家的工具。在总体战争所要求的至上命题的压力之下，国家的性格发生了变化，极权主义成为国家的首要形态。关于国家性格的重新评价成为社会科学范式转换的决定性要因。[①] 要言之，作为一种战争资源，社会科学被要求服务于战争自身；在这个过程中，社会科学亦得到了重新的定位。要注意的是，尽管在这种极权体制之下，日本的社会科学也没有完全屈服于权力逻辑本身，而是在一定程度上依然保持了方法与政治上的自律；日本行政学在此间的发展就表明了这一点。

因此，在日本走向极权主义体制的过程中，作为社会科学研究主体的学者在何种程度上出于主体的自律进行了社会科学研究方法论的转向、亦即转向国家主义方向，这个问题或许更有启发意义。这是因为，事后的告发容易将当事者的责任完全推给极权或全体主义的统治及其时代状况，进而成为主体免责、乃至推卸责任的常用手段。事实或许是，社会科学的当事者无论出于何种考量，都有可能主动地担负起协助实现国家政策目标的任务。如果考察在战后的和平时期，亦即在法西斯主义（军国主义）解体后的日本韦伯学说得到了怎样的理解与对待，那么上述事实就会凸现出来。

三　战后日本韦伯研究（前期）：“韦伯与马克思”问题与现代化理论

日本战败后，韦伯研究持续得到关注，这一点可见诸韦伯研究文献的持续发表。[②] 那么，1945年日本的战败何以对今日的学者而言成为日本韦伯研究的时代区分点？在众多的理由中，学者们普遍重视的是，大塚久雄战后开始了对韦伯进行重新解释的工作，而这种工作在结果上影响了战后日本的学问精神。通过强调资本主义发展与新教伦理之间的关系以及近代合理主义精神的形成，大塚建构了一个现代化理论家的韦伯形象——在日本亦被称为“大塚的韦伯”。

比如，针对日本复兴的具体课题，大塚指出：“作为我国社会当下最大课题的近代

---

① 山之内靖：《日本の社会科学とウェーバー体験》，筑摩書房，1999年；尤其是第二章。

② 从研究文献上看，1925—1955年间，日本学界生产了超过300篇（部）的韦伯论；参见金子栄一：《文献目録》，《マックス・ウェーバー研究》，創文社，1957年，第52—68页。

的、民主的重建，我们民众，至少是其中的决定部分，必须成为这种近代人的类型，成为民主主义的主体；我认为这比什么都重要。”这种近代人的类型特征就是具有“自发性、合理性、对社会团结性的自觉，以及对贯穿其中的经济生活的重视”。[①] 不仅如此，大塚久雄依据韦伯在《伦理》中提出的命题，对英国资本主义发生的历史进行了独自的研究，而这一研究方法及结果被誉为“大塚史学”。从战前与战时的“近代资本主义批判”转向战后的“近代资本主义拥护”，这位欧洲经济史专家大塚久雄与政治思想史学者丸山真男、法学家川岛宜武(1909—1992)一同被称为“近代主义者”;《伦理》则被建构为日本版“近代化论”的代表作。这样，西洋经济史研究成为战后日本民主的社会形成的路标。[②]

值得留意的是，近代主义者——亦称为“市民社会派”——对日本的近代历史进行了重新的定位，并与“马克思主义”形成了对立。他们以宗教改革后的近代西欧为模型，对西欧近代史尤其是近代英国的经济史进行了重新的研究与构成。在日本的近代主义者们看来，近代西欧虽然是人类史上的一个具体的时空领域，但近代西欧所形成的社会模式却预示着人类普遍历史的发展方向。由此这些学者得出了一个大胆的结论：马克思与韦伯二者之间尽管存在着理论与方法论上的差异，但这两位思想家的学说均以西欧近代所显示的普遍性为基础，因而他们具有共同的社会历史认识。

正是基于这种对马克思与韦伯关系的认识，以大塚久雄为代表的日本近代主义者们开始对日本的近代史进行重新的解释。比如，对于“太平洋战争”——1941 年日美开战后日本对战争的称呼——的开始与败北的原因，他们一方面将其归因于生产力的劣势地位，另一方面归结于民主主义，以及应该作为民主主义担当者的自立“个体”的缺乏，因此，作为战后重建日本的方针，他们采取了将二者亦即“生产力与民主主义”再次以“西洋的近代”为模型加以重构的策略，要求日本重新学习并努力赶上。显然，这种思路已经不仅仅是传统的“师夷长技以制夷”策略的延长，而是对西洋近代全般心悦诚服的接受；日本开始了新一轮西化的过程。具体而言，在这些日本社会科学界的旗手们看来，在战后复兴的过程中，日本要在国民市场的自生发展的基础上构建再生产的轨道与方向；这是一种马克思主义的视点。另一方面，作为日本生产力组

---

① 转引自三苫利幸:《日本における〈倫理〉受容についての一考察》,《マックス・ウェーバーの新世紀:変容する日本社会と認識の転回》,第 232 页。

② 注意在日本知识界，“近代”含义接近中国学界的“现代”，因此日语中的“近代化”可以理解为“现代化”。这一点可见于日本的近代主义者们均着力阐述了“市民社会论”，以推进日本的现代化进程。参见拙文：《战后日本市民社会论的展开》,《太平洋学报》,2009 年第 7 期。

织基础的"经营"必须合理化，其依据就是韦伯提出的"精神气质"论。具有"资本主义精神"的人被视为塑造日本式"新人"或曰"资本主义新人"的目标。

在这种思想氛围当中，日本学界出现了将韦伯神圣化的学术研究倾向；韦伯被视为理想的禁欲的新教教徒，被视为背负着耶稣登山宝训的求道者——当代日本学者称之为"韦(伯)圣人"研究。显然，这种"韦圣人"是战后日本学者在精神层面的一种建构。与这种理想化的研究倾向相比，这一时期最突出的命题仍是韦伯所引发的近代社会认识方法与社会科学的关系问题；这种问题意识的具体表现就是日本版"马克思与韦伯"问题的成立。那么，这个问题在战后日本的社会科学界究竟具有怎样特殊的性质？

概括而言，从第二次世界大战结束到 1960 年代，日本社会科学的研究可以总括为日本版"马克思与韦伯"的解释与建构过程。这里所说的"日本版"问题是相对欧洲的同一问题而言的。欧洲的"马克思与韦伯"问题起源于匈牙利马克思主义者卢卡奇在 1923 年发表的《历史与阶级意识》这部著名的、所谓"西方马克思主义"的开山著作当中。在该书中，卢卡奇从"异化"的角度对马克思的《资本论》进行了重新的解读，进而认为韦伯的合理化论、官僚制论实质上与马克思的异化理论异曲同工、相互呼应，因此二者并非对立而是相互补充的关系。另一方面，德国哲学家卡尔·洛维特以上述卢卡奇的分析为出发点，1932 年发表了题为《马克斯·韦伯与卡尔·马克思》的长篇论文，进一步探讨了卢卡奇提出的问题。[①]

日本版"马克思与韦伯"问题的建构与解释在 1960 年代达到了巅峰。1964 年，同德国等许多国家一样，日本举行了纪念韦伯诞辰 100 周年的学术会议。会议由东京大学经济学会、社会学会主办，并于翌年出版了由大塚久雄编撰的会议论文集《马克斯·韦伯研究》。当时会议最主要的议论主题就是"韦伯与马克思"，诸多学者对这个当时席卷了学术界与言论界的主题进行了回应。富有对照意义的是，同期德国举行的韦伯纪念研讨会的主题则是"韦伯与现代社会学"，讨论的是诸如"价值自由与客观性"、"社会学方法论与纳粹之间的关系"等问题。

在日本举行的这次纪念大会上，住谷一彦发表了《日本韦伯研究的动向》一文，对近代主义框架内的日本韦伯研究进行了总括，这里略作介绍。首先，住谷认为日本市民社会派的观点源于战前日本发生的"资本主义论争"。在以山田太郎的《资本主义分析》为核心形成的"讲座派马克思主义"认为，日本资本主义的特殊状况源于内部的

① 关于这一问题的具体论述，请参见本书第二章中的相关讨论。

封建要素。这种日本"特殊论"显然是以欧洲的资本主义为标准的。因此,住谷指出,"'讲座派'尤其是山田的《分析》所表明的方法乃至视角,在大塚的视域当中与他自身的韦伯研究发生了内部的结合,从而形成了日本韦伯研究的独特性格;这种性格从世界范围看也是如此"。事实上,"马克思与韦伯这两位在方法与所使用的范畴上截然不同的思想体系融合到了世称'大塚史学'的坩埚当中,出现了一种融合反应的思想状况(Gedankenlage),因此可以说,从世界范围看也可以说是非常独特的马克思 = 韦伯式的思想肖像是有根据的"。[①] 在住谷看来,日本韦伯研究的独特性格就在于,本来作为两种截然不同甚至对立的思想体系的马克思与韦伯的学说,在日本的韦伯研究中形成了相互补充的关系。

从社会变动的角度看,1960 年代的日本正处于所谓的"经济高速增长"时期,社会上洋溢着独特的进步论调:通过彻底进行以铲除封建要素为目标的市民革命,日本最终将走上近代西欧开辟的康庄大道。马克思主义与韦伯学说被解释为这种"近代主义"的理论根据。显然,这是战后日本特有的"近代化理论"——亦即日本版的"现代化理论";如上文所述,这种理论的特殊性就在于,作为近代社会的理论家,马克思与韦伯获得了一视同仁的重视。1964 年的会议主题之所以不是"马克思抑或韦伯",而是"马克思与韦伯",原因就在于此。上面提到的日本特有的现代化理论——亦即马克思与韦伯的综合——正是这种社会科学的具体结构特征。这里有必要强调的是,日本社会科学正是在二者的理论框架当中获得了全面的发展。

同样我们不能忽视的是,这种将富有异质性的二位理论家结合在一起的尝试之所以可能,另一重要的原因就在于日本学界对"作为课题的近代"进行的高度一致的探究与追求。毋庸说,这种心态包含着对日本学者在二战中提出的"近代的超克"的强烈反感意识。在多数知识分子看来,日本战败所显示的恰恰是日本近代的不成熟。在这个意义上,战后日本的社会变迁可以说是一个"被近代超克"的过程。富有意味的是,这个"被近代超克"乃是一种主体积极行为的结果。这种行为也就是社会科学取代意识形态的过程。就韦伯研究而言,"为了克服'近代的超克'这一方向,日本学者普遍认为,韦伯对生成'理性化'志向的精神气质的探求与基于马克思的扬弃封建遗制方法的变革二者都不可或缺。这些学者虽然意识到了韦伯的多元方法与马克思的一元论之间的紧张,但通过'发展类型'以及'利害状况'与'理念型'的关联,他们努

---

① 山之内靖:《何故日本のウェーバー研究はニーチェ的モーメントを欠落させてきたか》,《マックス・ウェーバーの新世紀:変容する日本社会と認識の転回》,第 105 页。

力尝试将二者结合起来”。[1]

总之，战后日本的社会科学界由于具有高度的共同问题意识——亦即“作为课题的近代”成为知识界普遍关心与探求的问题——，社会科学界的不同领域之间呈现出了强烈的收敛倾向。这种倾向与另外一种当时支配日本知识界的整体性氛围、亦即丸山真男所说的“悔恨的共同体”这一共同感觉发生了共振。结果，对于日本走向极权主义道路、对于日本军国主义的最终覆灭，当时的日本知识分子意识到了主体性的责任；社会科学的“科学性”正是在这种思想的复合结构中得到了有意的突出乃至放大。就韦伯研究而言，这种知识分子的自我意识最终凝结为上述日本独特的韦伯研究路径。

四　战后日本的韦伯研究（后期）：现代化之后的社会科学

前述1964年日本召开的韦伯会议表明，日本韦伯研究的收敛倾向已经达致巅峰；此后，这一研究领域内部则出现了分化、进而出现了对立的倾向。对此，一般的理解是，随着日本现代化的全面启动与顺利进行，“近代主义者”所希求的“近代化”——诸如政治的民主化、社会生活的自由化、国民生活的富裕等——在1960年代后期基本达成。这种目标达成导致了日本社会科学界的共同问题意识开始分化乃至消失。由于人们对生活经验有了不同的感受与要求，到了这一时期，“近代化”的某些归结开始被视为近代化自身的负面结果，开始得到经验性的认知。这种新的感觉与经验认知进一步影响了日本韦伯学者的问题意识：由于“近代化”已不再是不证自明的前提，作为“近代主义者”的韦伯形象开始发生动摇，因而他们不得不开始重构韦伯形象的工作。

作为可堪与1964年韦伯诞辰纪念会议相比的学术事件，1999年11月，日本韦伯学界在东京大学文学部召开了主题为“马克斯·韦伯与日本”的学术会议；会议由被誉为日本第三代韦伯学者的桥本努、桥本直人、矢野善郎三人主持。这次会议几乎涉及了日本所有韦伯研究的主题，它们包括：资本主义精神、精神气质、钢铁的牢笼、世界的祛魅、世界的合理化过程、诸神的斗争、马克思与韦伯、社会科学的客观性、价值

① 石田雄：《1964年前後——日本におけるウェーバー研究の一転機》，《マックス・ウェーバーの新世紀：変容する日本社会と認識の転回》，第158页。

自由、信念伦理与责任伦理、理念型、官僚制、尼采与韦伯、《经济与社会》研究、近代人的形象、韦伯与施米特、总统制、历史社会学等；具体方法则涉及文献学探究、思想史考察、现代理论的展开等。可以说这是一次极富有多样性的韦伯研究会议。[①] 当然，会议仅仅是日本韦伯研究现状的一种体现。简单的统计表明，仅在 1990 年代，日本就出版了数十种韦伯研究著作。

总体而言，战后日本韦伯研究的第二期，亦即 1965 年中后期以降的韦伯研究已经超越了现代化的时代课题；这种"超越"的路径与特征，我们可以从下述三个层面加以概括与分析。[②]

1. 作为近代化论者的韦伯形象的解体

这种韦伯形象的解体首先是针对大塚久雄的韦伯研究而言的。如上文所述，1950 年代后期开始的"高速经济增长"表明，日本已经再次成为近代化的优等生；这样，大塚久雄等"近代主义者"对日本社会的落后性的批评就已显得不合时宜。事实上，由于日本的"近代主义者"在将近代西欧视为日本近代化目标的过程中对其加以了理想化，那么这种思维方式必然导致日本的"欠缺论"——与理想化的西欧相比，日本欠缺走向现代社会所必要的精神与制度要素。同这种认识息息相关，日本学者形成了"悲观论"与"补课论"两种论述——前者认为日本先天不足，因而导致了灾难性的结局；而后者则认为日本要后天补上。不过，这些论调在 1960 年代开始发生动摇。在学者寻求新的理论资源以解释日本在现代化上的优等生表现时，美国著名社会学家帕森斯的韦伯解释得到了注目。结果，在帕森斯的现代化理论当中，日本出现了日本的现代化一直是顺利地进行的这样一种"乐观论"。[③] 可以说，日本的韦伯学界出现了帕森斯的韦伯取代大塚久雄的韦伯的过程。

不过，如同帕森斯的现代化论所遭受的批评一样，帕森斯的韦伯仍然是一位支持现代化的理论家；这一韦伯形象不同于大塚久雄的解释之处仅仅在于，前者用以解释日本现代化何以成功，而后者则被用于解释此前日本的现代化何以失败，以及如何最

---

① 橋本務等：《マックス・ウェーバーの新世紀：変容すす日本社会と認識の転回》，未来社，2000 年。

② 最近数年，日本学界发生了围绕《伦理》论文资料使用问题的论争，其中一方认为韦伯涉嫌篡改原始资料，因而违反了学者"知性的诚实"这一要求。关于此次事件论争，请参阅本书的下一章。

③ 石田雄：《1964 年前後——日本におけるウェーバー研究の一転機》，《マックス・ウェーバーの新世紀：変容する日本社会と認識の転回》，第 160 页。

终获得了成功。这种转换无法处理的难题是，如前所述，当日本在诸多意义上实现了现代化之后，战后日本社会科学问题关心的核心理论问题，即现代化理论开始遭受整体性的质疑。在日本韦伯研究领域，这种质疑表现在韦伯由现代化的先觉者与支持者被转换为现代性的批判者；越来越多的学者开始对作为日本韦伯研究范式的大塚的解释进行反驳，其中他对《伦理》论文的解释成为批评的标的。[①]

比如，安藤英治从 1964 年大会开始，对大塚将韦伯奉为现代化论者的做法进行了持续的批判。安藤英治对韦伯于 1904—1905 年发表的《伦理》的"原论文"与其后作为《宗教社会学》的一部分于 1920 年发表的"修订论文"进行了细致的文本比较。他得出结论说，韦伯的原论文的主题并不就是大塚所理解的那种对近代资本主义成立机制的说明，而是"关于资本主义的禁欲论"，并且"通过这种禁欲论来批判唯物史观"。[②] 简言之，通过重新解释韦伯的问题关心，这种理解从根本上批判了此前由大塚久雄乃至帕森斯所刻画的"作为近代化论者"的韦伯形象；更重要的是，日本学界特有的"马克思与韦伯"问题所预设的二者的和谐关系，遭到了根本性质疑。

2. 作为现代性批判者的韦伯形象的建构

伴随上述进程而来的是，韦伯被视为现代社会诸思想与制度的整体、亦即现代性的批判者。这种韦伯研究路径同样源于对《伦理》的不同解释。与大塚的韦伯解释相反，从 1960 年代中期开始，日本新生代的韦伯研究者注意到《伦理》的结论有不同的读法。比如，折原浩指出，"这里重要的是，这种（加尔文主义的）独善性、非人类性……正是由于信仰的缘故，不仅得到了容许，而且还得到了激励，被命令为义务——结果，非人性的行为获得了伦理性格"。同样，山之内靖指出，"毋宁说韦伯要说的是，（早期新教伦理的）宗教思维结构尽管具有破坏传统主义的强大的能量——或者应该说正因为具有这种强大的能量——，从最初开始就包含了与其合理性相反的非合理的要素"。[③] 这样，与大塚久雄等的韦伯礼赞相反，"资本主义的精神"、"机械的化石化"的"非人性"与"非合理"这些现代化的负面效应被认为是内在于新教伦理

---

① 大西春樹：《ウェーバー・テーゼと歴史研究》，《マックス・ウェーバーの新世紀：変容する日本社会と認識の転回》，第 60—61 页。

② 安藤英治：《ウェーバー歴史社会学の出立》，未来社，1992 年，第 216 页。

③ 转引自橋本務：《資本主義の精神における〈教育〉の契機》，《マックス・ウェーバーの新世紀：変容する日本社会と認識の転回》，第 259 页。

自身的“非人性”与“非合理性”的结果。山之内靖批判说，被称为“钢铁的牢笼”、“管理的仆人”的近代官僚制度的精神，其起源并非如同大塚理解的一样，是禁欲的新教伦理丧失了宗教热情后的结果，而是恰恰相反，那种精神完全内在于禁欲的新教伦理自身。

值得注意的是，在建构这种作为近代社会整体性批判的韦伯形象的过程中，“韦伯与尼采”成为日本学界热衷探讨的课题。通过揭示韦伯学说中所蕴含的所谓“近代性的彻底颠覆者”尼采要素，韦伯的近代批判意识得到了揭示与解释。进入1980年代之后，山之内靖主要沿着这一路向推进了日本的韦伯研究。他在解释日本战后出现的“大塚韦伯”形象以及日本特有的“韦伯与马克思”问题时说，日本学者由于没有试图解读洛维特《韦伯与马克思》一文的本来的主题——韦伯社会科学方法论背后的基础是尼采对近代欧洲文化的批判——，因而未能全面理解日本社会。

不过，山之内靖并没有指出日本学者忽视洛维特的韦伯论的根本原因。对此，日本学者大西晴树指出，前述围绕韦伯的两种相反的解释，“一方面是韦伯解释的问题，另一方面可以说是我们自己的问题关心的投影——日本战败已经过了半个世纪，我们正面临着经济和信息的全球化与促使（日本）社会走向战争协力体制的管理社会的强化局面。”[①]——这里所说的“管理社会”是指官僚制度对社会的全面渗透。对于日本学者而言，这种“管理社会”只是在现代化高度达成的日本才成为现实的。就此而言，日本的韦伯研究者毋宁说再次准确地把握了时代的主题。

那么，在理性化的力量所导致的作为现代人命运的“钢铁牢笼”中，个体自由如何可能？在山之内靖的解释中，如何打破这种密不透风的“管理社会”状态、重新开启对个体与自由的探讨，就成为了日本韦伯研究所面临的新课题。山之内靖的路径就是，重新沿着洛维特在《马克思与韦伯》中开启的路向，将尼采的存在主义哲学纳入到了韦伯学说的重新解释与建构当中。随着这种研究的展开，韦伯作为现代性问题的总括者的形象得到了建立。

3. 作为现代政治批判者的韦伯形象的建构

最近值得关注的是，韦伯的政治论得到了日本学者的重视；作为现代政治批判者的韦伯形象开始得到刻画与建构。如同韦伯政治论所表明的一样，韦伯的问题关心

---

① 大西春樹：《ウェーバー・テーゼと歴史研究》，《マックス・ウェーバーの新世紀：変容する日本社会と認識の転回》，第62页。

绝非仅仅是资本主义精神、资本主义中的人的精神；毋宁说，韦伯对德国现实政治的关注构成了韦伯学说的基础。德国学者蒙森（Wolfgang Mommsen）的韦伯研究专著《马克斯·韦伯与德国政治（1890—1920）》的日文译本于1993—1994年出版，触发了日本学者对韦伯政治观念的进一步关注与重新分析。

蒙森的这部著名作品围绕着韦伯的政治思想与当时德国政治现实之间的关系，基于严密的实证分析，刻画了三种韦伯形象："作为权力主义者的韦伯"、"作为强调对外政策优先的（自由）帝国主义者的韦伯"与"作为希特勒独裁主义先驱者的韦伯"。针对这种负面的韦伯形象，日本学者开始重新分析韦伯思想与德国政治的具体关联，尤其是分析魏玛共和国崩溃的原因；政治思想史学者雀部幸隆就是其中的代表。从1990年代末期开始，他连续出版了两部研究韦伯政治思想的著作，即《韦伯与政治的世界》与《韦伯与魏玛：政治思想史的考察》。[①] 如果说此前从正面探讨韦伯的具体政治与政策对于日本读者来说还显得陌生，那么雀部的上述研究则克服了这个状况。

雀部首先重新解释了韦伯与魏玛共和国失败之间的关联，因为蒙森等德国学者正是要求前者为后者负责。雀部指出，魏玛共和国的政治体制是一种"国民投票的总统制与代表制的议会制度并存的制度"。议会民主制中最重要的是，参加议会的各种政党无论是作为单独的执政党还是作为联合政党的一员，具有担当领导国家的政治能力。然而，以德国社会民主党和中央党为首的魏玛共和国拥护派的各政党，尽管考虑到当时德国内外各种困难的负面条件，都显然缺乏领导国家的政治能力、缺乏联合执政的能力。魏玛共和国末期，由于国民大众对上述缺乏担当能力的政党的不信任，加上历史上未曾有过的经济危机（1929年）的破坏性影响，在左右两个方向上呼吁打倒共和国的两个极权主义政党、即德国共产党和纳粹党愈发获得支持。到了魏玛末期的1932年，这两个政党席位超过半数的国民议会已经完全陷入瘫痪状态。至此，在魏玛宪法中本来处于"保留权力"的总统制走上了前台。国民政府在试图克服经济危机时，无法向议会寻求其政策的正当性，只有依靠总统的权力与权威。总统内阁在魏玛共和国的最终阶段，决定对妨碍政策实行的左右两极政党施加毁灭性的打击；然而由于社会民主党与中央党这两个共和国拥护派拒绝合作，该计划搁浅。雀部认为，这种状况导致了希特勒政权的出现。[②]

雀部之所以重新考察魏玛政治史，正是要反驳蒙森对韦伯的指控。蒙森批判说，

---

① 雀部幸隆：《ウェーバーと政治の世界》，恒星社厚生閣，1999；《ウェーバーとワイマール——政治思想史的考察》，ミネルビャァ書房，2001。

② 雀部幸隆：《公共善の政治学》，未来社，2007年，第57—58页。

韦伯虽然出于“目的合理主义”的立场赞成民主主义，但并未在“价值合理性”上信奉民主主义，对纯粹的民主主义以及议会主义态度极其冷淡。韦伯宣扬独自的“总统制”理论，试图对魏玛宪法草案的制定施加影响，因此他与“传统的自由主义政治的基本思想”发生背离，在原理上与民主主义思想发生了诀别。[①] 然而，在雀部看来，蒙森进行韦伯批判时的立场是现代自由民主主义，而这种现代政治观念——诸如作为自由主义核心内容的个人主义、进步信仰、自由与平等的普遍主义思想；诸如基于自然法的民主主义、基于社会契约论的国家观念、议会至上论等——都与韦伯的政治思想无关。

那么韦伯的政治论的基础何在？雀部特别引述了韦伯的下述说法：“我一直专门从国民的视点思考政治这一事物；可以说不仅在对外政策上如此，针对政治全般都如此”（《欧洲列强中的德国》）；“比民主制和议会制更重要的是国民生活的好坏”（《新秩序下的议会与政府》）；“国民的利益与课题优先于我们所有的感情。同样，它们也优先于关于政治形态的所有问题”（《德国将来的国家形态》）。据此，雀部将韦伯政治思想的前提总结为三点：第一，国家利益至上；第二，国家统治可能性的重视；第三，对该国所处的历史的、地理政治学的各种条件的冷静考察。[②]

同样，对于当时德国民主化的问题，雀部引述了另外两则材料阐述韦伯的观点。1917年7月，韦伯在给汉斯·艾伦贝尔克的书信中写道：“对我来说，国家形态是什么都无所谓。……让我说，国家形态与所有的机器都一样，是一种技术。如果君主是政治家，或者有望成为政治家，（虽然我现在正为德国政治的民主化与议会化而战）我将完全同样地反对议会，站在君主一方进行战斗。”1917年9月，韦伯在《德国宰相危机的教训》一文中则写道：“我们……作为维持国民统一的手段，要求人们所言的那种德国诸政治制度的‘民主化’。然而，作为保障政治指导的同一性的手段，……我们同时也要求‘议会化’。”据此雀部解释说，上述材料意味着，在韦伯看来民主化与议会化本身并不具有价值，仅仅是“维持国民统一”与“政治指导的统一性”的手段。[③] 换言之，韦伯思考的问题不是维护某种特定政治价值或曰意识形态，而是生活共同体如何可能的这一根本性的问题。

要言之，在雀部的上述解释中，由于意识形态的因素被排除在外，他在更大的程

---

① モムゼン：《マックス・ウェーバーとドイツの政治 1890—1920》，未来社，1994年；上册第10页、下册第706页。

② 雀部幸隆：《公共善の政治学》，第30页。

③ 同上书，第201页；韦伯：《政治论集》（日译本）第642、228页。

度上抒发了韦伯有关政治的真实见解。值得注意的是，在这种基于事实的解释工作中，韦伯作为现代政治批判者的形象得到了建立。在现代政治实践当中，互为对立的政治左右两派往往从具有原教旨主义色彩的某种先验的假设出发，试图裁剪人们共同体生活的事实。前面提到的蒙森的韦伯批判，可以说就是这种现代政治实践的一种典型。就此而言，以社会科学研究为基础的韦伯的政治论构成了对这种现代政治的根本性挑战。

五　结语：思考社会科学的存在样式

在上文中，笔者依据有限的素材，简要地勾勒了日本的韦伯研究史；这种历史回顾的主旨是在日本韦伯研究与日本社会变迁之间建立起关联，进而分析日本韦伯研究与日本社会科学建构之间的关系。笔者虽未进行详尽的历史叙述，但从中我们依然可以看到，韦伯问题早已构成了日本学者进行社会科学研究的基本问题；同时，韦伯所显示出的学者的精神气度，也通过多种方式陶冶并融入了日本学者的人格形成。因此，我们不难理解，为何韦伯作品成为今天日本学者修习社会科学的必读文献。

不过，上述说法并不意味着日本社会科学完全以韦伯学说为“根本真理”。这首先是因为，如前文所述，日本学术界有关韦伯的解释处于不断的变化之中，这种解释必然会影响相应时代社会科学的存在样式。另一方面，日本韦伯研究主题的变迁，与日本社会整体性的变迁息息相关。就此而言，日本社会科学呈现出与社会现实紧密结合的倾向。

这里要注意的是，日本的韦伯研究以 1945 年日本战败为分水岭，呈现出两种不同的状态。在 1945 年以前，日本处于天皇制军国主义的统治之下，国民的思想与言论自由遭到了粗暴的压制；尤其是在 1937 年全面侵华战争开始以后的总体性战争体制当中，作为社会科学一部分的韦伯研究也被改造为军国主义的工具。毋庸置疑，这种试图与权力完全结合的韦伯解释不具有任何学术意义。显然，这种研究也无助于日本社会的健康发展。

相反，1945 年以后日本的韦伯研究虽同样与社会现实紧密相关，但与战前不同之处在于，这种关联性的基础是学者对于更好社会的追求，而非以直接的方式承担起国家的某个具体目标——诸如为某种特定的意识形态提供正当性论证等。从今日的角度来看，这一时期的日本韦伯仍显现出了它的历史局限性；然而，这种局限性内在于社会科学自身——试图成为“科学”的社会科学必然要保持开放的前提与结论，以便寻求对于社会现实的更好解释与说明，寻求对更好社会的建构。换言之，由于这种社会科学始终将摆脱意识形态视为明晰的自我意识，它已然走上了可以称之为“社会科学”的道路。显然，这种社会科学并不需要为社会、为生活提供先知式的预言与解释。

日本社会科学虽然不必以韦伯学说为根基，然而韦伯研究史却清晰表明，日本学者在韦伯研究中获得了方法的锤炼与精神的陶冶；更重要的是，日本学者获得了关于“社会科学”本质的意识与认识。就此而论，日本的韦伯研究还会持续下去——这种可能性虽然首先在于韦伯学说所蕴含的关于人类智慧的巨大潜力，但韦伯研究被建构为日本学者通向社会科学的基本路径，则是这种研究持续下去的学术机制。正是在这个意义上，日本的韦伯研究显现出了中国学人必须关注的特殊性格与意义。

第六章
知性的诚实：日本韦伯论争与日本的社会科学

在思考一个国家的社会科学的性格之时，社会科学的研究主体必然进入我们的视野；因为不同于自然科学，社会科学与人的事务有更直接关系，社会科学的研究主体自身事实上构成了客观对象的一部分。——如果引用韦伯的观点，那就是，社会科学研究的对象与主体乃是在主体的价值参照中得以建构而成。这一“社会科学”概念的隐含前提意味着，研究主体的性格与品格必然会塑造社会科学的结构。然而，另一方面，“社会科学”观念及其相应的研究活动自身同样塑造研究主体的性格。健全的社会科学观念与实践必然会促成健全的社会科学研究者的形成。这样，社会科学与其研究主体就构成了一个环形结构。那么，韦伯社会科学观念与方法的引入及其相关的实践，在什么意义上——假设其存在的话——影响了中国社会科学研究主体的性格？

作为社会科学的古典作家，韦伯自身的存在方式本身就是一种学者的典范，是一种文明的标识。这一点可见诸他的生平。换言之，韦伯社会科学不但为学者提供了更好理解社会的概念工具与理论框架，而且为陶冶包括社会科学研究者在内的所有学者所必需的美德——其基础是“知性的诚实”——提供了文本与范本空间。[1] 当然，任何符合“知性的诚实”的学说与理论都能起到相

① 在韦伯作品的汉语翻译中，“知性的诚实”通常翻译做“理智的（正直）诚实”；由于本书的目标在于分析这一用语的客观结构，故采纳含义更为广泛的“知性的诚实”这一译法。“知性”的拉丁文为 intellectus，贺麟在翻译斯宾诺沙的著作时，以注脚的方式对“知性”的使用进行了说明；参见贺麟：《译者序言》，斯宾诺莎：《知性改进论》，商务印书馆，2007 年，第 1 页。

同或类似的作用。然而值得注意的是，由于韦伯固有的问题意识与认识世界的方式，韦伯社会科学在培养学者的知性诚实上具有不可替代的地位与优势。那么，中国学人在迄今为止的韦伯研究中，在何种程度上意识到了韦伯社会科学在陶冶学问主体上的独特意义，这种主体效果——如果有的话——又具体表现在哪些方面？

本章并不拟直接讨论这一主题，而是通过介绍日本社会科学界对韦伯问题的讨论与争论，刻画出日本韦伯研究与其研究主体之间的关系，以给中国的韦伯论者研究提供一个审视自我的具体事例。

一 引言：日本韦伯论争与学者“知性的诚实”

学术界关于日本的马克斯·韦伯研究有一个大致的印象，那就是日本的韦伯研究有较深的积累、涉及范围甚广。实际上，如同笔者在前一章中介绍的一样，日本的韦伯研究已有长达一个世纪以上的历史，已然形成了一个相对独立的体系，这可以说是日本韦伯研究的主要特征。不过，与这种概观相比，这一特征典型地表现在发生于2003年、并持续至今的一个具体论争上：如何解读《新教伦理与资本主义精神》（下文简称《伦理》）。论争的当事者双方围绕韦伯在《伦理》论文中利用“原始资料”问题上的“操作”——亦即包括利用资料时的“篡改”、“捏造”等在内的学术不端行为——，展开了多少有些令人目眩的文献学（philology）论争：双方在语言与文献考证的层面展开了细致而全面的较量。意味深长的是，论争当事者的一方对韦伯提出尖锐批判的同时，对日本的韦伯研究也进行了同样尖锐的批判。如果考虑到关于韦伯《伦理》论文的论争自其发表以来就一直不断，[1]那么笔者在提出本章的意图之前首先要解释的问题是，文献考证这种技术性很强的分析为什么在日本社会科学界引发罕见的轩然大波？

解开这场激烈论争的机枢在于，该论争不同于一般解释学意义上的“韦伯论争”，而是从一开始就围绕学者“知性的诚实”这一职业伦理层面的难题展开的：论争的主要当事者之一在其著作中批判韦伯违背了学者“知性的诚实”原则，进而对韦伯学说进行了严厉的否定。由于“诚实”涉及道德、亦即学者个人道德与职业伦理的判断问

---

① 参见札雷特：《对文本资料的利用和滥用》，莱曼、罗特编：《韦伯的新教伦理：由来、根据和背景》，阎克文译，辽宁教育出版社，2001年；这篇文章是针对麦金农（Mackinnon）指责韦伯在解读宗教文本时“既拙劣又不诚实”的反驳。

题，加之学问所特有的——或曰被视为学问所特有的——“天下之公器”这一高标准的公共性格，这场看似狭窄的学术论争必然会进入一般言论的公共空间。要言之，本次论争由于涉及根本性的社会科学方法论乃至“何谓学问”的问题，必然会引发激烈的辩护与反驳，因为这些问题在今日的社会科学当中并无定论。事实上，关于这些问题的思考与争论本身已然构成了现代社会科学的一部分。

不仅如此，如果进一步考虑到韦伯研究在战后日本社会科学建构中的特殊地位，[①]那么这场韦伯论争发生的历史背景，尤其是日本社会科学史的背景也就隐约显现了出来：对“韦伯权威”的挑战容易被转化为对日本社会科学体制的挑战。事实正是如此。由于论争当事者在进行细密的文献学研究——文书考证与语言分析——的同时，都对各自的论争对手进行了言辞犀利的嘲讽与批判，并将论争引入到了日本高等教育与学术研究体制的问题当中，因而论争首先沿这一方向超出了一般的学术争论范围，进入了公共空间。就此而言，可以说当事者的论争在围绕如何解读韦伯著作的这一特定对象展开的同时，从更多层面展示了日本社会科学知识生产的机制及其问题。

基于上述分析，本章拟以这一论争为切入点，通过回顾本次日本韦伯研究的发生经纬，分析日本学者所言“知性的诚实”的结构及其在日本社会科学中的作用。当然，这种分析也会给中国的韦伯研究乃至一般的社会科学研究者提供一个经验性的反思参照坐标：日本学者所争论的问题，在多大意义上是日本学者与日本社会科学界所特有的问题？同时，在多大意义上它们又是中国学者必须感同身受地去自省与反思的一般性问题？可以说后者正是本章的根本问题意识。

在下文中，笔者将首先再现此次日本韦伯论争的发生经纬，然后分析日本专业学术研究活动与一般言论空间相互作用的过程（第二节）。接下来，笔者将介绍此次论争中双方对韦伯《伦理》论文提出的主要观点（第三节）。这里需要事先说明的是，由于笔者并不具备对论争双方的文献学研究结果进行判断所必要的知识——需要具备德文、希腊文、拉丁文、希伯来文等语言知识以及16世纪《圣经》英译、德译版本等文献学知识——，同时无法确认双方所涉及的各种原始资料，因此本章仅仅从外部的视点对论争双方的主张、立场与论据等进行概括性的总结。在此基础上，笔者将进一步综合论争当事者的主张，分析日本学者所论的“知性的诚实”的结构问题（第四节）。最后，笔者将简要讨论日本韦伯论争所显示出的政治性格（第五节）。通过这种记述

---

① 参见山之内靖：《日本の社会科学とヴェーバー体験》，筑摩書房，1999年。

与分析，笔者将致力于展示日本学者对“何谓学问”以及“何谓社会科学”等根本问题的思考，同时提示此次论争可能具有的一般意义。

二　日本韦伯论争的经纬与主要当事者

概括而言，发生在2003年以后的日本韦伯论争的主要当事者包括：1. 羽入辰郎与折原浩两位韦伯学者；2. 桥本努及其代表的日本韦伯研究者，而论争间接涉及日本东京大学研究生院人文社会系研究科、PHP研究所这两个研究机构。由于上述当事者在日本社会学科学知识生产体制中具有相对独特的地位（后述），可以说此次韦伯论争具有典型的意义。

2002年9月，日本学者羽入辰郎（1953—　）出版了韦伯研究专著，题名为《马克斯・韦伯的犯罪：〈伦理〉论文中资料操作的诈术与“知性的诚实”的崩坏》（下文简称《犯罪》），该书成为引发此后异常激烈的韦伯论争的火种。[①] 该书的主要观点将在下一节中介绍；这里简单概括来说，那就是该书不仅仅以韦伯最负盛名的《新教伦理与资本主义精神》为批判对象，而且对包括日本学者在内的韦伯研究者的学问姿态进行了严厉的批评。作者指出，在涉及宗教思想家马丁・路德（1483—1546）以及美国政治家富兰克林（1706—1790）等的著作时，韦伯非但没有阅读原著、只是参考了一些当时流行的德语翻译版本，而且只是摘取了对自己有利的资料进行论证，结果，这种做法导致论证全体的致命缺陷。作者因而批评韦伯违背了学者必须遵守的“知性的诚实”这一金科玉律。

或许由于作者使用了诸如“骗子”、“罪犯”、“魔术师”等刺激性的说法，该书引起的反批判同样充满了人格批判的字眼。其中，展开反批判的先锋就是被誉为“日本韦伯研究第一人”、东京大学名誉教授的社会学家折原浩（1935—　）。折原浩当时正在参与德国工程浩大的《韦伯全集》的刊行工作，同时对韦伯遗稿《经济与社会》第二部分的内容进行批判性重新构成的研究。然而，面对羽入辰郎的韦伯批判，折原浩不惜放弃自己的工作，从2003年开始连续出版了四本专著对羽入的韦伯批判进行正面的反批判——同样基于文献考证方式的反批判。面对来自学术界“正统”的高调的韦伯辩护，《犯罪》作者羽入在经历了长时期的“沉默”之后，于2008年6月出版了长达530

① 羽入辰郎：《マックス・ウェーバーの犯罪——〈倫理〉論文における資料操作の詐術と“知的誠実性”の崩壊》，ミネルヴァ書房，2002年。

余页的《何谓学问:〈马克斯·韦伯的犯罪〉出版之后》一书,进行了全面的自我辩护与反批判。[①]

值得注意的是,这场被命名为"羽入—折原论争"的韦伯论争,同时成为日本首个以互联网为主要平台展开的学术论争。日本新生代的韦伯研究者、北海道大学经济学研究科副教授桥本努(1967—)于2004年1月,在自己的网页上开设了"羽入—折原论争"的论争版面,呼吁日本的韦伯研究者对这场论争做出回应,并事实上刊登了以折原浩为首的众多韦伯研究者的"羽入批判"。桥本还与另一位新生代韦伯研究者、日本中央大学副教授矢野善郎(1968—)合作编写了记录本次"论争"的文集《日本马克斯·韦伯论争:〈新教伦理与资本主义精神〉解读的现状》,并于2008年8月出版。[②] 由于该文集与羽入的反批判著作《何谓学问》几乎同时出版,前者无从得知羽入反批判的具体内容。相反,由于该文集收录的文章此前多已刊登在网页上,这使得羽入的新著作对所有的批判都给予了某种形式的回应。

羽入的著作《犯罪》虽然刊行于2002年,但其主要观点早在1990年代的前期就曾经以德文论文的形式分别发表在德国与法国的学术刊物上。[③] 其中的一篇《从韦伯的"魔术"中的解放:关于〈伦理〉论文中涉及Beruf概念的资料操作》,发表后由另外一位日本学者翻译为日文,并于1998年刊登在日本思想界颇有声誉的杂志《思想》上。然而这些论文并没有引发主流韦伯学者的重视。2002年9月《犯罪》刊行后,日本著名的报纸《朝日新闻》于同年12月15日刊发了桥本努的书评;该书评采取了内容介绍加质疑的稳妥方式,对该书基本上表现出一种积极的态度。可以说,《犯罪》由此开始进入更广泛的读者群体中。[④] 接着,19世纪德国文献学专家江藤裕之于2003年、2004年连续发表两篇书评,对《犯罪》进行了高度的评价。[⑤]

与上述学界的反应相比,促使《犯罪》获得更广泛关注的乃是该书被选为2003年

---

① 羽入辰郎:《学問とは何か——〈マックス・ウェーバーの犯罪〉その後》,ミネルヴァ書房,2008年。

② 橋本努、中野善郎•:《日本マックス・ウェーバー論争》,ナカニシヤ出版,2008年。

③ 这两篇论文是:Max Webers Quellenbehandlung in der Protestantischen Ethik. Der begriff, Calling (*Zeitschrift für Soziologie*, 1993);Max Weber Quellenbehandlung in der Protestantischen Ethik. Der Berufs-Begriff(*Archives européennes de sociologie*, 1994)。

④ 据后来羽入的证言,该书评是经过《犯罪》作者羽入本人修订过后发表的;参见羽入辰郎:《学問とは何か——〈マックス・ウェーバーの犯罪〉その後》,第7—9页。

⑤ 江藤裕之:《書評 羽入辰郎:〈マックス・ウェーバーの犯罪〉》,《長野看護大学学報》,2003年7月;《書評 文献学の勝利——羽入辰郎:〈マックス・ウェーバーの犯罪〉》,*ASTERISK: A Quarterly Journal of Historical English Studies*, Vol. xiii, No. 4, Winter 2004。

度“三本七平赏”的获奖之作；该奖项由日本“PHP 研究所”主办。以此为标志，可以说该书正式进入了日本社会“言论的公共空间”。事实上，作者的获奖感言发表于由PHP 研究所主办的《Voice》（2004 年 1 月）这一面向知识大众的杂志上，进一步引发了包括学界在内的社会各界的关注。这里要说明的是，“PHP 研究所”是由日本松下电器公司的创始人松下幸之助（1894—1989）于 1946 年创办的研究所，寓意是“通过繁荣实现和平与幸福”（peace and happiness through prosperity）。该研究所通过机关杂志《PHP》以及每年以研究所名义刊行的数百种图书，在日本思想、文化界乃至一般的市民领域都发挥着重要的影响。该研究所图书奖项的“三本七平赏”设立于 1992 年，现评审委员会由加藤宽、竹内靖雄、中西辉政、山折哲雄、养老孟司、江口克彦六位知名学者与评论家组成。由于部分委员在日本被视为保守主义的“右翼论客”，这给《犯罪》一书涂上了一层政治色彩。事实上，该奖项所纪念并彰显的对象三本七平（1921—1991）就是因出版《日本人与犹太人》（1970 年）这一关于日本人、日本文化论的畅销书而名声大震的作家、评论家。[①] 正是由于这一社会背景，许多参与此次韦伯论争的学者都不约而同地将矛头指向了该奖项。[②]

不过，正式揭开《犯罪》批判帷幕的是被日本主流学界公认为日本韦伯研究最高权威的社会学家折原浩。事实上，围绕韦伯遗著《经济与社会》先行版的章节安排是否符合韦伯本人的构想，折原浩曾与有德国韦伯研究权威之誉的施路赫特（Wolfgang Schluchter）发生过争论，二者出版有相应的论文集。[③] 在这个意义上，可以说折原也是一位世界知名的韦伯研究者。正因如此，在羽入对日本韦伯研究进行的辛辣的批判面前，他自然是首当其冲。在折原看来，羽入那种对韦伯研究者人生意义自身的揶揄乃至否定，无异于对他们提出了“自杀要求”。[④] 这自然是日本大批以“韦伯研究”为专业的学者所难以容忍的。因此，折原浩放弃手头的工作，对《犯罪》展开了内在与外在两个方向上的反驳。

在《犯罪》出版的翌年 4 月，折原在日本《季刊经济学杂志》上率先发表题为《用四个伪问题唱独角戏》的批评论文，对羽入的论证进行了全面的反驳与否定，从而止式

---

① 关于该书在日本市民阶层中的影响及原因分析，参见吉野耕作：《文化民族主义的社会学》，刘克申译，商务印书馆，2005 年。

② 唐木田健一：《“マックス・ウェーバーの犯罪”事件》，《日本マックス・ウェーバー論争》，第 143—145 页。

③ 折原浩、シュルフター：《〈経済と社会〉再構成論の新展開：ウェーバー研究の非神話化と〈全集〉版のゆくえ》，未来社，2000 年。

④ 折原浩：《学問の未来——ウェーバー学における末人跳梁批判》，未来社，2005 年，第 29 页。

成为“韦伯的特别辩护人”。接着，折原于同年11月出版《韦伯学的推荐》，2005年8月出版《学问的未来：韦伯学中的末人跳梁批判》、9月出版《韦伯学的未来：从〈伦理〉论文的解读中领会历史与社会科学的方法》，亦即连续出版三部专著对《犯罪》进行反驳；同时，折原对韦伯的《伦理》也进行了全面的重新解读。为了进一步将“羽入问题”引向深入，折原于2006年出版了第四本批判专著，题名为《大众化时代的研究生院：从一个个别事例看研究指导与学位认定》。在该书中，折原认为羽入辰郎的博士论文——亦即《犯罪》的底本——非但不够博士学位论文的水准，甚至连硕士论文的水准亦未达到，因而要求追究授予其学位的东京大学研究生院人文社会系研究科伦理学研究室的指导教授以及论文审查委员会的责任。这样，论争的范围进一步扩大。

针对上述一系列的批判，当事者羽入辰郎并没有立即进行积极的自我辩护。其间，他应关西大学名誉教授谷泽永一(1929—　)的要求进行过一次对谈，对谈内容发表在《Voice》杂志2004年5月号上。其中，羽入除了将折原视为“营业学者”而加以嘲讽外，并没有实质性的回应。这种对批判拒不应答的态度，成为令折原阵营愤慨的一种要因。然而，2008年6月，羽入突然出版了《何谓学问》这一长篇论战著作，对折原阵营的批判进行了全面的再反驳，其中他首先就自己长期沉默的原因进行了解释。引人注目的是，在该书的序言当中，作者披露了自己在东京大学教养学部——亦即折原退休之前任教的学部——求学时代遭受的不公平对待及其中的折原要素。通过勾勒折原个人的历史，羽入激烈地指责折原为人“心理阴暗”。考虑折原在其著作中对羽入进行的人格批判，可以说论争自始至终都伴随着富有挑战性与刺激性的“人身攻击”的言辞与论证。

笔者关注的是，除了那些论争中时常出现的“人身攻击”的言论之外，羽入在逻辑以及方法上到底是如何批判韦伯违背了学者“知性的诚实”这一原则？更重要的是，该论争反应了日本社会科学者对“知性的诚实”具有怎样的观念？

三　日本韦伯论争中关于《伦理》论文的主要观点

根据羽入的介绍，《犯罪》的底本是作者于1994年1月提交给东京大学研究生院人文社会系研究科的博士学位申请论文，原文为德文。经过审查与修正，羽入最终于1995年3月获得学位，并成为他所在的“伦理学研究室”所颁发的第一位“课程博士”。[①] 此后该论文又经过作者自身的翻译、改定和增补，最终于2002年出版问世。该书除了首尾两篇“序文”与“终章”之外，共由四章构成。在“序文”中，作者阐述了自己的问题意识、全书的论证结构以及最终的新发现。

羽入首先引用了韦伯用以表明其关于学问立场的一段话：“因此无论是谁，打比方说，如果不能给自己戴上马的遮眼罩，不能确信其灵魂的命运就取决于能否对眼前这份抄本的这一处进行正确的解读，那么他都是与学问根本无缘的众生。”[②]这是韦伯在1917年面对青年学生所作的著名讲演《以学术为业》中的一段话。韦伯用的比喻“马的遮眼罩”本意是指为了让马走直路而遮住其眼睛周围部分的工具，这里韦伯是用以强调真正的“学者”必须以禁欲的方式使自己专注于资料的解读；这种学问的姿态甚至与作为“职业”的学问是否具有“灵魂的命运”这一宗教性格本质相关。

正因为韦伯如此强调解读资料对于学术研究的意义，作者笔锋一转地批判道：正是这位韦伯，在其代表作亦即《新教伦理与资本主义精神》中涉及宗教改革家马丁·路德时，却连路德翻译的圣经原文亦未翻阅，只是使用了当时普及版的德语圣经，因而导致了错误的结论。因此，对于韦伯论文“让人难以阅读”的性格，[③]羽入认为，“只有借助文献学的手法，换言之，只有将韦伯在《伦理》论文中的叙述与其引用的资料加以严密的核对，韦伯的那些无法理解的叙述、连同他面对读者时为何不得不如此书写的理由，我们才能够予以理解。”[④]至此，羽入的问题意识与论证方法已经表露无疑：通过重新核对韦伯在《伦理》中所引用的资料，来揭示韦伯对资料的操纵与篡改——亦即羽入所言的“诈术”——，进而论证韦伯违背了他自己提出的“知性的诚实”原则，而这一原则经典地表现在上面引述的那一段话中。要注意的是，羽入通过上述问题设定，同时获得了针对韦伯研究者的批判立场：韦伯研究者没有进行上述“最基本的初

① 日本的人文社会科学科类博士学位分为“课程博士”与“论文博士”两种。前者是指博士研究生在正规课程期间（通常3—6年）提交博士论文而获得的博士学位；后者通常是指功成名就的学者在即将退休之际，出版一本研究集大成之作，以此向出身的母校申请的博士学位。概言之，前者是表明学者具有研究与教学能力的“资格证书”，而后者则是以学术为终身职业之士的“荣誉证书。”日本大学从明治中期以来，人文社会科学类很少颁发“课程博士”学位。进入1990年代后，随着教育全球化的发展，日本文部省为适应全球标准，在制度上进行了一些变革，试图促进大学“课程博士”学位的授予。

② 此处译文系据日译本翻译；中译本译文参见韦伯：《学术与政治》，冯克利译，生活·读书·新知三联书店，1998年，第23—24页。

③ 注意这里所说的“让人难以阅读”，是指日本学者在面对不容易理解的内容时，试图进行“同情性的理解”的努力时而表明的态度。换言之，日本学者面对韦伯的行文，首先试图进行理解，而不是简单的拒绝或无视。

④ 羽入：《犯罪》，第4页。

步功课”，仅仅是自我宣称理解了韦伯，因而“迄今为止的韦伯研究称不上是科学”。[①]

羽入具体抽取了四个自认为是“最佳的事例”进行了上述主旨的论证。这四个事例分别构成了《犯罪》的四章；下面笔者对这四个事例简要加以介绍。[②]

1. 韦伯关于英译圣经的论证部分。在作者看来，韦伯关于“calling”(天职)概念的立论与欧美新教国家中“禁欲的职业伦理”观念的成立(非新教国家中不存在该职业观念)这一韦伯命题息息相关，然而这种关系并没有得到检验证实。在作者看来，这是因为韦伯此处的论述包含有关于古代英语圣经译本的晦涩议论，一般的韦伯学者也难以理解。因此，作者在《犯罪》的第一章中设定的检验命题是：韦伯认为德语的“Beruf”与英语的“calling”等新教国家特有的语言在路德翻译圣经之前不存在，今天意义上的“Beruf”首次出现在路德翻译的圣经当中；英语的“calling”概念具有“神授予的使命”这一宗教观念的同时，亦有“世俗职业”这一观念，而这种清教徒特有的观念亦来自于“Beruf”概念。

作者具体检验了四个环节。第一，韦伯在序言中涉及“calling”的议论中只是引证了《哥林多前书》(7・20)；另一方面，韦伯认为与包含“世俗职业”观念的德语“Beruf”对应的俗语，并非是《哥林多前书》(7・20)，而是路德在《本西拉智训》(11・20、21)中对“Beruf”的翻译。因此，韦伯应该首先确认后者、而非前者在当时是如何英译的。第二，按照韦伯的做法，以《哥林多前书》(7・20)的各种英译为根据，在逻辑上论证路德创造的“Beruf”概念对英语“calling”产生了影响，这是否可能？第三，《本西拉智训》(11・20、21)的各种英译版本，是否真的使用了“calling”这个译语？第四，韦伯关于圣经英译本的说法中有若干事实上的错误，那么这些错误是如何产生的？

2. 韦伯关于“Beruf”的注释的问题。根据作者的看法，韦伯从富兰克林《自传》中引用的《箴言》(22・29)一节中引出“Beruf”，并进而寻求“Beruf”的起源，即路德翻译的德文圣经。为此，作者具体检验的韦伯论证的环节是：路德在其翻译的圣经当中，上述段落中使用的不是“Beruf”而是“gescheft”；因此，尽管路德在《箴言》的上述场合没有使用“Beruf”，但韦伯根据富兰克林《自传》中使用的“calling”，径直认为路德使用了“Beruf”。不仅如此，作者认为韦伯对于其中的逻辑缺陷心知肚明，因而使用了两个特别的注释试图加以回避。[③]

---

① 羽入：《犯罪》，第5—6页。

② 四个事例的简要介绍分别参见羽入《犯罪》的第25—26、第69—70、第144—145、第238—239页。

③ 这里所说的注释参见中译本《新教伦理与资本主义精神》，于晓等译，生活・读书・新知三联书店，1987年，第170—175页。

3. 韦伯关于富兰克林《自传》资料的使用问题。作者认为，韦伯论证富兰克林不具有功利主义倾向的论据不成立，并为此具体检验了两个论证环节。第一，富兰克林在自传中是否真正出现过道德是“有益”观念，并且借助这种观念，回归将自己导引向道德的上帝的启示这样的精神转变过程？第二，作为这种伦理“最高善”的“尽可能赚更多的金钱”观念，是否真正如韦伯所言，在《自传》中被描述为“严格地回避所有单纯的享乐，去除所有过于幸福主义的、不仅如此更是快乐主义的观点”，并且“由于被纯然视为自我目的，针对每个人的‘幸福’或‘利益’，它作为全然超越性的事物、大致作为非合理的事物呈现了出来”？在具体的文献考证中，作者通过核对韦伯时代流行的富兰克林《自传》的德文译本，论证说韦伯刻意改换了其中的关键词汇，证明韦伯进行了资料上的操纵与篡改，进而认为“资本主义精神”并不成立。

4. 韦伯在《伦理》论文中的核心问题，亦即“资本主义精神”的问题。关于韦伯的“资本主义精神”概念，作者总结道，“新教伦理”与“资本主义精神”这两个看似水火不相容的要素，如果回溯到其历史起源，二者具有意外的“内在亲和性”；作为塑造近代西欧资本主义社会的重要契机的“资本主义精神”，它不是来自于现世当中毫不受约束的赢利欲望，而是来自于完全相反方向的、古代新教所具有的禁欲的职业伦理。然而作者论证说，韦伯在这里犯了自相矛盾的错误，即韦伯一方面要找出资本主义的赢利活动与古代新教的宗教性之间的“内在亲和性”，另一方面又主张必须依据完全不具有任何宗教内容的形式对“资本主义精神”进行规定。其中，对富兰克林事例的使用就反映了这一矛盾。一方面从“完全失去了与宗教的直接关系”的富兰克林身上抽出“资本主义精神”的理念型，另一方面又从他引述的《箴言》中挑出“Beruf”这一说法，并进一步跳跃到路德亦即古代新教的世界。在这一部分中，羽入将批判的矛头指向了战后日本社会科学的奠基者之一、被誉为“大塚学派”的创始人大塚久雄。作者依据富兰克林的《自传》，认为韦伯故意无视了相反的证据，即富兰克林行为背后强烈的宗教性动机；这种“无视”的原因就在于韦伯没有查阅《自传》的原文。

通过上述原始资料的核对工作，作者得出最终结论说，“韦伯在《伦理》论文中并没有做到他在《以学术为业》中对我们要求的知性的诚实。在《伦理》论文当中，他作为学者是不诚实的”。[①]

针对上述羽入的主张，以折原浩为首的学者进行了全面的质疑与批判。在折原看来，羽入的韦伯解读以及撰写论文的心态不健全，这种不健全就是尼采意义上的

---

① 羽入：《犯罪》，第274页。

“憎恨”。换言之，羽入出于打倒韦伯的权威的目的，捏造了与原著作者意图及文脉不相干的“疑似问题”或曰“伪问题”。这种为论证韦伯在知性上“不诚实”的做法虽然极其巧妙，但却是不适当甚至是错误的。在他看来，《犯罪》一书仅仅涉及韦伯《伦理》论文的第一章的第二节（“资本主义的‘精神’”）与第三节（“路德的职业观”），而且仅仅涉及这些部分的开头与注释的内容，因而作者羽入在资料选择上过于恣意，视角亦过于狭窄，从而导致了作者“只见树木，不见森林”的错误。

不仅如此，面对羽入所标定的批判目标，折原进一步采用了正面的辩护手法——亦即同样利用羽入所宣称的文献学的考证手法，重新检验、核对韦伯以及羽入使用的原始资料。用一个形象的说法，可以说折原采取了“阵地战”的方法，对羽入的每一个主张、立论与论据都进行了反驳。因此，论争一方面再次回到了宗教改革时代的圣经英语译本等“文献学”问题乃至进入了路德研究的领域，另一方面又涉及如何解释韦伯的“解释学”问题，比如如何理解“资本主义精神”、“理念型”等韦伯研究的核心问题。折原最终得出的结论认为，无论是羽入的总论还是分论皆不成立；羽入的论证仅仅是出于打倒权威这一心理学上的动机而已，而他所强调的文献学的研究方法也是“无意义的文献学”。

由于双方的论证涉及大量的原始资料引证、翻译以及文法辨析、资料解释等细节问题，双方论争的范围与规模巨大；这里仅举一解释学层面的问题，以说明折原的批判方式。

在上面引述的韦伯“犯罪”的四种“作案现场”当中，羽入最引以为豪的发现就是，既然路德所翻译的圣经的一部分《哥林多前书》中没有使用“Beruf”，那么这个字眼对他翻译的《本西拉智训》产生了影响这一假说就无法成立。对于这一点，折原做了如下的解释：“韦伯确实在《伦理》第一章第三节的开头提到，兼有世俗的职业与神谕的使命这两种含义的说法（亦即 Beruf）来源于路德的圣经翻译，作为圣经的句子首先出现在《本西拉》当中；并且从那时起（而不是从那件事开始），普及到新教文化占据优势地位的诸国的语言当中。然而，韦伯并未主张说，《本西拉》的德文译文中的 Beruf 直接对其他语种的《本西拉》中相当于 Beruf 的说法造成了影响；并未仅仅从德文译文一事就主张说对其他的用例产生了影响。换言之，韦伯并未主张说，路德对其他宗教改革者造成了影响、作为其中一环的与 Beruf 含义相当的说法的普及只有《本西拉》这种唯一的通路。”①

---

① 折原浩：《学問の未来——ウェーバー学における末人跳梁批判》，未来社，2005 年，第 61 页；这里省去了原文中作者使用的强调符号。

这就是说，在折原的解释当中，作为已然成立的"Beruf"观念，不仅仅通过《本西拉智训》(11·20、21)，也可以通过其他的方式对当时的俗语产生广泛的影响。因此，羽入试图建构的批判对象并不符合韦伯的本意。这样，折原通过自己的解释，重新论证了韦伯论点的正确无误，以及与此相反，羽入解释的狭隘不当。问题再一次从资料考证问题回到了韦伯解释的问题。

不过，羽入对此有不同的解释。在他全面反驳折原批判的《何谓学问》当中，他指出，折原的解释是正确的——而且比韦伯本人更准确，但韦伯自身的论述恰恰否定了折原的正确解释。换言之，韦伯并未意识到自己的论证的问题之处。为此，羽入重新引述了韦伯在《伦理》中的相关语句："这个字眼的现代意义反倒是源自圣经的翻译，尤其是来自翻译者的精神，而非原文的精神。在路德的圣经翻译里，似乎是《西拉书》的某处(XI:20—21)，首次以完全贴合现今意涵的方式运用此字。其后，这个字很快地就在信奉基督教新教的民族的日常用语里带有其现代的含义，然而，在此之前，这些民族的世俗文献里从未见任何端倪……"[①]在羽入看来，韦伯的主张恰恰是，"Beruf"这个字正是通过《本西拉智训》传播开来的，而非折原所设想的那种更为客观的传播途径。

作为例证，羽入进一步引述韦伯在解释"Beruf"的注解中的说法："最初提及的《西拉书》章节，路德译为Beruf之处，法文译为office(20节)与labeur(21节)——这是卡尔文派的翻译；西班牙文译为obra(20节)与lugar(21节)——依据通用拉丁文圣经，新的译法为posto(依Prostestant而来)。"[②]羽入解释说，韦伯的说法表明，他仅仅关注"Beruf"是如何通过《本西拉》的德文译本而对其他新教民族的语言产生影响的。由此，羽入得出结论说，韦伯的命题、亦即前面引述的"其后，这个字很快地就在信奉基督教新教的民族的日常用语里带有其现代的含义，然而，在此之前，这些民族的世俗文献里从未见任何端倪"这一说法作为学术主张并不成立。因为"学术论文的体裁要求每一句话都必须有恰当的根据。用符合逻辑的方式将具有论据的句子组织在一起，进而形成一种主张，这应该是学术论文的写作方式。如果只是将没有论据的句子罗列在一起，我们可以认为它是随笔，但无法承认它是学术论文。"[③]羽入通过诉诸这种关于学术论文的常识，试图证明韦伯在行文中有过多的主观臆断，而这种主观臆断又是与其对资料把握的粗糙程度相关的。

---

① 韦伯:《新教伦理与资本主义精神》，康乐、简惠美译，广西师范大学出版社，2007年，第52—53页。

② 同上书，第243页。

③ 羽入辰郎:《学問とは何か——〈マックス・ウェーバーの犯罪〉その後》，第113页。

这里还要提及的是,由于羽入的自我辩护与再反驳著作《何谓学问》在折原的首次批判5年之后方出现,在此期间羽入的异常"沉默"现象导致折原认为自己的反驳完全成立。[①] 因此,折原进一步从"羽入现象"的社会要因着手,分析《犯罪》得以成立的制度与社会背景。在《大众化时代的研究生院》一书中,折原将日本研究生院的教育体制、博士学位审查制度、公共空间中的奖赏制度、学术作品的出版制度等列为分析对象。通过分析羽入博士论文的提交、审查过程以及分析答辩委员会的《审查报告》,折原要求东京大学研究生院做出授予羽入学位的责任解释,并要求审查委员会的五位成员做出"所信表明",即要求他们发表各自的看法。[②]

四 日本韦伯论争与"知性的诚实"的结构

在某种意义上,羽入的韦伯批判之所以引发全面的反弹,与其论文中修辞手法的运用有关。由于被视为学问前提的"知性的诚实"涉及学者个人的道德问题,羽入在其著书《犯罪》中使用的诸如"罪犯"、"诈骗"等非学术性的说法与全称判断就显得过于惹人耳目。另外,作者有意采纳了"侦探小说"中常见的推理写法,容易将读者引向作者是如何解开韦伯的"骗术"之谜中去;事实上,后者可以说是《犯罪》获得喜欢阅读推理小说的日本一般读者关注的重要原因。然而根本的问题在于,如本文引言部分提到的一样,由于战后日本社会科学者压倒性的韦伯体验,尤其是"大塚学派"通过韦伯解释所进行的战后"启蒙活动",对日本韦伯研究的激烈批评必然遭到同样激烈的反驳。[③]

因此,《犯罪》所提出的韦伯"知性的诚实"问题决非仅仅是韦伯研究自身的问题,它还关涉到战后日本社会科学的总体性格以及社会科学研究者的存在方式与意义。因此笔者在这里通过整理论争中出现的典型回应,来勾勒出为论争当事者所共有的、因而可以认为是日本学术界所共有的"知性的诚实"的结构。总体而言,笔者认为可以从制度、主体等方面对日本韦伯论争中的这一主题进行总结。

---

① 根据羽入的证言,《何谓学问》的主体部分早在2006年即交付了出版社;但在校正期间,羽入得知折原的第四本批判著作即将出版的预告,暂停了该书的出版。

② 折原浩:《大衆化する時代の大学院——個別事例にみる研究指導と学位認定》,未来社,2006年。简单的介绍可参见雀部幸隆:《折原浩の羽入辰郎批判の結末》,《日本マックス·ウェーバー論争》,第328—333页。

③ 事实上,经济史学家大塚久雄通过欧洲经济史及韦伯研究,提出的是日本近代思想史固有的如何理解"近代"的根本问题。正因如此,大塚久雄与政治学者丸山真男一起,被誉为日本"战后民主主义"思想的双璧。

1. “知性的诚实”的制度基础:教育与学位制度

首先,作为学者行为准则的“知性的诚实”被认为具有制度层面的保障,这就是折原浩坚持东京大学研究生院出面就羽入的学位授予过程做出解释的正当性根据与原因。事实上,由于折原在其著作中公开了他要求该研究生院人文社会系研究科科长介入调查的信件,日本博士学位授予制度中的一些问题就暴露了出来。在日本一般的言论空间当中,“博士学位”是以国家名义颁发的所有资格认定证书中最具有权威的一种,而这种观念又与日本社会对学问的极度重视有关。① 因此在折原看来,由于羽入的《犯罪》论文在学术上并不成立,授予其博士学位的教育机构、担任论文审查的答辩委员会负有相应的责任。

然而事情并非如此简单。在另一方当事者羽入看来,折原的多数反驳只是表明了双方关于韦伯的不同理解与见解而已,这种分歧与学位制度无关;相反,折原利用其韦伯研究者的权威以及“东京大学名誉教授”的头衔试图干涉一个独立科系——东京大学伦理学教研室——的博士研究生培养、论文审查制度,乃是对学术自由的干涉,是一种滥用权力的政治行为。羽入在 2008 年之前虽然没有直接回应折原的批判,但对折原向校方施加压力的做法,则有即时的反应。事实上,当时人文社会系的研究科长、社会学家稻上毅面对折原的质询,曾数次要求伦理学教研室主任佐藤康邦出面解释羽入“回避应答”的问题,并要求尽可能向折原本人解释“(博士)论文审查的内容”;然而佐藤康邦顶住压力,拒绝任何回答。在这种情况下,羽入在 2004 年 6 月致函研究科长,直接回答了上述质询。②

事实上在羽入看来,折原的做法无异于“言论打压”,而研究科长稻上毅的行为乃是对折原压力的屈服。折原曾经宣称:“既然羽入本人没有对笔者的反论做出应答,那么笔者不得不追究授予羽入学位的东京大学研究生院人文社会系研究科伦理学专业的教育责任,尤其是论文审查、学位认证的责任。”③当折原并没有得到预期的回应

---

① 这种对学问的认识的思想史根源可以追溯至江户时期日本儒学的影响,但其近代直接根源则要首推启蒙思想家福泽谕吉(1835—1901)在明治中期发表的风靡一世的学问论《劝学篇》;其原题为《学問のすゝめ》,亦即表明其是一种论述“学问”对个体、对国家的功用的国民启蒙著作。

② 该信件原稿见羽入辰郎:《学問とは何か——〈マックス・ウェーバーの犯罪〉その後》,第 13—15 页。

③ 折原浩:《学問の未来——ウェーバー学における末人跳梁批判》,第 413 页;亦见于羽入辰郎:《学問とは何か——〈マックス・ウェーバーの犯罪〉その後》,第 17 页。

时，则公开出版书籍进行质疑与批判。因此，当羽入于2008年最终出版全面的再反驳专著、并对自己不立刻做出回应进行解释之后，折原的批判就显得操之过急了。因此在羽入看来，可以说正是这种主要由折原引发的问题才表明了日本学术制度的问题所在。

这里值得注意的是，尽管双方都对东京大学人文社会系研究科提出了某种批评，但双方共有的立论前提却是相同的：按照东京大学学位制度授予的学位具有制度上的权威，或者说构成了学术研究体制的根本环节，是保证学术自由、学术价值与学术威信的基础性制度。双方虽然在这一领域的论争中没有谈论学者“知性的诚实”，但双方显然默认日本的教育与学位制度乃是这一学者规范的制度保障。

2. “知性的诚实”的学问基础：学术论文的客观要求

其次，如同羽入反复强调的一样，学者是否“诚实”地面对学术研究所必须的资料，比如是否进行了主观性的刻意篡改，可以说是“知性诚实”的最重要的学术标准。换言之，羽入所规定的“知性的诚实”是通过他所界定的“文献学”方法加以保证的。然而羽入——及其论争对手折原——没有注意到的是，这种规定包含着双重的困难。第一，就羽入坚持的严格的文献考证而言，个别学者在文献上的错误并不能简单地与其“知性的诚实”问题等同起来；因为除了主观的错误之外，其中还存在着由于学者自身的研究能力有限、资料收集方面的限制等因素而产生的错误。第二，“文献学”方法并非是客观中立的学术工具，因为学者对具体资料的解释必然具有部分的自由空间。因此，如何理解这部分“自由空间”，就成为“文献学”标准难以处理的内在困难。

事实上，在众多的羽入批判中，羽入不得不承认自己的论著中也有“文献学的错误”。比如，在大学期间曾经受教于折原浩的一位学生、当时在一家计算机公司从事辞典软件开发的公司职员丸山尚士利用业余时间先后到德国、美国等进行资料调查，独自研究了16世纪英译圣经的相关问题，对羽入的某些观点进行了反驳。在这位可以称为“业余学者”的丸山的调查资料面前，羽入本人也不得不承认自己的纰漏之处。[①] 同样也有学者指出，早在1937年发表的论文当中，日本学者泽崎坚造（1907—1945）就对韦伯的主张——以路德的圣经翻译为起源，“Beruf”概念开始普及到新教信仰的各个国家——提出了质疑，而羽入本人在自己的专著中并没有提到如此重要

① 羽入辰郎：《学問とは何か——〈マックス・ウェーバーの犯罪〉その後》，第136页。

的先行研究成果。[1] 因此，如果严格按照羽入批判韦伯的标准，羽入本人也有违背"知性的诚实"的嫌疑。

因此，就这种实质性的争论而言，所谓"知性的诚实"的客观标准并不容易确定。在这种状况下，学者对自己的研究领域付出了多少努力，或许可以说是该标准的一种内在的尺度。然而要注意的是，个体研究者无论是谁都终有力所不逮之处，因此"知性的诚实"原则必须慎用，否则该原则会演化为对论争对手任何研究局限或缺陷的道德批判，从而完全失去其本应有的意义——在笔者看来，这一原则的意义首先在于它对学者提出的自律要求。

正因为如此，回顾此次韦伯论争的日本学者中野善郎重新提出了美国学者提出的"宽容原则"：在进行文本批判时，即使文本中存在部分语法混乱或引用错误，亦必须首先假定对方试图寻求真理，并在考虑到文本生产的背景之后，最大限度地将其"真理"解释出来。[2] 因此，这条原则可以看作是将学者"知性的诚实"假定为不证自明的前提，并在此基础上专注于学者特有的解释工作。简言之，这是一种建立在信任基础上的宽容。然而，这种原则并未正面回答羽入试图建立因果关联：如果个别学者有意"操作"原始资料这种不诚实的做法而得出了对自己有利的结论，那么，其他学者是否有义务假定那种基于主观偏见的结论仍然包含着真理并对其加以诚实的解读？这样看来，羽入所强调的文献学研究方法至少对持这种疑虑的人具有更大的真理性意义。

当然，上述看法会进一步将问题引入到"何谓真理"等这样的思辨哲学领域，这已经超过了本书的范围，这里暂且不谈。这里要强调的是，学术论文所公认的一些要件——比如"客观性"标准——在多大程度上得到了学者认真地遵守与实践，这可以成为学者自我审视"知性的诚实"的职业伦理标准。相反，如果要将该标准用于批判他人，那么批判者将负有沉重的举证责任；而对于这种责任，个别学者并不能完全胜任——事实上，多数"客观的证据"都会引发相应的"解释学"上的论争。羽入的韦伯批判引起轩然大波的学术上的根本原因或许就在这里。

3. "知性的诚实"的人格基础：人格与学术

上述解释已然将"知性的诚实"转化为学者用于自律的内在性标准；换言之，特定

---

① 上田悟司在前述桥本努开设的论争网页中首先指出了这一点，并早在1998年即致函出版《思想》的岩波书店和作者羽入本人，然而并未得到任何回应。

② 中野善郎：《論争の精神——100年前の論文をめぐって私たちはどう論争すればよいのか》，《日本マックス・ウェーバー論争》，第283页。

学者的学术修养高低成为其“知性的诚实”的内在保证。然而，学者内在的自律显然又与其学术修养以外的人格有某种关联。因此“知性的诚实”必然触发的难题在于，学者在学术上的“诚实”与学者作为现实中的人本身的人格与道德有何种关系。在这一点上，日本学者也表现出了两种截然相反的态度。值得注意的是，这两种态度决非日本学者的专利，因为包括中国知识界在内的世界各国关于“知识分子”的各种议论恰恰表明的就是其中的矛盾。

上述矛盾表现在论争方式上，就体现为学者对“人身攻击”这种论证方式的不同看法。事实上，羽入在其《犯罪》中的论证一直沿着两条主线进行的：一条是纯文献学的考证工作，一条是“揭露”韦伯人格的不诚实。而由于作者在展开后一条线索上使用了大量攻击性的修辞，以至于对韦伯的“人身攻击”似乎喧宾夺主，成了主题。[①] 举例来说，羽入在《犯罪》的开篇即指出，“韦伯研究、尤其是社会学领域的韦伯研究，一直崇拜着韦伯并为其进行着辩护”。对于社会学而言，批判韦伯通常意味着对自己“亲生父亲”的凌辱；因此“仿佛就像对自己理想化的父亲的冒渎进行回应一样，韦伯研究对自己的敌人展开了激烈的攻击”。[②] 有趣的是，仅就结果而言，仿佛社会学中“预言的自我实现”命题一样，羽入辰郎自己的韦伯批判遭到了日本韦伯研究者“激烈的攻击”。

正因如此，中野善郎在讨论如何对《伦理》论文展开争论时，单独讨论了“人身攻击”论证方式的问题点。[③] 在他看来，“人身攻击”亦即“argumentum ad hominem”是指与论证的内容相比，以“谁在谈论”为问题的论证手段。其具体表现为三种形式：第一，直接对发言者的人格进行攻击；第二，基于人格进行间接的批判，通过攻击对手的动机而否定对方的论证；第三，通过指出对手与过去言论的不一致，揭露对手的论证缺乏一致性，进而否定对手其他的论证。现实的问题在于，在以美国为“全球标准”的现代社会科学的相互作用的礼仪当中，ad hominem 被视为学者的禁忌，进行 ad hominem 议论的人容易遭到淘汰。因此在日本的一些学者看来，羽入的做法明显违背了学者的这一“全球标准”。

---

① 由于羽入的这种写法被批判为缺乏“学术严谨”、“格调低下”，羽入在 2008 年的反驳书中，刻意强调这种写法的意图：用简单易懂的语言阐述自己的研究逻辑与结果。

② 羽入：《犯罪》，第 2 页。其中，“亲生父亲”的比喻系作者引自 Hennis, *Max Webers Fragestellung: Studien zur Biographie des Werks*. Tubingen: J. C. B. Mohr., 1987, p. 4。

③ 中野善郎：《論争の精神——100 年前の論文をめぐって私たちはどう論争すればよいのか》，《日本マックス・ウェーバー論争》，第 270—273 页。

然而困难之处亦在于，如同中野注意到的一样，应该回避 ad hominem 这样的一种“全球标准”本身就容易成为论争的对象。事实上，当事者无论是折原浩还是桥本努，都同样竭力主张社会科学具有与研究者的人格无法切割的侧面——这也正是羽入的立场。就此而论，此次日本韦伯论争中双方措辞激烈的论争，必然是双方以人格相赌的斗争；在这种接近“零和游戏”的争论中，双方都志在必得。然而，这种争论可能无法分出胜负。就《犯罪》讨论的主题而言，无论双方怎样重视“文献学”方法在保证学术客观性方面的作用，双方所诉求的“客观性”也可能成为没有交点的平行线；其原因就在于，“文献学”从属于更广泛意义上的“解释学”乃至近现代“社会科学”观念自身的前提假设。一旦后者的正当性遭到质疑，那么“文献学”方法的意义也就不再是不证自明的。

就此而言，“知性的诚实”在作为学者自律的道德规范与职业伦理这一点上，并不存在问题。问题在于，如果将其设定为检查个别学者学问是否成立的基准，就必然要面临一系列难以处理的问题。如同上面提及的一样，就学问本身而言，个别学者的学问内容和意义是否必然与其人格有直接关系，这本身就是处于论争当中、因而也没有结论的问题。由此看来，《犯罪》在日本韦伯研究学界引发如此大规模的论争，在很大意义上源于当事者都将论点指向了“知性的诚实”这一复杂的问题。

五　结语：日本韦伯论争与社会科学的根本性格

笔者在上文中通过介绍日本韦伯论争的发生经纬，着重分析了作为论争焦点问题的学者“知性的诚实”在当事者的论述中所呈现出来的结构。如上文提到的一样，此次论争的发生虽然有着多方面的要因，但从“知性的诚实”的复杂结构的角度而言，可以说论争的发生具有一定的必然性。由于此次论争显现出的某些罕见的特征——比如当事者措辞激烈、论争涉及多元的当事者——，它已然超过了纯粹学院内部的争论，成为日本言论公共空间的一种事件。考虑到这种论争所具有的“公共性格”，笔者将进一步从以下两个角度对该论争的政治性格加以简要的分析，而这种分析也将导向我们对“社会科学”的重新认识。

第一，日本学术体制固有的政治问题。针对羽入辰郎对韦伯《伦理》论文进行的“激烈的攻击”，笔者既无法简单地将这种行为的原因归结于心理学动机，也无法单纯认定其行为出自于公正的学术动机。这是因为，随着羽入本人正式反驳书的出版，当事者在学术体制中相互关联的经纬逐渐得到了展示，而我们无法将这种展示简单地规定为此次论争的原因或结果。尽管如此，由于羽入的这种被广泛视为“偶像破坏”的做法客观上对既成的学术体制提出了挑战，我们有必要从学术（学院）体制内固有的政治逻辑分析这种论争。由于这种意义上的“政治”与日本社会科学乃至日本社会自身特定的“真理体制”——亦即法国思想家福柯所说的“权力/知识/真理”的复合体——有着内在的联系，论争当事者的行动恰恰构成了这种“真理体制”建构及其解构的主体行为。在笔者看来，这种政治过程并非是“社会科学”的污点，而是包括日本学术体制在内的任何学术体制得以发展、自我完善的内在动力。

第二，文献学研究方法所特有的政治性格。一般说来，由于来源于基督教神学的“文献学”方法所涉及的研究工作多是辨别古代典籍各种版本的异同与真伪、分析特定语言与表述的生成过程、还原典籍的历史原貌等非常富有技术性的工作，在近代社会科学的观念与制度当中，它必然给人一种客观公正的印象。然而，如果我们将这种文献学方法与源于中国儒学思想体系的“考证学”方法加以类比，那么这种方法特有的政治性格也就显现了出来——如果说“考证学”表明了源于儒学思想体系内部的实证研究方法，那么文献学方法的成立则与近代自然科学观念的成立是相辅相成的。换言之，文献学方法的“科学性”与近代学术观念，尤其是社会科学的成立构成了一个封闭的环形结构。

就本次论争的韦伯《伦理》论文而言，一方面，当事者羽入依据文献学方法的“科学性”，试图揭露韦伯对这一科学性要求的违背，进而证明韦伯关于“资本主义精神”的命题所内含的决定性破绽。另一方面，当事者折原等人同样依据文献学的“科学性”，试图从正面维护韦伯“知性的诚实”准则与形象，进而维护韦伯命题的真理性与权威性。值得注意的是，羽入刻意突出强调“文献学的力量”，对批判韦伯命题本身的“意图”则进行了弱化。如同他本人在结论中表明的一样，其结论仅仅限于韦伯在《伦理》论文中违背了自己设定的“知性的诚实”准则，从而证明了韦伯作为学者是不诚实的。正是看到这种在韦伯命题批判上的保留态度，批判者折原将羽入的文献学方法定义为“无意义的文献学”，并从正面再次解释并建构了韦伯命题的真理性格。

如果注意到韦伯在《伦理》中提出的命题无论是对于韦伯自身的学问而言，还是对于战后日本的社会科学体制的建构而言，都具有不可替代的作用，那么我们就会明白，在涉及该命题时羽入本人“低姿态”以及相反一方的“高姿态”的实质含义不容忽视——如果羽入对《伦理》的文献学研究及其所建立的批判的因果链条成立，那么它所导致的《伦理》论文骨骼的塌陷将进一步引发日本社会科学体制自身的震荡。换言之，由于社会科学所建构的“真理体制”与该社会主流的意识形态具有同构的关系与特征，可以说貌似与现实不相干的“文献学”具有实质性的政治力量——它既可以建构与维护该社会的正当秩序，又可以对该体制进行瓦解与重构。在这个意义上，双方相反的姿态可能恰恰表明了各自对问题严肃性的认知。

值得注意的是，自2008年羽入出版正式的反驳著作《何谓学问》以来，从2003年起持续对羽入著作《犯罪》进行批判的学者群体，除个别学者外，尚未进行针对性的再反驳。显然，论争的偃旗息鼓并不就意味着羽入的“韦伯批判”已然成立；毋宁说，在“文献学”方法的政治性格面前，双方似乎意识到这场论争所难以超越的难题——如何理解社会科学的根本性格的问题。在结束本章之际，笔者对这一根本性格再略加总结与讨论。

就前述日本韦伯研究的政治性格而言，“社会科学”首先与具体社会的“真理体制”具有相互依赖的关系。羽入的韦伯批判之所以引发罕见的反驳，原因就在于羽入的“社会科学”做法对日本社会科学已然形成的“真理体制”进行了挑战，从而激发了日本“社会科学”固有的“权力”要素维护自我的意志。不过，这里要强调的是，社会科学特有的社会认知与社会控制的技法——比如此次论争所强调的“文献学方法”——，在很大的程度上保证了“社会科学”与意识形态之间不可逾越的距离。在社会科学承载了意识形态的部分功能的意义上，二者的关系是不可分的；然而二者的关系更是不可同、不可逆的。换言之，如果“社会科学”从属于特定社会的特定意识形态，那么“社会科学”就完全失去了其存在的位置与意义。

因此，日本韦伯论争虽然再次表明了“社会科学”的非自然科学属性及其意识形态性格，然而这种表明或曰暴露与其说构成了对“社会科学”的批判，毋宁说它将内在于“社会科学”自身的紧张关系——与自然科学和意识形态之间的紧张——突显了出来；社会科学研究或许恰恰要在这种紧张关系中完成自己被赋予的任务。在这个意义上，“社会科学”乃是一个不断被重构的对象，而评价这种重构意义的标准只能在于，它在何种意义上——尤其是在何种认识与建构社会的技术上——真正有益于人们所探求的理想社会。如果从这个角度思考，那么从事社会科学研究的学者的“知性的诚实”又会再一次进入人们讨论的视野。

最后要强调的是，日本学界发生的此次韦伯论争表明，在“社会科学方法论”上比任何学者都付出了更多探索的韦伯学说的意义并不能仅仅从其竭力主张的社会科学方法的准则上加以思考；在“社会科学”知识生产的每一次具体实践中，知识生产者在何种程度上对内在于其中的紧张关系保持了清明而审慎的认识，这或许是不同于意识形态的“社会科学”真正有益于人类生活的知性上的根本保证。

第三部分

比较的视点:马克斯·韦伯在俄国

如同本书在前面第一部分指出的一样，现代中国的社会科学在制度与知识体系上是模仿前苏联的体制建立起来的。二者在研究体制（社会科学研究院）、研究指导思想（马克思主义）上曾经极为类似。我们不难想到，这种结构上的类似性会导致本书的探讨对象即马克斯·韦伯研究在苏联（及苏联解体后的俄国）可能有类似的经验。事实正是如此，不过，俄国近代以来所走过的特殊道路，也造成了韦伯在俄国（以下用“俄国”涵盖苏联时期在内的整个20世纪的俄国）的特殊经历。这种经历对于本书试图探讨的主题具有怎样的意义？这正是本部分的目标。不同于第二部分，本部分将通过直接探讨韦伯文本的方式，试图证明韦伯社会科学作为分析工具在分析社会历史进程中的不可替代性。

具体而言，以下第七章将分析韦伯在其“俄国革命论”中所展现的社会科学认识，重新理解苏联解体这一世界史上的重大历史事件。本章将指出，韦伯社会科学早在苏联形成之日，即指出了内在其中的、不可解决的矛盾与问题，而正是这些矛盾与问题最终导致了苏联的解体。韦伯对俄国历史与社会结构的深刻洞察，正是得益于他出色的社会科学，尤其是政治社会学的视角。

在开始这种分析前，这里要简要介绍一下韦伯在俄国的具体经历。

如下文具体指出的一样，韦伯对20世纪初俄国发生的革命抱有特殊的兴趣与关心；为此，韦伯撰写了后来被称为“俄国革命论”的两篇长文。值得注意的是，这两篇长文在1906年左右即被翻译为俄文，在俄国得到了发表，获得了俄国知识分子的广泛关注与阅读。在这个意义上，可以说韦伯其人及其学说较早地获得了俄国知识分子的认知。当然，这与当时俄国流亡知识分子在德国的活跃有着直接的关系。

比如，著名的文集《路标》的撰稿者之一的布尔加科夫，在1909年发表的题为《国民经济与宗教的个体》的论文当中，就采纳了韦伯在《新教伦理与资本主义精神》中提出的视角。令人惊讶的是，在近一个世纪之后，俄国知识分子似乎再次回到了原点——1994年，俄国学者达彼道夫发表《韦伯与布尔加科夫：基督教的禁欲与劳动伦理》一文，试图从韦伯的视角重新理解俄国向市场经济过度过程中出现的问题与困难。①

上述情形也倒不难理解。在苏联时期，韦伯被视为反对马克思主义的资产阶级学者与思想家，遭到了官方意识形态的否定。据达彼道夫介绍，韦伯在俄国得到“发现”，是在1960年代末期，当时“社会学”作为学问，已经得到了苏联官方的认可。值得注意的是，这一时期也正是苏联知识分子在精神与人格上的觉醒时期，因而被视为回归《路标》时代知识分子的时期。到了1970年代，随着苏联左翼知识分子对法兰克福学派的关注，借助阿多诺、霍克海姆、马尔库塞等的著作，韦伯得到了进一步的认知。当然，这一时期也是苏联意识形态的解冻期，人们对宗教、自由、个人主义等此前遭到压制与否定的一些价值，复苏了曾经的记忆。尽管如此，这一时期的苏联知识分子尚无法公开肯定韦伯的学问与思想，否则将被视为“公然反对马克思主义”，将遭致权力部门的打压。

上述情况一直持续到苏联解体，所以，俄国真正迎来“韦伯复兴”也正是发生在苏联解体后的1990年代。面临着突如其来的民主化与市场化，尤其是面对二者带来的诸多问题，俄国学者开始广泛利用韦伯提供的概念和分析工具，试图理解他们身处其中的现实，为他们面对的现实困境寻找对症的处方。

也许此时真正打动俄国知识分子心灵的，正是这个世纪初韦伯对俄国社会状况的科学诊断。限于学识，笔者无法详细刻画1990年代以后俄国知识界对韦伯学说重新理解与应用的具体过程。然而上述简要的历史回顾已然表明，韦伯获得俄国知识分子的重新发现与尊重，并非出于意识形态的简单转换。可以说，正是探索科学的意志，导致了韦伯在俄国的真正复兴。

下面，笔者将通过分析韦伯在1905年前后对俄国社会的分析，来重新理解苏联解体这一重大的历史实践，进而具体检证韦伯社会科学在描述、分析、理解与预测历史进程中的有效性。

---

① 此处及下面的介绍，参见袴田茂樹:《ロシアにおける“マックス・ウェーバールネサンス”をめぐって》,《ロシア・東欧学会年報》,1999年,第38—48页。

第七章
苏联解体的科学分析：韦伯“俄国革命论”的视角

一　问题：何谓“苏联解体”？

从多种意义上来说，苏联在1991年12月的解体堪称20世纪最有影响的历史事件之一，而且这种影响还将持续下去。苏联解体20年以来，关于解体原因，包括学者的分析、记者的报道、当事者的回忆与证言等在内，相关文献可谓汗牛充栋。鉴于这一历史事件对世界秩序、对人类文明进程所具有的深刻影响，可以预见，各国学者们仍将持续对其进行探索和解析。那么，这里所说的苏联解体的“影响”究竟何指？这种对影响及意义的探寻，将我们的注意导向一个被视为自明的、因而未得到解释的前提性问题：什么是“苏联解体”？我们将发现，对“苏联解体”事件自身的认识决定着我们对其影响及意义的表述。

事实上，“苏联解体”是一个极其暧昧的说法。如果我们有意注意到这个说法的全称，即“苏维埃社会主义共和国联盟解体”，那么我们就不难发现，所谓的“苏联解体”乃是一种复合现象，它具有相对容易观察的多重结构——仅就“苏联”全称的字面意义而言，我们可以从“联盟的解体”的角度思考，亦可从“社会主义共和国的解体”的角度展开分析；同样，我们还可以将焦点对准“苏维埃”及作为其核心的“苏共”这个组织。此外，“解体”含义也并不明确：这是一种“自然解体”现象，还是一种“被解体”的结果？与前者强调的自然过程相比，后者意味着苏联这一组织形态尚未耗尽其继续存续的动力，甚至还意味着有其他的可能。由于多数论者没有注意到“苏联解体”这一现象与意义的多重结构，相应的各种论述也就未达到一定程度的明晰，如果不说是混乱的话。

在形形色色的分析与解释中，意识形态层面的解释占有显要的位置——诸如“资本主义的胜利”、“社会主义的破产”、“邪恶帝国的崩溃”之类的说法充斥着人们的耳目。然而，这与其说是解释，莫若说是对既定事实的同义反复：这些说法仅仅是对“苏联解体”这一整体现象的另一种表达，因而只是一种循环解释。与这种论述相对，从某种具体事实的角度的分析也很常见。比如，苏联的“中央集权”、“计划经济”、“精英主导”、“民族主义”、“民主化改革”等具体内容得到了关注。诚然，这些角度的分析将曾经犹如暗箱的苏联体制的方方面面展示给了世人，但它们还不足以说明苏联解体的本质。事实上，“中央集权”、“计划经济”等在历史上曾被认为是导致苏联强大的要因。事后的解释虽然更容易得到理解，但却不免事后聪明的嫌疑。

因此，这些基于后见之明的解释有时被尖刻地讥讽为“预测过去”。这是一种严厉的批评。正因为如此，相关论者就有义务为自己解释的有效性进行辨明——从普遍的原理上而非已经发生的个别事实上对苏联解体进行说明。

这里我们还有必要注意一种特别形态的论述：苏联解体时而被视为“悲剧”，时而被视为“警钟”。这些论述的特别之处在于，意识形态的因素得到了有意的弱化，甚至掩饰，“苏联”被视为一个中性的国家实体与统治机制；仅仅在与自身的利益——比如说如何维护多民族国家的统合——相关的联系上，“苏联”才被视为具有正面价值的一种机制与符号。不过，这种中立的解释依然有着隐性的意识形态前提：如果作为统治技术的“苏联”的“中性”是成问题的，那么无论持“悲剧”论还是“警钟”论，都无益于我们对真相的探究，因而也无益于国家与社会的真正福祉，因为这种论述依然无法客观地审视“苏联解体”的真正经验与教训。

要注意的是，我们在这里进行的概括并不意味着简单的批评，而是首先意味着我们要将分析更推进一步。从社会科学的角度来看，一方面，对事实的零散观察与描述构不成真正的分析；另一方面，意识形态——无论是来自左翼还是右翼——先行的解释，将导致客观事实的严重变形，甚至取代事实本身。在这个意义上，意识形态角度的解释自身就是不折不扣的社会事实，尽管这种事实不再与我们试图探讨的对象自身有关。在探寻苏联解体的本质的过程中，意识形态会成为我们认识的首要障碍，我们需要科学的视角。

事实上，社会科学的分析正意味着，各种意识形态上的对立与论争得到了最大程度的克服。在社会科学的视角下，包括意识形态在内的林林总总的观念，仅仅作为构成多元的社会事实的一种要素而存在，而非我们进行认识与理解的前提。那么，这种社会科学的、悬置了意识形态的分析，在何种程度上能更接近“苏联解体”的本质解释？这是一个至关重要的问题。在进行具体研究之前，我们显然无法得出更明确的回答。不过，本章将从社会科学的一个特定角度，通过举例来说明社会科学分析的有效性。无需赘言，这种说明仅仅意味着我们刚刚开始对“苏联解体”的原因进行分析，而绝非意味着结束。

二　韦伯的“俄国革命论”：预言未来

不同于迄今的论述，我们将目光首先投向苏联于 1922 年 12 月成立前后及其发展的历史。现代社会科学的奠基人、德国思想家马克斯·韦伯的“俄国革命论”成为一个恰当的视点。韦伯自 1905—1906 年间发表关于俄国革命的所谓“编年体”历史叙述以来，一直关注俄国革命的动向。1917 年 2 月到 10 月发生的革命，则为他的俄国论提供了至关重要的新素材。虽然韦伯极其罕见地谦称其文是“编年体”的历史叙述，甚至是“新闻报道”，然而由于文章中所展示的关于俄国革命本质的洞见，他的文章成为同时代人中最重要的俄国研究。事实上，1906 年第二篇论文《俄国向伪立宪主义的转变》发表后，俄国学者随即进行了翻译，并在俄国出版。这篇论文获得了俄国自由派知识分子的热烈支持，而职业革命家，例如列宁本人，则对其公开表示不屑与反对。与这些历史事实相比，我们将看到，韦伯俄国革命论的意义更是在当下。

从内容上看，韦伯的第一篇题为《论俄国的立宪民主形势》的论文，是针对解放同盟于 1905 年以俄文和法文刊行的《俄罗斯帝国基本法》的评论，文章的重点是介绍自由主义运动一侧的动向。第二篇论文《俄国向伪立宪主义的转变》，则主要是针对沙皇政府的伪善进行的揭发。正是在这篇论文中，韦伯展示了基于两个普遍主义视角的分析：一方面，俄国的政治现代化半途而废，另一方面，沙皇的官僚制专制体系顺利运行。在本节以及下一节中，我们将分析这两个相互联系的视角的有效性及普遍性。

今天看来，首先让人惊讶的是韦伯在文中进行的极其谨慎的“预言”——由于它们构成了不折不扣的“未来预测”，那么重新审视韦伯的这些论述，我们就能获得关于俄国革命，尤其是关于革命后苏俄社会问题的有效视角，因为韦伯的“预言”恰恰是后来的现实。更重要的是，这种视角将给我们提供一种关于“苏联解体”的社会科学的解释——这种解释因其不再是事后解释，因而更显示出真正的社会科学分析可能具有的科学性与洞察力。

韦伯在上面提到的第二篇论文的结尾写道："无论在最近的未来将发生多么严重的倒退，俄国仍然会不可改变地对接到特定的欧洲发展轨道上来。"[①]这就是说，俄国可以选择走自己的路，但它最终还是要回到欧洲、亦即西欧发展的道路上。韦伯在这里没有、或不愿挑明的是，"欧洲发展的道路"正意味着一种普遍性的道路。在这种发展道路上，俄国不可能持久地脱轨。对这种结论的"引而不发"，表明了韦伯作为社会科学家的审慎——他对俄国自己的"选择"有所保留。这一点我们也将在下文阐述。

同样让我们感到惊讶的是，上述"预言"是在与美国形势的对比中作出的，因为他再次看到了社会发展的收敛趋势。韦伯指出："两者都不可避免地没有'历史'的羁绊，另外，它们的地理疆域那种几乎是无边无际的'大陆'特性也在发挥同样的作用。"由于这两种独特的要素，"世界将大大依赖它们的发展；在某种意义上说，它们大概的确是'从头开始'建设'自由'文化的'最后'机会了"。[②] 这里我们要注意的是，韦伯在这里保留的"最后机会"究竟意味着什么？美俄两国资本主义经济建设具有共性，这或许会对"欧洲发展的道路"作出最后的审判——审判其道路是特殊西欧的，还是普遍人类的。这里我们还要注意的是，韦伯并非简单地期待俄国的道路会成为一种所谓的"超越现代"的模式。[③] 韦伯的论述仅仅体现了他的谨慎：在现代化这一不可逆的社会历史面前，俄国知识分子这一独特的群体，这一群不顾惜个人利益、以人民乃至人类为思想出发点的知识分子，究竟能怎样改变现代化的道路与面貌。

在回答这一问题之前，我们暂且转向 1918 年韦伯对一群奥地利军官发表的关于俄国革命的演说。时值著名的"十月革命"后半年有余，韦伯全面跟踪了俄国发生的最新事件。这种全新的状况会在何种程度上影响他在 1906 年作出的不乏乐观情绪的预言？

针对这次俄国发生的"无产阶级专政"实验，韦伯指出了两种态度："在中产阶级社会里享有既得利益的人……会说，'看在上帝的份上，让他们做完这场实验吧，它必定会失败，然后可以用它作为一个警示'。"但是，"我们会说，'如果这场实验获得成功，我们就能看到这个基础上的文明也是可能的，然后我们也许会改宗'"。[④] 如何理解韦伯在这里进行的假设，以及基于假设的保留？要注意的是，韦伯的审慎表述不能

---

① 韦伯：《韦伯政治著作选》，阎克文译，东方出版社，2009 年，第 59 页。

② 同上书，第 59 页。

③ 在所谓的"后现代性"理论中，韦伯被视为一位对西方现代性进行批判的理论家。这种观点夸大了韦伯对近代以降世界观与社会生活合理化弊端的批评；参见本书第一章中的相关讨论。

④ 韦伯：《韦伯政治著作选》，第 240 页。

做过大的解释，因为他已经从一个普遍的角度对俄国革命的本质及其困难进行了分析。这个角度就是政治社会学，这是韦伯观察近代政治的一个技术性的视角，其中"官僚制"居于核心位置。官僚制之所以成为中立的、普遍的角度，就在于它内在于近代以降合理化过程自身。[①] 因此在韦伯看来，俄国无产阶级专政实验的结果不会有出乎意料之事发生。

事实上，官僚制视角贯穿于韦伯对俄国革命的全部观察。韦伯注意到，俄国从19世纪中后期开始，警察国家与官僚国家统治形态逐渐形成。在这一视角下，从1905年10月沙皇尼古拉二世颁布立宪诏书到1906年7月6日议会解散，该过程正标志着"现代化官僚制的集权统治的明确建立"，意味着官僚制的最终完成，并最终取代了沙皇专制。[②] 然而，这种取代沙皇专制的更为隐蔽的专制，成为俄国此后、直至苏联末期难以去除的毒瘤——专制获得了合法的外套，而欺瞒得到了掩饰。作为首位阐述近代官僚制的学者，韦伯对这种欺瞒洞若观火，因而他进行了明晰的剖析。

> 就我们所能预见的东西来看，俄国当前的独裁制，也就是中央集权的警察官僚制，除自掘坟墓之外，已经无路可走。独裁制出于它的自我持存的利益，指望一种开明专制，其实所谓的开明专制纯属子虚乌有，还有，为了保持威望，独裁政府必须与那些经济势力交好，在俄国的条件下，这些经济势力承担着不可阻挡的"启蒙"和解体的重任。……如果独裁政府不重创自身，就不能解决任何一个重大社会问题。[③]

独裁政府必然会重创自身，这意味着什么？今天看来，上述说法实质上构成了他对1917年俄国革命的预言：以沙皇及其大臣会议为核心的官僚专制，走到了末路。不过，这仅仅是开始，因为革命后的俄国并未解决内在于官僚制的问题。

到了1918年俄国革命形势逐渐明朗后，韦伯再次从官僚制的角度对俄国的社会主义进行了分析。韦伯指出，社会主义在原理上意味着经济生产的社会化，这就意味着"带薪经理们的股份公司正在取代各个企业家，属于国家、自治市和单一目的联合体的工商企业正在兴起，它们不再像以前那样奠基于单个（或者实际上是任何）私人经营者的风险和利润"。然而，"这种社会化一方面意味着官员和受过商业或技术专

---

① 韦伯对官僚制正反两面的评价，及其对于当下的意义，请参见本书第四章。

② 韦伯：《论俄国革命》，潘建雷、何雯雯译，上海三联书店，2010年，第201页。

③ 同上书，第128页；另参见《韦伯政治著作选》，第60页。

业训练的职员的增多，另一方面则是食利者数量的增多……这等于是公开承认企业以及单一目的联合体是完全排他性地由官员、而不是由工人统治，在这里，工人要想通过罢工行动达到什么要求，会比私人企业家统治时更为困难。这是官员的专政、而不是工人的专政，就目前来说，谈论工人的专政，无论如何都还为时太早”。[①] 官员的专政，在韦伯这里是科学分析的结果，而对革命后的俄国而言又仅仅是一个事实。俄国无产阶级专政的实质是官员的专政，这是韦伯社会科学的一个具体发现。

另一方面，从管理技术的角度来看，“所有现代工厂的管理完全都是基于对生产的计算和知识、对需求和技术培养的知识，所有这些都越来越需要由专家来做”。那么，俄国必然需要的这种专家来自何处？韦伯再次进行了预测：“无论在工会成员本身还是在工团主义知识分子当中，我都看不到有谁掌握了在和平时期管理生产的技能。俄国正在进行一场大实验。”“那里正在发生的情况是：布尔什维克政府如今已在那些还能开工的工厂……转而实行计件工资制，否则产量就要蒙受损失。”“这些工厂把企业家留下来领导企业，并付给他们非常可观的补助金。……布尔什维克以撤销面包供应卡为要挟，迫使官僚系统也不得不为他们工作。然而，国家机器与国民经济不可能长期以这种方式运转，这场实验目前看来并不那么鼓舞人心。”值得注意的是，这种对官僚制的屈服，与其说是意味着革命的蜕变，毋宁说是在客观技术面前的必然选择。

紧接着上述悲观的预测，韦伯给出了另外的分析：“令人惊讶的仅仅是，这个组织毕竟一直在发挥功能。之所以能够如此，因为那是一种军事独裁统治——而且确凿无疑，它不是将军的独裁，是下士的独裁，还因为从前线返回的厌战士兵和习惯于农业共产主义并渴望土地的农民会师了……”[②]军事独裁早早地取代了革命浪漫主义。然而比这种结局更为暗淡的是，一种多重的、因而是致命的官僚制专制应运而生。

至此，韦伯展开了一幅完整的画面：俄国革命中举足轻重的三个主体，即知识阶层（包括职业革命家）、士兵、农民因各自合理的行动而结合在了一起。[③] 他们推翻了1905 年革命后形成的“中央警察官僚制”，然而，取而代之的是新的、复合的官僚专制，包括苏共组织、政治警察、技术专家与各级行政官员。如果说韦伯在 1906 年已经预测了 1917 年专制制度的解体，那么，韦伯 1918 年的分析则可视为对 1991 年苏联解体的预言：“如果独裁政府不重创自身，就不能解决任何一个重大社会问题。”当然，

---

① 韦伯：《韦伯政治著作选》，第 234 页。

② 同上书，第 239 页。

③ 关于俄国革命过程中三者相互作用的简要历史，可参见梁赞诺夫斯基等著《俄罗斯史》（杨烨等译，上海人民出版社，2007 年）第 31—36 章中的相关叙述。

"预言"是这里借用的说法,韦伯进行的仅仅是基于社会科学的分析,以及对这种分析结果进行的客观表达。

在第一次俄国革命期间,韦伯观察到,"在城市民众和农民眼中,凡是官僚制禁止的东西,必然是官僚制不想让'人民'获得的好东西,对此我们无需惊讶"。[①] 这种对官僚专制的不满乃至敌意,因其源于人们对"好东西"亦即好生活的内在追求而无可消除。然而人们追求"好东西"的这种无可回避的人类学事实有着更为深远的政治意义,因为它将我们导向对政治事务进行普遍主义的探究,这也正是韦伯本人的立场。

三 俄国历史的必由路径:官僚制、民主制与人性

上文对韦伯俄国革命论的概括进一步引出了两个问题:第一,当韦伯说俄国未来将不可改变地"对接到特定的欧洲发展轨道上来"时,他是否在重复人们耳熟能详的、黑格尔以降德意志观念史中所表述的历史发展的"必然性"与"法则"?第二,韦伯对俄国革命的观察自有其特定的德意志视角,那么这种视角,包括对德意志帝国利益的关注,是否会让他的俄国革命论多少承载了一些意识形态要素与功能?如果我们试图确定韦伯"俄国革命论"的社会科学视点,并进而确定其普遍主义视点的有效性,那么这两个问题就非常突兀地呈现在我们面前。

首先,如果韦伯因袭了观念史上的历史的"必然性",那么他的观察与分析都将是徒劳的。因为这种仿佛如自然界规律一般的"必然性"取消了现实主体的存在与作用,将现实的人或者导向宗教信仰的领域,或者带入意识形态的囚笼之中。结果,这种观念上的"必然性"成了人们无可奈何的宿命。其次,如果德意志民族主义者的身份与心情成了韦伯观察俄国革命的前提,那么我们就很容易批评说,韦伯不过是在近代"民族国家"不可或缺的民族主义这一意识形态层面进行评论而已。由于这两种情形都远离了科学与理智,它们如果是事实,就将颠覆韦伯社会科学可能具有的普遍意义。下面我们将指出,韦伯并未被这两种特定的意识形态所束缚。

1. 韦伯观念中的"必然性"问题

在上述两种意识形态中,"必然性"问题最为棘手——俄国必将走上特定的欧洲

① 韦伯:《论俄国革命》,第 213 页。

道路，这是否是对德意志观念论中“必然性”的一种具体表述？事实并非如此，因为，韦伯自始至终都从近代社会组织的机制这个视角分析问题，而非在历史发展阶段论这一历史哲学层面论述问题。如前所述，“官僚制”之所以构成俄国革命前与革命后必然要采取的管理体制，仅仅在于，近代官僚制是西欧近代合理化过程在技术上的表达。作为一种社会机制的技术表达，它并不含有任何关于历史发展阶段的“必然性”含义。换言之，作为客观、中立的管理技术，官僚制并不具有意识形态上的含义。

事实上，官僚制在俄国现代化过程中的过早成熟，正意味着这种理性化的管理技术具有无可替代的力量——在以“自上而下”为本质特征的俄国现代化进程中，居于上位亦即主导地位的阶层必然要借助科学的、有效的管理手段推进社会变革。官僚制正产生于这一社会变革的模式中。因此，如果说官僚制与近代俄国社会有“亲和性”，那么这种说法只意味着理性化力量的胜利。

在上一节中我们已经看到，韦伯的俄国革命论中反复出现的论断乃是，这种官僚制如果不加以控制，就必然导致官僚专制。如果说韦伯愿意使用“必然性”这个说法，那么上述说法就是其对这一术语涵义的全部表达。那么，如何避免这种作为“必然性”的官僚专制的出现？俄国在将来“不可回避地对接到特定的欧洲发展道路上来”，不多不少正意味着，俄国不可回避地要采用西欧已然发展的政治技术——立宪主义与议会制，亦即人们常说的民主化。只有通过民主化，官僚专制的局面才能得以避免。在韦伯看来，这种民主化与意识形态无关，而是作为近代社会合理化统治技术的另外一种必然结果。只有通过立宪安排，通过议会尤其是特别委员会的监督，官僚制所代表的行政权力才能得到有效制衡，官僚制的专制才能得到避免。这正是韦伯“俄国革命论”的主旨所在，也是其普遍意义之所在。

因此，对于是否有“俄国道路”的问题，韦伯实质上持否定态度。尤其在被俄国知识分子珍视有加的思想与观念上，韦伯对俄国知识分子的努力——诸如对各种主义的论述——不时流露出轻蔑的态度：他时而视之为“小孩子的玩意”，时而视之为“就像我们每天的面包一样不值一提”。[①] 在他看来，俄国知识分子观念上的花样的虚妄，早已被西欧的社会经验所刺破。那么，如何理解韦伯对俄国知识分子和革命者有可能创造“全新自由”的论述？这是否意味着有另一种超越上述“必然性”的逻辑？事实

① 韦伯：《论俄国革命》，第183、261页；二战后英国政治思想史家以赛亚·柏林有类似的论断：“我认为俄国未曾贡献任何新的社会或政治观念，俄国任何的社会或政治观念不但有其长远的西方根本，而且，每个观念初现此地前八、十或十二年前，早已出现于西方。”参见柏林：《俄国思想家》（第二版），彭淮栋译，译林出版社，2011年，第150页。

绝非如此。

在官僚制—议会制的权力制衡技术中，韦伯为主体即政治家的作用留下了足够的空间，这是理解“全新自由”这一说法的关键。换言之，如果出现真正的政治家，出现他所说的“伟大领袖”，那么，官僚制—议会制这一复合的统治技术的合理一面，将得到充分的发挥。值得注意的是，在迄今为止的苏联解体论中，有俄国学者认为苏维埃政权“在政治领导人培养方面却没有作为”是一个重要原因。① 这个说法自身指出了一个致命的事实。然而，与韦伯的分析相比，那些学者的分析却是浮浅的。在韦伯看来，凡是在官僚专制的地方，人们无法指望真正的政治家出现。真正的政治家也只有充分利用官僚制—议会制技术，才能发挥其主体的创造性与主观意志，才能在这个意义上创造历史，而不会受制于历史发展阶段论所规定的那种“必然性”的束缚。人类自由的任何可能性，只能同时依赖于对客观技术的尊重与对主观创造的珍视。

其实，韦伯在 1906 年论文末尾提到“全新自由”之前，他对经济发展与自由关系的阐述更具有至关重要的意义。

> 当人们提出的唯一问题是“民主”——实际上是“自由”(就任何意义而言的“自由”)——何以从长远来看在资本主义的统治下完全还有“可能”存在时，把它归因于今天高度发达的资本主义……则是非常可笑的。事实上，只有一个民族具备了永恒的坚定意志不再像一群羊羔一般被统治，才有可能支持它们的存在。②

韦伯在当时俄国知识阶层的身上看到了这种主体的热情与意志，而正是这种主体要素才真正支持人类普遍追求的生存状况：自由。只要在自由的历史状况下，人的创造性才能得以发挥，从而“全新自由”的出现也就有了可能。韦伯对俄国革命的期许，只有从这个意义上才能得到恰如其分的理解。

事实上，也只有在上述意义上，我们才能理解韦伯在其 1906 年论文中对沙皇尼古拉二世进行的讽刺与批评：“沙皇本人从未真诚地促进俄国变成一个立宪国家：……对沙皇来说，只有治安利益。”③沙皇政权的政治稳定压倒一切，这种鼠目寸光的治安利益绑架了这个国家的和平前程，也绑架了这个国家与民族的真正利益。另

---

① 李慎明主编：《历史的风：俄罗斯学者论苏联解体和对苏联历史的评价》，人民出版社，2009 年，第 279 页。

② 韦伯：《韦伯政治著作选》，第 57 页。

③ 韦伯：《论俄国革命》，第 175 页。

一方面，沙皇政府的“官僚制根本没有准备就其独断的行政权力作出真正有深远意义的牺牲”。[1] 政府高官完全受限于官僚制的惰性与消极控制。韦伯据此对俄国第一次革命的结局嘲讽道：“正如‘伪善是恶性（vice）献给德性（virtue）的敬意’一样，这样一种虚伪至极的立宪主义的明确法典化，也是独裁制的‘理念’献给立宪原则同样令人羞耻至极的敬意。”[2]专制者屈服于虚伪的立宪主义，这正意味着立宪原则具有一种普遍性的力量。

由于沙皇念兹在兹的仅仅是“治安利益”，他全然不具有任何意义上的政治眼光。韦伯不无遗憾地论述道：“如果‘立宪’体制在法律中得到充分贯彻的话，局势的发展可能就完全不同了；因为到那时候官僚制就可能要依靠君主来反对议会，并与君主休戚与共。尽管这听上去可能很奇怪，但是君主要是还想继续做官僚制事实上的主人，这就是必经之路。”[3]沙皇本来可以得到恰如其分的政治位置：在有效的议会、政治家、官僚的相互作用中，存在着真正的政治。然而由于沙皇维持专制的野心及政治上的无能，更由于他对官僚制的无知，他最终葬送了政治改革的良机。

上面我们看到，在官僚制—民主制的技术对立中，韦伯引入了主体对于自由的意志要素。这里要强调的是，正是这一主体要素，这一内在于普遍人性的要素，作为近代组织管理技术的官僚制—民主制暗含的某种“必然性”得到了最终的控制；历史重新回归到了人的掌控之中。这样，韦伯观察俄国革命进程的普遍主义的视角得到了完全的展开。

这里同样需要再次强调的是，韦伯所言的“民主”或“自由”与作为意识形态的“自由主义”并无关系。正因如此，韦伯对俄国知识分子持有的自由主义观念进行了分析与批评。

在分析沙皇于1905年10月颁布的立宪诏书时，韦伯对其第一条承诺的各种自由进行了分析。如同德意志帝国国会的做法一样，俄国自由派知识分子要求立即实行以普通、平等、直接、秘密为原则的选举法；他们期望这种民主原则将保障自由的实现。韦伯对此疑虑重重，因为他发现俄国知识分子的意识形态热情阻碍了他们对人类事务本质的思考。兹举一例：韦伯通过展示“学术自由”与大学民主机构“议事会”之间的紧张关系，对作为意识形态的自由主义进行了批评。

韦伯指出，“俄国同仁对一种良好的无记名投票体制的效能的信念，甚至是在那

---

① 韦伯：《论俄国革命》，第241页。

② 同上书，第209页。

③ 同上书，第203页。

些涉及个人品质的地方也不例外——人们只能期望他们能放弃自己对'议事会'效能的特殊尊敬"。然而,民主的"议事会"在这里成为"学术自由"的障碍。在韦伯看来,"当需要对一个特定学科的一名学者的学术水平这类问题作出正确决断的时候,议事会是毫无用处的,这类问题应该只根据特定的最少人数的教学人员的直接要求来运作"。[①] 这里同样意味深长的是,韦伯从一种普遍人性的视角对上述论断进行了如下的解释。

> 就人性弱点可以允许的范围而言,真正的"学术自由",只是考虑候选人的学术水平(和教学能力)的意义而言,绝不可能通过绝大多数一知半解的成员组成大型会议进行无记名投票来实现,正如这种学术自由绝不可能通过政党庇护关系或者忠于国家的官僚机构的干涉得以实现一样。[②]

我们看到,韦伯对这一具体情形中民主制、无记名投票制的批评,并不是某种精英或贤人统治论的翻版,而是考虑到"人性弱点可以允许的范围"后,对真正自由的探究。显然,这种对自由的探究正源于对作为主体的人的意志的尊重,因而同时是近代官僚制—民主制技术下自由得以保障的内在要求。

2. 韦伯的"民族主义"立场问题

让我们转向第二个疑问:韦伯固有的"德意志民族主义者"的身份在其论述中起到了怎样的作用?我们要问,韦伯的俄国论是否是与德国纯然无关的超然论述?事实并非如此。不过,韦伯的德意志立场并未影响他的客观判断,甚至可以说正相反,韦伯要从俄国革命及其失败的经验中吸取必要的思想养分,最终为德国的政治改革提供知识与智慧上的支持。正因如此,在批评俄国阻碍变革的势力的愚蠢的同时,韦伯对德国进行了异常辛辣的批评。

> 俄国正在经历惨痛的阵痛之时,即便在这种时候,德国人还有一个荒唐习惯,要寻找"要谴责"的人,"当然"不能去指摘君主及其亲密随从,因此德国人就很喜欢一种极端卑劣的、针对议会政治的批评,在德国无教养的人看来,犯错的

---

① 韦伯:《论俄国革命》,第190、191页。

② 同上书,第191页。

必定是杜马。他们称杜马“政治无能”，没有完成任何“实际的”事务，然后他们又提醒德国的读者注意，不论从何种情况来看，俄罗斯民族都还没有为一个立宪政权做好“准备”。[1]

韦伯接连使用了“荒唐”、“极端卑劣”、“无教养”的措辞批评德国人，因为他们（当然并非全部）仅仅止于对政治的表面现象，尤其是对政客们举手投足进行肤浅的观察，人云亦云，毫无动用自己理智进行客观分析的准备与能力。如果任这种“无教养”状态持续下去，德国国家与民族将付出不可挽回的利益代价。韦伯对俄国的分析与批评，同样有效地指向了德国。

因此，作为“德意志民族主义者”的韦伯，并未因这一身份而影响了他对客观形势的判断。相反，他的民族主义、他对德意志民族的忠诚，正体现在他对客观事实分析技术以及政治眼光上。这里值得注意的是，韦伯所展示的分析技术与政治眼光，可以说得益于他卓越的社会科学视角。作为大变革时期的德国知识分子，在韦伯看来，如果不经过理智的、科学的审视，“民族利益”、“国家利益”这些说法无异于内涵苍白的空洞口号。

当然，这并不意味着韦伯在观察、论述俄国时，不具有作为德意志民族主义者的特殊关怀。事实上，早在 1887 年，还处于少年时期的韦伯就注意到了“俄国的威胁”。到了 1908 年 11 月，在海德堡的国民自由党集会上，针对公法学家耶利内克（Georg Jellinek）的讲演，韦伯又公开进行了如下评论：“强大的俄国如果有了民主的宪法，有了议会制，事态将令人震惊。俄国是最让人恐怖的列强，正因为它现在的议会和宪法毫无意义，才缩小到现在的样子。”[2]在 1906 年论文的末尾，韦伯其实已经表述了类似的看法：“一个真正立宪的俄罗斯会是一个更强大的俄罗斯。”[3]与后者相比，前面说法中的“恐怖的列强”一说，流露了他的忧国情怀，因而遭到了俄国自由派知识分子的批评。

正是在这些特定的表述中，我们得以确定韦伯作为德意志民族主义者的品格。作为民族主义者，韦伯必然要关心德国在国际政治中的竞争对手，甚至是天然敌人的俄国。正因为如此，当韦伯指出立宪俄国因强大而产生威胁时，他同时在警告他的德

---

① 韦伯：《论俄国革命》，第 259 页。

② 转引自今野元：《マックス・ウェーバー：ある西欧派ドイツ・ナショナリストの生涯》，東京大学出版会，2007 年，第 200 页。

③ 韦伯：《论俄国革命》，第 263 页。

意志、乃至人类同胞:议会与宪法在现代国家建设、在实现强国过程中具有无可比拟的作用。第二次世界大战后德国由分裂到整合的历史,再次证实了韦伯的"预言"。

从韦伯的俄国论来看,我们可以说,韦伯因其真正的德意志民族主义者的身份与立场,获得了观察近代以降人类政治生活的普遍主义视角。俄国革命论就其这种普遍有效性而言,也就成了后人思考人类普遍事务、思考关于文明进程的杰出的历史与思想文本。

四 苏联解体的经验教训:社会科学的视点

回到本章最初的话题。"苏联解体"这一历史事件无疑具有多重的历史意义与经验教训。然而如前所述,在学者们迄今为止的论述中,意识形态成了多数论述的起点与终点——论者们倾向于在观念的某个环节上进行或正或反的论述。比如,对"苏联实验"持正面看法的论者常常运用一种可称之为"背叛论"的思维方式。他们相信,苏联的社会主义代表了历史发展的必然方向,而苏联解体仅仅意味着现实中的主体的背叛。在他们举出的背叛者名簿中,我们可以看到叶利钦、戈尔巴乔夫、斯大林,甚至列宁本人;我们还可以看到苏联精英"整体背叛"的观点。[①] 由于这些人背叛了"真正的社会主义",所以才有了 1991 年的悲剧结局。

然而如前文所述,意识形态角度的解释无论是来自左翼还是右翼,与其说是解决了问题,不如说是转换了问题——论者将问题转换到了各自未加质疑的、特殊的、因而必然激发对立的立场上。比如,什么叫"真正的社会主义"? 究竟谁能对此给出令人信服的答案? 相关论者根本无法触及这些问题。因此,他们的解释无益于人们吸取经验教训,因而也无益于人类文明的进步。我们需要更高一层的普遍主义视点的分析,这正是本章的出发点。

举例而言,关于"苏联解体",多数论者都认为是专制制度的必然结果。然而除去价值的好恶,单纯从统治技术的角度来看,这一"专制制度"的具体内涵是什么? 遗憾的是,在这一至关重要的问题面前,"斯大林专制"、"苏共专制"等方便的、意识形态色彩浓烈的说法阻止了人们探讨的脚步。因此,本章有意提供了一个社会科学的分析

---

① 参见德赛:《马克思的复仇——资本主义的复苏和苏联集权体制的灭亡》,汪澄清译,中国人民大学出版社,2008 年;科兹等:《来自上层的革命——苏联体制的终结》,曹荣湘等译,中国人民大学出版社,2008 年。

视角，即作为技术政治的官僚制。

当然，从这一角度指出俄国革命后面临的困难，韦伯之后并非无其他人。比如托洛茨基在其《忠诚的革命》(1936 年)一书中，就曾注意到官僚特权的形成，指出“官僚主义在这个决定性的领域里取得了胜利”，并认为社会主义的命运就在于是否能战胜官僚。[①]

笔者重新讨论韦伯的官僚制视角，并非仅仅因为韦伯是首位从这一角度论述俄国革命的学者；本章讨论这一视角的原因更在于，韦伯基于社会科学的分析——因而不同于托洛茨基(及其后学者)对官僚制弊端、比如对官僚主义的直觉认识——，首次将官僚制的内在机制揭示了出来。托洛茨基提到官僚制与社会主义命运的关系，这种洞见远远超过了后来那些仅仅注意到官僚制负面效果的学者；然而他仍然未能揭示这种关系的本质。

在韦伯所进行的对现代化、合理化的社会科学研究中，我们看到官僚制乃是经济生产合理化、统治合理化的必然手段。就其纯粹的形态而言，官僚制在效率性、严格性、可预测性、普遍应用性方面具有无可比拟的优势。与此相对，这一制度的消极性也异常突出：官僚制动辄演变为官僚机器的专制统治，作为主体的人或者成为机器的部件，或者成为其统治乃至奴役的对象。既然官僚制内在于近代组织自身，因而内在于近代企业生产与管理，内在于国家统治自身，那么如何驾驭这种技术，就成为事关文明进程、事关人类生存境遇的性命攸关的问题。

十月革命后，俄国一方面事实上屈服于官僚制管理与统治的必然，另一方面又试图在观念上消除这种官僚制统治的表象，比如，将“政府”改称为“人民委员会”等等。当然，俄国革命家也曾试图在制度上对这种官僚制进行控制，众所周知的以党务系统进行控制，就是革命者基于本能所想到的核心对策。然而这种做法的问题在于，它没有意识到官僚制也必然内在于党务系统本身。结果，屋上架屋，官僚制无法控制官僚制。官僚制的优点未得到发挥，其缺点反倒因双重的官僚制而大行其道。

因此，从欧洲近代以来的合理化、现代化的普遍角度来看，革命后俄国走自己的道路，最初就面临着难以克服的困难：如何在近现代的工业生产与管理、近现代国家治理过程中控制官僚体制，在制度上为自由创造留下空间，从而发挥人、发挥主体的选择与热情的历史作用？这个问题如果无法处理，那么俄国体制的结局只能是在官僚专政与个人专制之间摇摆。在这个意义上，苏联是否解体自身并不重要，因为革命

---

① 转引自李慎明主编：《历史的风：俄罗斯学者论苏联解体和对苏联历史的评价》，人民出版社，2009 年，第 132 页。

后的苏俄社会并未解决内在于现代化进程的普遍问题，亦即上文提到的官僚制、议会制问题。这些问题只有在人性普遍要求的“自由”框架内，才能得到真正的解决。

当韦伯在1906年说，俄国（还有美国）的选择是从头开始建设“自由”文化的“最后”机会时，他对俄国知识分子的主体热情表达了最高的敬意。这种表达并非是同样作为知识分子的韦伯的惺惺相惜之情，而是源于他对近代社会组织原理的洞察。而当他在1918年说，如果俄国实验证明这个基础上的文明是可能的，因而“我们也许会改宗”时，他表达的已不再是敬意，因为他对俄国此后的道路，其实已经了然于胸。在作为管理技术的官僚制与作为政治主体的人之间，俄国只能回归到他所说的“欧洲发展的道路”。在这个意义上，1991年末苏联的最终解体，只是给韦伯的“俄国革命论”、给韦伯的社会科学分析的有效性，增添了一个事实注脚。

五　结语：韦伯社会科学与意识形态的距离

让我们回到本书的主旨：韦伯学说在俄国的特殊经历，在我们思考社会科学的性格及品格时，究竟具有怎样的参考价值。

通过本章的分析，我们已然看到，韦伯从近代以降普遍人类道路的观察出发，尖锐地指出了1905年后俄国社会所面临的问题：俄国的历次革命均为解决困扰他们的主要问题，即如何通过有效的政治与行政手段，对俄国这样一个幅员广阔的国家与社会进行有效管理与控制的问题。从沙皇时代到苏联时期，秘密警察、黑社会、国家暴力、意识形态宣传、军队、技术官僚，这些要素反复得到了使用。然而，革命依然发生，国家依旧解体。

本质重要的问题在于，从近代国家统治合理性的角度来看，官僚制是所有现代社会都不可或缺的技术手段。当意识形态宣传被视为主要的社会控制手段后，这种宣传就因其承担了过度的政治任务，将最终导向自我解体。[①] 在这个意义上，苏联意识形态的崩溃不在于其国内控制能力的衰弱，也不在于外部力量的演变与颠覆活动，而内在于社会这一有机体的生命自身。对于这一有机体而言，韦伯的社会科学为其健康发展提供了科学的分析与诊断，而意识形态只能提供某种心理安慰。

苏联解体的事例表明，只有科学才能为社会发展提供长久的知识与思想支持。

---

① 俄国学者谢·卡拉-穆尔扎将苏联解体完全归结于意识形态，显然不切实际地过高估计了意识形态在人类生活中的作用。参见谢·卡拉-穆尔扎：《论意识操纵》，徐昌翰等译，社会科学文献出版社，2004年。

苏联解体后,俄国知识界迎来了所谓的"韦伯复兴"。其实,更准确地说,是意识形态主导的"社会科学"解体后,迎来了真正的社会科学的复兴。苏联解体后俄国所走过的道路表明,俄国再次走上了一种人类发展的普遍道路,一种科学的道路。这种科学的内涵,正体现在本章的具体分析当中。因此我们可以说,韦伯学说在俄国的经验表明,只有科学的学术研究才真正有益于一个国家的建设。人类文明的进程,在很大程度上依赖于人类对包括自然科学与社会科学在内的一切科学的探索。

结　论
马克斯·韦伯体验与中国社会科学的未来

自1970年代末实行改革开放的政策以来，在实事求是这一思想观念的指引下，现代中国在社会科学研究与教育领域取得了巨大的进步。显然，这种进步与中国的现代化建设事业具有同步性——现代化建设事业要求我们实事求是地把握社会事实，并基于这种事实制定科学的发展政策。正是在这一过程中，作为经验科学的社会科学以其特有的科学性格——客观性、逻辑性与反思性——再次得到了深刻的认识。在这个意义上，中国社会科学迄今为止在整体上取得的进步，可以说同样是中国现代化建设所取得的具体成果之一。

另一方面，作为发展中国家，中国的社会科学无论是学科建构还是具体的研究实践，无疑也处于发展阶段。这种状况要求我们社会科学工作者必须科学地看待我们取得的成绩与认识我们的不足。换句话说，我们必须以社会科学的眼光与态度看待中国社会科学自身。只有这样，我们才能实事求是地认识自身，从而推进中国社会科学的发展。事实上，如何对中国社会科学的发展进行科学的分析，这正是笔者开展本研究的最初动机与现实关怀。

如同我在绪论中阐述的一样，本研究是基于中国社会科学的“韦伯研究”或者说是“韦伯体验”——中国学人对韦伯作品的翻译、评述、研究以及韦伯概念与命题的应用——，对“中国社会科学的建构”的相关问题进行的实证分析。换言之，整体上本研究是一个案例分析。那么，作为问题导向的科学研究，本研究具体揭示出了中国社会科学发展与建构中的哪些问题？关于中国社会科学乃至一般的社会科学，本研究又获得了怎样新的认识？此外，本研究具体又有何意义？在本书的研究中，笔者对这些问题都尽力做了相应的回答与解释。作为最后的总结，下面我将从三个角度对上述诸问题再次加以简要的回答与总结，以便更明确地揭示本研究所具有的学术价值与现实意义。

一　中国社会科学“自主性”问题的结构

这里首先要指出两点：第一，本研究所说的“社会科学的建构”，在内涵上与国家自 1978 年以来的“社会科学的重建”——诸如社会学、政治学、人类学等学科的恢复与重建工作——具有一定的重合，都是指其异于此前三十年社会科学的新实践；二者相异之处在于，本书中使用的“社会科学的建构”更关注国家权力以外的要素在这一过程中所起的作用。比如，在改革开放的新时期进行的韦伯学说的引进，就更体现为一种非官方的学术行为。第二，笔者之所以要具体研究“中国社会科学建构”的问题，是因为在当下中国富有反思意识的学者的认识当中，下面的看法具有直观的代表性：“中国社会科学在发展过程中缺失自主性”、“中国社会科学在发展过程中亦步亦趋地步西方社会科学的后尘”。本研究最初设定的假说就是：这两种问题描述反映了中国社会科学的现状。

为了对上述假说加以检证，笔者将问题进行了可操作性的转换，具体转换为下述两个问题：第一，从 1978 年新政以来的三十年中，中国社会科学在经验上究竟在何种程度上发生了形变乃至重构？第二，在这一过程中，中国社会科学的研究主体具有怎样的自我意识与对象意识、亦即对于自己以及自己所从事的工作的认识？可以想象的是，如果这种意识始终是清晰的，那么就可以说中国社会科学的发展具有明确无误的“自主性”——注意，如果具有这种自主性，那么“亦步亦趋地步西方社会科学的后尘”可能正是这种自主性的体现，因而认为中国社会科学在发展过程中丧失了“主体性”的论断就不成立；相反，如果缺乏这种自主性，那么结论可能完全相反。因此，讨论中国社会科学在重构过程中的得与失，核心问题是分析中国社会科学研究主体的自主性。

无须赘言，在上面的表述中，“自主性”首先是相对最近三十年重新引入的“西方社会科学”而言的。然而如果考虑到“社会科学”具有真理体制的特殊性格——亦即社会科学与具体社会的意识形态、权力体制有一定的相关性——，那么，对于中国社会科学而言，它在国家的真理体制面前具有怎样的“自主性”，毋宁说是我们分析其重构过程得失的另外一个核心指标。简言之，中国社会科学的“自主性”具有双重的结构：

一方面是相对于西方社会科学的“自主性”，另一方面是相对于马克思主义意识形态的“自主性”。

然而，“自主性”的双重性并不意味着我们要分别予以分析和考察；相反，这两种“自主性”因具有相克的关系而必须置于同一问题中加以解析。进一步说，在“马克思主义社会科学—西方社会科学”这种关于社会科学认知的古典的对立构图当中，1978年以来中国社会科学的重构正是通过导入后者来变更前者的过程。

二 反思中国社会科学的性格与品格

事实上，“中国社会科学”这一说法自身首先有必要加以澄清，尽管我们可能要面临困难。它是指“在中国的”社会科学，还是指“中国独自的”社会科学？前者意味着社会科学具有一般性的规范，并不因具体的地域空间而有所本质性的改变；与此相对，后者意味着可能具有“有中国特色的”社会科学，因而不同于其他时空中的社会科学。幸运的是，在我们经验的语汇当中，这两种含义并不具有显见的乖离——即便在后者的意义上使用这一说法，人们仍不否认前者的含义。这种使用方法的根本保障在于，“社会科学”不但以具有更高普遍性与法则性的“自然科学”为目标，更是大量吸取了自然科学的方法。社会科学一直谋求“法则科学”的地位，即便是我们所说的“中国社会科学”。

简言之，“有中国特色的”这一限定用语的涵义，最终将消融于普遍主义志向的社会科学研究实践当中，从而丧失了原来具有的意识形态意义。本研究正是通过经验研究、比较研究将这一点揭示了出来。在这个意义上，“中国社会科学”最终只能是社会科学自身，只能是以社会科学的普遍研究方法对中国社会这一具体的对象进行的研究。只有在这样的社会科学观念之下，“中国社会科学”才能成为真正的社会科学，才能对中国的现代化建设提供真正的知识与思想支持。

当然，在具体的时空当中，这种具有“法则科学”志向的社会科学必然与具体的、历史的经验事实发生关联。不过，这并不意味着“社会科学”可以蜷缩于具体的历史性而无视其内在的规范要求；相反，它意味着社会科学的“法则”志向追求必须在具体社会历史的具体经验中加以确定其前进的方向与轨迹——这就意味着，如果将社会科学的研究比喻为大海上的航船，那么它必须将“法则”置于遥远岸边的灯塔的位置，以时刻导引其前进的方向。这同时意味着，社会科学并不能把遥远处的灯塔视为自己绝对的安全保障，更不能以见到灯塔的微光就认为已然真理在握、到达了真理的彼岸。——殊不知，远处依稀闪烁的灯塔的光芒或许是渔人作业的渔火，或许是游人宿营的野火，甚至是富有迷幻色彩的鬼火呢。社会科学除了保持谦卑的心态——既是面对理论时的心态、亦是面对事实时的心态——之外，无法安全地达成它所宣称的目标。

面对理论与事实的谦卑心态，它将社会科学、将我们在上面的讨论再次领回到社会现实当中。社会科学的具体性格与品格——它体现在它前进的每一步当中、亦即体现在其实践当中——，构成了我们思考现实的社会科学的某种具体指标。

显然，没有理由要求社会科学为现实社会中的各种问题负责，诸如指责社会科学的研究没有充分认识、理解现实，没有提供好的政策建议，等等。然而，社会科学的具体存在方式与现实社会中的各种问题的存在方式具有特定的关联，却是一个不争的事实：在特定社会科学的特定研究方法与世界观之下，社会性的事实有选择地得到了认识乃至建构。在这个意义上，社会科学在具体的时空当中毫无疑问要为现实社会的诸问题，比如"不平等"、"不公正"、"不自由"等问题担负起相应的责任。当一个社会因面临着严重的问题而使得生活其中的人们风险重重之时，我们可以断定这个社会不具有良好的社会科学。当然，一个社会若不具有良好的社会科学观念与学术研究实践，很难想象该社会的成员能过上体面的、有尊严的生活。社会科学的发达与否，正是该社会文明程度的标志。

要注意的是，这种对社会科学性格的表述以及对其品格的要求，必须通过基于经验事实与更好的价值理念的反思才能得到最终的确定。换言之，在我们谨慎地确立了前提之后，"社会科学"自身必须成为社会科学的研究对象，因为作为前者"社会科学"已经基于社会现实以及此前的价值理念参与了社会与政治秩序的建构，它不得不面对它在相应的社会问题中所要承担的批评与指责。这样，我们得到了评价中国社会科学性格与品格的经验标准——在消极的意义上它在多大程度上减轻了生活者的苦难、相反在积极的意义上它又在多大程度上增加了生活者的福祉，从而使生活者获得了更高程度的自由，这或许是判断具体社会科学存在价值的具体尺度。

三　再论中国学者的韦伯体验意义

本书对迄今为止的对中国学者的"韦伯研究"进行的实证研究表明，中国社会科学的担当者在双重的意义上对历史赋予他们展示"自主性"的地方踯躅不前——既缺乏对马克思主义社会科学的重新思考与独自分析，亦缺乏对西方社会科学的深入理解与自由运用。就本文研究而言，这种“自主性”意识缺位的原因首先在于多数学人对“社会科学”的不同理解；由于多数学人仅从某种特定的观念出发进行论述，韦伯关于社会科学在近代以降社会中的作用谨慎的——因而不是全能的——表述并未得到认真分析以及基于分析的理解。因此，本研究的结论之一就是，观念先行是导致中国社会科学“自主性”缺失的本质要因。进一步而言，这里所言的“观念先行”就是对特定理论的盲目崇拜与迷信的态度；这种态度与任何意义上的科学观念都背道而驰。

与“观念先行”并行不悖的做法是，面对经验事实拒绝采用实事求是的分析态度。表现在韦伯研究上，那就是尚未达到对韦伯学说进行认真的阅读与理解，因而尚未形成“亦步亦趋”的追随态势。其原因在于，第一，由于对所谓“西方社会科学”的不同理解，许多中国学人至少在韦伯研究上还尚未做到客观的理解；许多“研究”仍然处于“社会科学”的外部或边缘——它们仅仅构成了关于韦伯的感想与评论。第二，由于对韦伯所提出的概念缺乏细致入微的理解与把握，导致了多数学人对这些概念缺乏反思；在使用相关概念分析中国社会时，虽然在形式上表现出了“亦步亦趋”的倾向，但实质上，这种形式的类似恰恰成正比地构成了对社会问题的不理解乃至遮蔽，从而没有达到社会科学的基本目标。因此，在清醒的、富有反思性的自我意识不在场的情况下，形式上对西方社会科学的追随在实质上就是南辕北辙。

尽管如此，韦伯学说的引入在观念上，至少在部分观念上改变了中国学人对自我、对世界的认识与认识方式，这是不争的事实。这种改变部分源于少数具有先觉意识的中国学人清醒的自我意识与对象意识，部分源于“韦伯学说的引入”这一具体事件的社会结果——韦伯学说的引入改变了原有社会科学话语空间的结构，这种空间的、物理性的改变最终对生活其中的社会科学的主体造成了影响，导致他们开始寻求对这一新空间以及出现其中的事件进行重新表述与分析。这样，我们可以说，中国社会科学正是在这双重机制的作用下实现着自我形变与重构。从本书的研究来看，这一过程虽然缓慢，但毕竟已然开始步入正轨。

毋庸置疑，随着中国现代化建设的持续推进与社会的进一步转型，中国的为政者与学人阶层必将面临更为复杂的社会世界；正因为如此，作为认识与控制社会世界技术手段之一的社会科学也将得到更深入的认识。当下我们面临的包括诸如环境治理在内的亟待解决的诸多课题，只有通过科学的事实分析与发展策略的制定，才能逐步得到解决。在这一过程中，我们在广泛借鉴其他国家的发展经验的同时，更要深入把握我们自己的现实国情。只有客观地把握了当下中国所处的现实与历史位置，我们才能更好地推进我国的现代化建设事业，从而加速实现中华民族的伟大复兴。

在这个意义上，本研究的意义就在于，通过检讨中国学人在“韦伯研究”这一具体的学术领域上的得失，为中国社会科学的发展与建构——沿着理想的方向的建构——提供一种客观认识与技术支持。这里要强调指出的是，本研究仅仅是一个基于特定个案进行分析的尝试，因而有着内在的局限性。一方面，本研究仅从几个特定的侧面对"中国的韦伯研究"进行了资料分析，尚未对该领域进行全面细致的把握；另一方面，由于"中国的韦伯研究"尚处于发展阶段，基于这种对象的分析并不能充分反映中国社会科学在现阶段所取得的成果以及存在的问题。

尽管如此，如同笔者在本书中揭示的一样，通过"中国的韦伯研究"这个特定的个案研究，通过与同时代的其他国家，比如现代日本的韦伯研究状况加以比较，我们对中国社会科学发展所处的历史阶段与时代状况，还是有了相对清晰的把握。毋庸讳言，笔者希望这种对自身客观的认知——亦即科学的认知——有益于我们继续推进中国社会科学研究的发展，从而有益于中国的现代化建设事业。

因此，作为探讨"中国社会科学建构"的未完课题，我们还有必要从其他的角度对这一问题持续进行科学的检讨与分析，同时立足于具体的科学研究实践，努力推进中国社会科学研究与教育的发展。这种基于科学的自我认识与自我反思，是我们完成时代所赋予我们的最高使命，即实现中华民族伟大复兴的前提与基础，更是实现这种自我设定的目标的最终保证。

附录［1］

知识社会学方法论

——知识社会学方法的新规则与话语分析

一 引言：认识社会方法与知识社会学

无论怎样定义社会学传统，“社会”或“社会之物”(the social)这一既作为探求对象，亦作为说明变量的发现、发明与建构无疑是该传统的核心。然而，这个貌似简单的说明蕴含着双重的难题：一方面作为探求的对象，“社会”首先是由一系列关于人与社会的“知识”建构而成，社会并非是不证自明的客观实在；另一方面在社会学研究当中，各种关于“社会”的“知识”要求得到基于社会的社会性说明。事实上，这两个过程就构成了本附文所言的“社会认识”：对于社会是如何可能的这一问题的认识。上述双重难题实质表明，近代的社会学——甚至整个社会科学本身——包含着一种自我言及的循环解释结构：“社会”或“社会之物”同时作为说明变量与说明对象出现。然而，这并不意味着社会学的知识生产是以对上述缺陷的视而不见为前提的。事实上，由卡尔·曼海姆创立的“知识社会学”(the sociology of knowledge)就是社会学自我修正与自我意识深化的方法结晶。①

另一方面，自20世纪60年代之后，在结构主义认识论的支

① 这并不是说社会学直到曼海姆出现之后才意识到社会认识的困难。事实上，马克斯·韦伯对社会科学方法论的讨论已经意识到社会认识的困难，因而他将问题引向了社会问题的价值建构问题。

配之下,“知识”得到了激进的反思:知识与真理的关系遭到了深度的质疑,其中,渊源于米歇尔·福柯的“话语分析”(discourse analysis)构成了对这种新“知识”以及由此而来的“社会”研究的新方法。结果,由于话语分析方法的流行,传统的知识社会学似乎因其传统的认识论——其特征可以概括为实证主义与基础主义——而衰落了下去,尽管话语分析研究纲领最初并非是针对社会学兴起的。这是因为,“知识”在表现为认识社会的工具的同时,更表现为这种认识活动的结果,因而“知识”观念自身的变化必然会动摇传统知识社会学的社会研究纲领。

然而问题在于,知识观念的变迁究竟在多大程度上会引起社会研究方法的转换?具体而言,社会学中的知识社会学研究纲领是否,并且在多大程度上依旧有效?下面我将阐述,话语分析并未带来社会学研究的所谓“范式转换”,尽管它对传统的知识社会学带来了本质性的挑战。因此,作为认识社会方法的社会学,有必要继续探求克服社会学认知中的循环结构的知识社会学方法。尝试建构这种新知识社会学的方法,正是本附文的目的。本附文具体的论述程序是,首先我将阐述知识与社会认识的存在样式的关系,其次我将重新讨论话语分析的方法与传统的知识社会学方法的利与弊,最后我将给出本附文所定义的“知识社会学”的方法新规则。这里首先要强调指出的是,因知识观念的变迁,本附文标题所言的“知识社会学”是一种“新知识社会学”,其内涵要在“新—知识社会学”与“新知识—社会学”两个角度加以理解,尽管其首要含义是前者。

二　社会认识的存在样式:知识/意识形态/思想

如果将“社会认识”理解为关于作为人们共同生活的形态的“社会”的各种语言表述,那么其存在样式可以等同于一般意义上的“话语”。同时,如果注意到“认识”这一概念本身意味着发现、认知、理解的实践以及作为其成果的知识、思想以及意识形态,那么“社会认识”就意味着分析关于社会的各种知识、思想与意识形态,其方法也就是传统的知识社会学方法。然而问题是,在上述分析中,知识容易被设定为真理的表象,其结果是关于社会的各种论述的经验性与历史性容易遭到漠视。由于知识、思想与意识形态经常被置于真理的层面进行判断,关于社会的认识通常完结于“存在的被拘束性”(Seinsverbundenheit)这一知识社会学的一般命题,社会认识没有得到具有深度的说明。

基于以上的简要论述,本附文暂时将关于社会的各种论述,亦即关于社会的各种知识理解为“新知识”——知识的新形态:这种新知识不仅是指由传统的知识、思想与意识形态构成的整体,同时还意味着它呈现出与“真理”有着先验性分离的话语形态。这样的知识形态可以理解为一种内在于人类社会生活网络的属性。这种关于知识的重新界定并非笔者主观的重构;事实上,在西欧的社会思想与社会理论当中,我们可以区分出三种关于知识的重新界定,而下文对这三种知识的检讨则表明,“新知识社会学”首先将以“话语”为分析对象。

第一,作为叙事的知识。在福柯的早期理论,比如《知识考古学》出现之后,作为古典社会思想或社会理论中的“真理”的具体表现的知识,其从属于权力所支撑的“真理体制”的性格就得到了彻底的揭示。知识不得不独立于古典的“真理”观念。结果,知识被重构为语言的一种存在方式亦即话语的形态。如同“真理体制”这一说法表明的一样,知识在所有社会中都建构着关于真理的体制,因此,知识完全是一种“社会之物”。

如果说福柯强调的是近代以来知识观念的一般特征,那么,法国后结构主义思想家利奥塔(1924—1998)更关注的是知识的社会功能,其中“叙事”就是他所使用的一个比喻。利奥塔注意到欧洲经历了第二次世界大战以及战后重建结束后的1950年代末出现的社会变化,对欧洲社会进行了传统的知识社会学分析。他注意到“知识的商品化”与“社会的信息化”这两种新出现的社会性要素,断定表象现代社会的两种知识模式——社会学家帕森斯的功能主义与马克思主义——已然失去了有效性,因而指出“知识性质本身必然发生了变化”。[①] 这就是他将知识定义为“叙事”的主要依据。作为“叙事”的知识的含义可以简要概括如下。

作为所谓后现代主义认识论的集大成者,利奥塔所言的知识新形态无法完全还原于真理或作为真理表象的“科学”或“知识”。这种新知识中包含着各式各样的观念,比如“持身处世之道”等。重要的是,在这一情形中,“远远超越于依据真理这一唯一判断基准的决定或应用能力成为问题,这种能力获得了多样的判断基准,比如效率(对于技术的评价)、正义以及幸福(伦理的智慧)、有关音质与色调的美(听觉或视觉的感性)”。[②] 换言之,与传统的在“真理”层面讨论的知识不同,知识的新形态的判断基准发生了多样化,比如日常生活实践中的各种“术”或曰“策略”就是判别新知识的

---

① 利奥塔:《后现代的条件》(日译本),星云社,1986年。笔者在撰写本附文时,参考的是日文文献,这里只标示出日译本的相关信息。另外,为方便读者查阅利奥塔、福柯、曼海姆的相关著作,文献名均直接翻译为中文,不再用日文表示。

② 利奥塔:《后现代的条件》(日译本),星云社,1986年,第15页。

具体标准。借用社会学家韦伯的术语，我们可以将利奥塔的观点理解为知识的“世俗化”与“祛魅”。

要注意的是，上述利奥塔对于知识的扩大解释至少将知识的社会功能突出表现了出来。只要从日常实践的角度理解知识，那么与知识的本质相比，知识作为“社会之物”的形态与功能必然会受到人们的重视。这就是利奥塔将知识理解为“叙事”的理由。从真理的角度来说，知识确实遭到了降格，然而知识在维持社会生活中的角色则成了知识的本质特征。[①] 这种对知识重新解释的重要之处在于，由于知识与真理的关联遭到了切断，知识获得了建构并表象作为“社会之物”的“真理”的功能。换言之，知识只能以话语的形式存在，知识服务于人们的共同社会生活的维持，比如社会秩序的建构等。

第二，作为意识形态的知识。意识形态的古典概念是指党派性意见的表达，然而随着意识形态的中性化，作为意识形态载体的“知识”也变得中立化，获得了话语的形式。

众所周知，马克思主义意识形态论的主旨，就是通过坦言自身的意识形态立场来暴露对方立场的意识形态性格、亦即对对方利己的党派性的利益关心。这种战略取得了一定的社会效果。然而，马克思主义虽然解构了从来的资产阶级意识形态、亦即资产阶级的“真理”，强调了自己的意识形态的优越性，但在它指出对手意识形态的虚伪性的同时，自动产生了自身意识形态也等同于“虚伪意识”的形式认识。这可以说是将自己定位为“科学”的马克思主义自身具有的致命性的逻辑缺陷。[②]

与上述古典的意识形态概念相比，今天的意识形态概念具有更为广泛的内涵。在意识形态概念的转化过程中，法国思想家阿尔都塞的理论受到了人们的普遍注目。阿尔都塞通过两个命题对意识形态进行了扩大解释。(1)“意识形态表明了诸个人自己对现实的存在条件的想象关系。”(2)“意识形态具有物质性的存在基础。”[③]这里要注意的是，在第一个命题当中，意识形态作为人的行为方式，它在人的各种观念中所具有的“扭曲现实”的效果已经变成了一种次要的效果。事实上，阿尔都塞更为有名

---

① 根据利奥塔的看法，作为叙事的知识在主体的形成、正当化、语言游戏的复数性的承认、传播、社会关系的形成等方面发挥着作用，同时，这种知识还具有“麻痹的功能”、“判断基准的形成”、“各种能力的统合”、“社会控制”等功能。参见利奥塔：《后现代的条件》（日译本），星云社，1986 年，第 60—62 页。

② 当然，通过宣称自己的意识形态代表了“人民的利益”、其目的是“人类的解放”，可以说马克思主义借助多数者的道德对自己的意识形态进行了正当化。

③ Althusser, L., 1995, *Sur la reproduction : idéologie et appareils idéologiques d'État*（《论再生产》），日译本，平凡社，2005 年，第 252—262 页。

的说法、即意识形态具有“对作为主体的诸个人的召唤”功能表明，他所关注的乃是意识形态的社会功能，意识形态存在于社会的全体领域当中。正因为如此，他所言的“国家的各种意识形态装置”就构成了意识形态的物质基础，当然这种物质基础同时就是社会的物质基础。

这样，阿尔都塞不再区分意识形态的真伪性格，而是提出了意识形态具有的普遍社会性功能。这种操作的结果就是将意识形态概念进行了中性化，从而引发了意识形态概念的复兴。这里要强调的是，新的意识形态不再是从“真理—虚伪意识”这样的对立层面对社会思想进行衡量的工具，而是社会生活的具体构成性概念。这样，意识形态就从阶级性、党派性的立场中获得了自立与中立，它也就等同于社会生活中的各种知识。事实上，意识形态通常会积极地将自己表现为知识，以获得社会性的正当性。

第三，作为思想的知识。上述两种关于知识观念的变迁的描述，同样适合于思想。换言之，思想并不是“真理”的逻辑结果，它被看作是与叙事性的知识与意识形态扮演着同样的角色。

本来，思想只要从其与生产主体关系的角度加以理解，那么主体亦即被称为“思想家”的个体的影响力就获得了强调，思想因其具有的体系性的性格而对社会造成的影响通常会获得高度的评价。然而，反过来说，这意味着思想需要以认真阅读各种思想性的文本的读者的存在，亦即思想能获得社会性的接受为存在条件。而且，这种思想的社会性接受通常被认为是内在于真理的逻辑的力量。然而问题是，自从出现意识形态理论之后，思想与真理的关系遭到了切断，无法继续扮演从来的提供“宏大叙事”的角色，只能以语言的一种特定存在形态亦即话语的方式存在。在这种情况下，思想是由谁来言说的已经不再重要；思想转化为话语。

另一方面，由于思想转化为话语，那么作为论述某种社会事物的媒体，人们关注的与其说是思想的体系性与逻辑的一致性，莫若说是思想的生产、流通、消费等社会性的界面与过程。换言之，从话语的角度来看，思想由谁来言说，如何被建构为排除了逻辑上与心理上的矛盾的统一体系已经是次要的问题。与具有一定的体系性因而对社会的某一特定阶层具有影响力的“思想”观念不同，由于生产者与消费者的杂多性，可以说不具有“深度”的话语必然会通过各种杂志、报纸、各种书籍而渗透于民众的日常生活当中，因而渗透到更广阔的社会空间当中。结果，话语自身成为了典型的“社会之物”。在这个意义上，话语自身的成立历史就是历史社会学的典型对象。我将在后面具体论述这一问题，这里要强调的是，由于思想转换为话语，我们必须从“社会之物”的角度理解思想。

现在，我将总结一下上面的讨论。知识的新观念与从来在真理的平面上构想的、作为真理具体存在样式的“知识”发生了断裂，它必然作为与真理无逻辑关系的话语呈现出来。在这种将知识视为话语的新观念当中，知识的新形态可以理解为围绕“知识”、“思想”、“意识形态”而产生的语言总体，因此它一方面蕴含着三者间的紧张关系，另一方面更是作为“社会之物”而发挥着作用。无论怎样，由于知识转变为中立性的话语，其生产的机制则完全转化到“社会”的内部。

简言之，本附文的出发点就是，社会认识需要在上述新知识的角度加以理解；知识作为一种特定的“社会之物”，它获得语言的一种存在形式即话语。社会自身需要在知识的平面上加以认识与理解的同时，“知识”平面本身得到了重新的建构；“社会”的对象化与认识实质性地处于同一个认识平面之上。因此，作为社会认知的实证科学，上述对象化与认识的具体过程就是本文所言的知识社会学的实质对象。

三　话语分析与传统知识社会学的比较分析

如前所述，在社会学领域中，研究上述知识的方法可以举出两种，那就是新近流行的“话语分析”与传统的“知识社会学”。如有的学者注意到的一样，“话语分析”反映了所谓的“语言学的转向”(linguistic turn)或者“结构主义以来的认识论或社会学的课题”。[①] 至少这一点上，将话语分析等同于知识社会学的看法值得评价。然而，这种看法由于过于关注认识论的转换，在理解“社会”之际，出现了强烈的以既定的观念或逻辑去剪裁社会的弊端。同时，传统的知识社会学所依据的认识论，亦即以各种社会性实在为说明变量的实证主义的有效性遭到了轻视。因此，为建构知识社会学的新方法规则，我们必须首先对这两种方法进行批判性的重新检讨。下面，我将着手进行这一任务。

首先，来源于福柯的“话语分析”与创始于曼海姆的传统“知识社会学”分别是以何种“社会之物”的假定建构起来的？具体而言，这两种方法对社会或社会机制进行了怎样的假定之后，反过来着手进行“社会”分析的？本附文将从这一前提性的视点对这两种方法进行讨论。当然，下文我并非简单地对既存的研究方法进行重新讨论；

① 日本社会学家内田隆三较早地提出了以“话语分析”取代传统知识社会学的看法。参见内田隆三:《知の社会学のために——フーコーの方法を準拠にして》,《岩波講座　現代社会学 5　知の社会学/言語の社会学》,井上俊ほか・,岩波書店,1996 年。

在研究实践当中如何以这些方法为基础建构更为有效的社会研究方法、亦即社会认识的方法，这才是本附文的真正目的。

1. 作为方法的话语分析

什么是话语分析？这实际上是今日社会学中的一个难题，其理由之一就是存在着多数的社会观察者以及相应的立场。然而，如果要指出被称为话语分析的方法的最大公约数，那么它就是，该方法是以福柯持续探求、解释的"话语"概念为基础的。在福柯的解释当中，关于权力的各种话语、话语所具有的权力、话语与各种知识体系的关系、话语与真理等成为核心问题。本附文在以这种话语概念为基础进行论述的同时，也试图对其认识论上的难点进行分析。下面，我将以关于话语分析的方法论的文本为对象，具体分析两种话语分析：日本社会科学提倡的"话语的历史社会学"(Historical Sociology of Discourse)与欧美的社会科学中提倡的"批判的话语分析"(Critical Discourse Analysis)。[①]

这里要预先指出的是，在某种意义上，这两种方法都以福柯的话语理论为出发点，但前者更关心的是福柯理论所表征出来的认识论，其主要目的是重构作为社会研究与社会认识新方法的话语分析，尤其关注的是该方法的纯粹性。与此相对，后者更关注福柯理论的实践意义，积极吸收了各种后现代理论的概念装置，其主旨在于对当下的社会进行分析与批判。因此，如果简要地指出这两种方法的各自缺点，那就是，前者由于过于关注方法的纯粹性而导致了对社会现实的漠视，而后者则由于将对"社会"或"社会之物"的认识简单地理解为政治与意识形态的实践，话语概念失去了其独特的意义。

首先，什么是"话语的历史社会学"？实际上，当代日本社会学领域中各种关于话语分析的文本当中，"作为历史叙述方法的话语分析"或"意义论上的话语分析"经常得到关注。其特征是，由于比较忠实地依据福柯的话语理论，在认识论上更强调与传统的实证主义的区别。[②] 作为具体的方法实践，日本社会学家赤川学提倡的"话语的历史社会学"可以说是代表。

在日本社会学当中，话语分析首先被认为是新认识论的实践，因而在这种认识当中，出现了"话语分析—知识社会学"的对立构图。比如说，远藤知己认为，话语分析

---

① 要注意的是，在当下的中国社会科学研究实践当中，这两种话语分析的方法都尚未引起充分的重视。

② 参见佐藤俊樹、友枝敏雄・:《言説分析の可能性——社会学的方法の迷宮から》，東信堂，2006年。

的方法"本来起始于对特定主题形象的历史叙述并且终结于历史叙述","针对通常想定的社会学方法论的积极、沉默的反抗或紧张关系支撑着这种叙述"。[①] 值得注意的是,话语分析虽然是作为新的社会与历史叙述的方法而得到接受的,但是这种方法的新颖之处在于,它对通常的社会学与历史学理论的大前提进行了解体,那种大前提就是所谓的"社会实在论"以及"对纵览社会的全体性、社会全域的超越性视线"的假设。[②] 同样,社会学家佐藤俊树认为,话语分析的立场在于,它不预先确定意义的单位,从而与传统的知识社会学区别开来。这是因为,"虽然被称为实证的手续各式各样,但它们必然都具有与对象无关的外部。"[③]实证主义是以对外在与对象的事实的引证而成立的。换言之,只要关于文本的知识社会学以实证主义的认识论为根基,那么这种知识社会学就必须预先确定与对象无关的意义单位。反过来说,作为新方法的话语分析首先必须解除这种对"外部"的依赖性。

作为话语分析的实践方法,远藤知己根据福柯的方法论提出了两个操作要件。第一,研究者要回避对生产话语空间的实体进行指定,而是要叙述"话语空间或者话语的集合体"与话语空间内生成的话语事件;第二,描绘话语空间的生成与变异。[④] 与这种看法相关,赤川学将话语分析视为社会学的历史叙述方法,其做法就是"从遗留在眼前的话语痕迹中对过去的话语空间的全体进行复原(=重新构成),注意其空间的配置与时间的变迁"。[⑤] 因此,"话语的历史社会学"就是重新复原话语空间的方法;话语分析"将特定的话语在某时空中的特定分布形式与变迁当作'社会事实',对其分布与变迁的性质进行叙述、说明的方法"。[⑥]

根据以上的概述,由"话语分析"、"话语空间"、"话语的历史社会学"所表述的方法就是对福柯话语理论进行具体化的尝试。问题在于,上述话语分析试图建构社会认识新方法的意图虽然可以理解,但由于这种尝试继承了福柯的认识论,它必然与传统的以实证主义为基础的知识社会学发生冲突。结果,话语分析不得不与传统的知

---

① 遠藤知己:《言説分析とその困難(改訂版)——全体性/全域性の現在的位相をめぐって——》,《言説分析の可能性——社会学的方法の迷宮から》,第29页。

② 同上书,第55页。

③ 佐藤俊樹:《閾のありか——言説分析と"実証性"——》,《言説分析の可能性——社会学的方法の迷宮から》,第11页。

④ 遠藤知己:《言説分析とその困難(改訂版)——全體性/全域性の現在的位相をめぐって——》,第45—46页。

⑤ 赤川学:《言説の歴史社会学・序説》,《日本社会学史評論》,2004年,第27号,第7页。

⑥ 赤川学:《言説の歴史を書く——言説の歴史社会学の作法——》,《〈社会への知〉/経験知の現在》,盛山和夫ほか編,勁草書房,2005年,第126—132页。

识社会学进行论辩，这种方法的难点也随之呈现了出来。[①] 这种难点恰恰表现在它对传统知识社会学所预设的外在于知识的各种要素上。实际上，如同赤川学承认的一样，“话语的历史社会学”并无法完全排除对宏观的社会结构与利益关系的指涉。

如果仔细分析“话语不具有外部”这一说法，那么我们首先会注意到如何区分话语的“内部”要素与“外部”要素的问题，而这种区分在原理上是极其困难的。如果话语不具有外部，那么话语就成为了总体性的“社会”本身。——这种表述显然取消了话语概念的实质意义。注意到这一点，我们就会明白“社会建构主义”所宣称的非本质主义的战略的意义。[②] 比如说，在上述“话语的历史社会学”当中，研究者“必须注意到，各种各样的话语在形成某种配置或分布的同时，它还作为规制人们的活动或认识或相互作用的（大概是历史的）条件发挥着作用”。[③] 这就意味着，话语分析首先要细致地描绘话语的社会建构作用，而且应该将话语看作是涂尔干意义上的“社会事实”。这样，这种话语分析暂且避开了传统的知识社会学所预设的社会实在与认识之间的关联，保证了话语分析作为新的社会分析可能具有的意义。

这里我注意到的是，由于在原理上话语分析的认识论与传统知识社会学的认识论相互对立，因此，“话语的历史社会学”乃是作为这种对立的现实的调停方式而出现的。一般来说，在今日的社会学当中，人们无法彻底排除知识社会学或实证主义的认识论，因此社会研究的方法必然要涉及对象外部的要素、亦即社会性的要素。这样说来，问题并不在于强调话语与外部社会的关系如何，而是如何理解与话语相对的非话语性质的社会要素。

在这一点上，日本历史社会学家佐藤健二所提倡的“作为面对资料”的“历史社会学”具有启发性。佐藤指出，在历史社会学形成的资料空间中，这种“资料空间中期待的做法、亦即对作为表象的‘文书’进行具有足够密度的解读，同时对作为解读框架的作为关系总体的‘社会’进行明确的建构，实际上不仅是历史社会学者而是所有社会学者的共同课题”。[④] 如果将作为资料空间的话语空间的解读理解为作为文本复合

---

① 比如说，这种话语分析必然要继承内在于话语概念的结构主义的难题。这里要指出的是，福柯所做的历史—哲学研究实质上是接受了尼采的哲学主张，即历史无法提供中立的客观性。可以说福柯的话语概念就是尼采主义认识论在社会学与历史学研究领域的应用。参见福柯：《尼采·谱系学·历史》，《米歇尔·福柯思考集成Ⅲ》（日译本），筑摩書房，1999年。

② 日本社会学家中河申俊注意到了社会建构主义方法论与话语分析方法的共同之处。参见中河伸俊：《構築主義と言説分析》，《言説分析の可能性——社会学的方法の迷宮から》，2006年。

③ 赤川学：《言説の歴史社会学·序説》，《日本社会学史評論》，2004年，第27号，第8页。

④ 佐藤健二：《歴史社会学の作法——戦後社会科学批判》，岩波書店，2001年，第39页。

体的社会的解读，那么，只要还不放弃解读自身的意义——作为社会认识的意义——历史社会学就必须明确指出自己在作为“关系的总体”的社会中的位置。事实上，方法本身就意味着对于“社会”的某种特定理解方式，而不是简单的操作程序。

基于上述论述，“话语的历史社会学”着眼于话语空间固有的力学，试图描绘话语空间的变迁过程与机制，因此它最大限度地发挥了福柯理论的认识论。不过，正是由于福柯的认识论被转换到了社会学研究的平面上，即转换到历史社会学的平面上，话语分析才可能成为有效的社会分析的工具。当然，上述“转换”在认识论上有得有失，如果没有注意到这一点，那么话语分析就失去了其固有的意义。这种危险性在我们接下来讨论的“批判的话语分析”中突出地呈现了出来。

实际上，在欧美的社会理论中流行的“批判的话语分析”由于没有充分注意福柯话语理论的固有含义，结果将话语分析降格为一般的意识形态分析。相反，如上所述，日本社会科学版的话语分析关注的是话语与话语外的社会实在之间的关系，这也就是福柯自己提出的问题。然而问题是，福柯虽然承认话语的形成、亦即话语的编制在相当大的程度上具有自律性，他同时也非常关注某种特定的话语与话语外部存在的各种社会实践的具体关联方式。[①] 欧美的“批判的话语分析”所关注的正是这种具体的关联。

概括地说，批判的话语分析关注的是如何在实践中具体应用福柯的话语理论。这种方法虽然关注多种社会与政治实践，同时应用了许多理论装置，但这并不意味着它不具有一贯的主张与特色。比如，被认为是批判的话语分析方法论的旗手的费克劳(N. Fairclough)提出了“话语事件”的概念，试图从三个层面具体理解话语与话语分析的概念。[②] 在他看来，由于“话语事件”同时是一个文本、一个话语事件的具体事例、一个社会实践的实例，那么话语分析就必须从这三个角度进行。那就是，第一，对文本进行语言学的分析；第二，对文本生产与解释过程的实际状态进行分析；第三，进行社会分析，即对话语事件的制度环境、组织环境以及话语的建构效果进行分析。其中，文本分析虽然相当于话语分析的核心作业，然而这种分析并不是话语分析本身，因为在费克劳看来，话语是与社会生活的各种要素有着密切关系的一种要素。因此，话语外部的各种社会实在，比如“统治”、“意识形态”、“全球化”等就获得了相对自律的说明变量的地位。

批判的话语分析的另一位代表人物范·戴克(T. A. van Dijk)通过具体分析话语分析背后的社会理论，试图将话语分析与更广泛的社会理论、社会思想结合起来。

---

① 关于这一点的相关论述，请参见福柯：《临床医学的诞生》(日译本)，美玲书房，1969年。

② Fairclough, *Discourse and Social Change*, Polity Press, 1992, p. 4。

比如，他具体以马克思主义、新马克思主义、阿尔都塞与福柯的理论、文化研究、女性主义研究等为中心，试图为话语分析奠定基础，其中他尤其关注的是统治的样式。根据他的看法，统治就是"精英、制度或者集团对社会权力的使用，它形成了社会不平等"；这种不平等包括政治、文化、阶级、族群上的不平等。[1] 因此，批判的话语分析的目标就是，通过使用上述理论框架，详细分析话语在统治的再生产或对统治的挑战中的作用。显然，在这种分析方法当中，话语在与统治发生相互作用的层面上的功能成为实质性的分析对象。

上面简要介绍了批判的话语分析的研究纲领。简言之，该方法积极地将话语与社会实践的相互作用路径进行了问题化，通过这种新设定的路径对社会事件进行批判性的解读。因此，该方法与指向纯然的社会与历史叙述方法的话语分析不同，它以广泛的社会实践与政治实践作为自己的目标。同样，就该研究纲领所预设的社会原理而言，由于由话语编织而成的各种文本是政治、经济以及社会实践的结果，那么反过来说，话语实践就是意识形态发挥功能、进行自我再生产的最重要手段。如果说"话语的历史社会学"是一种社会认识的方法，那么"批判的话语分析"则通过强调批判取向而试图介入现实的政治与社会过程。在这个意义上，"批判的话语分析"与其说是研究方法，莫若说是话语分析方法在社会与政治实践领域的具体应用。因此，如何确保这种研究实践不会转变成传统的意识形态分析，这就成了"批判的话语分析"是否成立的关键。

2. 作为方法的知识社会学

首先要重复指出的是，这里所言的"知识社会学"是传统的知识社会学，它关注的是知识与其社会基础之间的关系。与此相对，上面讨论的"话语分析"处理的是围绕某个社会事象而生成的语言集合体，而且分析的平面并非是传统的"知识"与"真理"，而是形成知识与思想的话语实践的平面；这种话语实践强调话语自身的空间分布、排列与相互作用，因此，至少在形式上，知识社会学所关注的各种社会实在并不是话语分析用以解释社会事象的说明变量。

然而如我将在下文讨论的一样，如果仔细思考传统知识社会学的研究纲领，我们会发现它并不完全忽视"思想"或"知识"的内部展开。因此，真正的问题在于，究竟出

[1] Van Dijk, "Principles of Critical Discourse Analysis", in *Discourse & Society*, Vol. 4, No. 2, 1993, pp. 248 - 251.

于怎样的"社会认识",以至于知识社会学尤其关注知识或思想的"社会基础"自身?为了揭示这一问题,我们首先采用迂回的方式,看一看知识社会学与话语分析都视为方法论的对手的"思想史"(history of idea)研究方法。

如同人们经常注意到的一样,福柯在《知识考古学》中将批判的矛头对准了思想史、亦即诸观念的历史。其中,思想与"社会之物"的简单关联遭到了严厉的质疑。福柯认为考古学与思想史之间至少有四点的不同。第一,思想史探求的是作为纪录的话语中所隐藏或表现的思考与表象,而考古学则处理"话语自身、亦即作为遵从各种规则的实践的话语";第二,思想史试图描绘观念的连续性,而考古学则仅仅关注话语各种规则的自律性;第三,思想史关注作品背后的"个人与社会"的相互作用关系,而考古学则放弃了"作为创造性的主体的裁决";第四,考古学者并不像思想史那样关注思考、意志、欲望等,而是以话语亦即关于对象的体系性的叙述本身为焦点。[①] 这样看来,"知识考古学"似乎克服了思想史研究的缺陷,从而作为研究实践的话语分析同样克服了思想史研究的问题点。事实上,如果"考古学"意味着对于知识的地质结构进行探讨,那么它自然不会关注地质结构中的人的活动痕迹。话语分析与思想史发生了尖锐的对立。

然而,问题并非如此简单。"知识考古学"因为以非历史、非主体的可以说是无色透明的"话语"——亦即作为形式的语言本身——为基础,因此它必然会轻视"语言"自身所具有的社会属性。结果,从曼海姆的角度来看,福柯所主张的话语概念可以称为是一种"话语的形而上学"。[②] 为将这种话语分析的问题进一步挑明,下面我们要讨论知识社会学是怎样处理"思想"问题的。

本附文在前面已经有所涉及,"思想"通常可以认为是人们关于人的存在以及与作为人的存在环境的社会、历史相关的一些重要问题的思考结果,它通常反映在语言与物质生产实践当中。另外,与更为广泛的概念、比如"思潮"相比,可以认为"思想"是具有一定秩序性与安定性的语言的集合体。

在社会学传统中,无论怎样看待"思想"的定义,思想都一直被认为是知识社会学的对象。比如社会学家默顿(R. Merton)指出,"知识"这一说法具有极其广泛的意义,"从一般民众的信念到实证科学,它可以指所有类型的观念与思考样式"。这样,

---

① 福柯:《知识考古学》(日译本),河出书房新社,1981 年,第 210—213 页。

② 曼海姆从思考以及知识的自我相对化的角度出发,认为实证主义自身就是一种形而上学。参见曼海姆:《知识社会学问题》,《曼海姆全集 2 知识社会学》(日译本),潮出版社,1975 年,第 19 页。与知识社会学的这种冷静的自我认识相比,可以说"话语分析"无意识地制造了"话语的形而上学"。

“只要认为思想不是内在决定的，而且思想的各种认识侧面可以从认识的外部推导出来，那么它就具有存在性的根基。——这正是所有知识社会学研究方法中意见一致的中心点”。[①] 在这种认识当中，思想无法严格地与知识区分开来。

这里要注意的是，默顿认为思想除了内部展开的特点之外，思想史研究与知识社会学研究方法是一致的。反过来说，知识社会学中所一般设想的“思想史研究”并不特别关注外在于思想的社会实在。在这个意义上，思想史研究方法甚至与福柯提出的话语分析具有了共性。同样，我们可以说，传统的知识社会学并非没有考虑到后来话语分析所特别关注的问题，尽管这种考虑体现在它对“思想史研究”的见解当中。那么，为什么与思想的内在要素相比，知识社会学尤其重视社会实在的作用？为探讨这一问题，我们有必要重新回到曼海姆的知识社会学构想本身。

与后来的默顿不同，曼海姆尤其关注知识社会学与既存的观念史、亦即思想史的区别。在曼海姆看来，思想史研究乃是探究思想的内在逻辑变化的方法，而这种方法并不是自足的。曼海姆指出，思想史研究必须解释清楚使得思想得以出现的体系，而这种任务只有在分析清楚动态的、交替变化的体系中心的历史结构之后才能完成。然而问题在于，传统思想史所建立的说明变量乃是“一个民族全体的统一”或“一个统一的时期”，这些都是尚未分化的整体性概念，因而思想史研究的结果必然是暧昧的。这样，曼海姆就断言说，思想史研究尚未到达知识社会学的研究水准，因此“系统性的观念史研究的准备如果要成为知识社会学的研究，那么它就必须将其与精神的各种立场或者各种的‘思考样式’背后的、由历史以及社会决定的各种实在建立关联”。[②] 曼海姆在这里强调的是，历史的、社会的实在并非是一个可以由诸如“民族”或“时代”等可以涵盖的均质之物，而是社会学自身的分析对象。简言之，曼海姆的知识社会学可以理解为思想史研究方法与社会学研究方法的组合。

值得注意的是，对知识或思想进行内在的逻辑说明与解释的方法，其实内在于曼海姆的知识社会学本身当中。另外，曼海姆设想的社会实在并不是保证知识或思想具有“真理性”的要素，而仅仅是对知识或思想进行相对化的外部要素。在这个意义上，话语分析甚至是对于已然被知识社会学研究方法吸收的思想史研究的回归。当然，话语分析的提倡者或许会反驳说，话语分析对思想所暗含的“真理性”或“主体性”等概念进行了解体，因而高于思想史研究方法。显然，这种表述清晰地表明了话语分析的长处。然而，如果我们考察已然具有一定的安定形态的思想、知识与意识形态，

---

① 默顿：《社会理论与社会结构》（日译本），美玲书房，1961 年，第 416—421 页。

② 曼海姆：《知识社会学问题》，《曼海姆全集 2 知识社会学》（日译本），潮出版社，1975 年，第 88—90 页。

那么，它们所具有的社会性的“真理”必然成为解释的对象，而这种解释反过来要依靠社会学所强调的各种方法。①

另外，话语分析的提倡者也可以反驳说，知识社会学中所设想的社会实在仅仅是话语的建构之物，因而话语是真正的“实在”。然而，这一论证是在最终意义上的论证，在解释基于人们的共同生活基础之上的政治、经济、文化的具体现象之时，这种论证缺乏相应的说服力。总之，如果将“社会”或“社会之物”理解为经验的、现实的人们的共同生活，传统的知识社会学所设定的研究纲领依然具有现实的有效性。

四 知识社会学方法的新规则

依据上面的讨论，本附文所提出的“知识社会学方法的新规则”并不是以最新流行的“话语分析”为基础的方法，尽管它将吸收这一方法的长处；毋宁说它将以传统的知识社会学为基础。不过，这一主张的前提是，我们必须克服传统知识社会学的局限性、亦即认为“社会实在”是不证自明的说明变量，而克服的方法就是将对“社会”的反思彻底化：“社会”或任何意义上的“社会之物”必须从作为人们共同生活的“相互关系”的角度加以理解。简要地说，知识社会学的新方法是融合“话语分析”与“传统知识社会学”的方法；在本文看来，二者是相互补充的而非相互对立的关系。尤其是话语分析注意到语言集合体内部秩序的形成机制，可以说这一视角开拓了社会认识的新领域，因而知识社会学获得了新的方法。

那么，在研究实践中我们如何具体进行操作？下面我将从三个方面勾勒这一新规则的要点。

第一，基于作为关系性的总体的社会，将对知识“社会学”方法的自觉进行彻底化。我在上面讨论的话语分析与传统知识社会学尽管不是全面的，但有一点已然明确无疑：那就是，如果没有对人们的共同生活以及其中的各种关系进行彻底反思，那么，无论是社会的总体性格还是各个社会之物的个别性格，都将无法得到恰当的理解。换言之，在我们理解具体的社会现象之际，如果没有深入到作为关系总体的社会当中去，如果没有将个别的社会现象完全置于这种关系中去，那么，所谓的“存在的被拘束性”就会强烈地表现出来，社会认识也就退化为社会分析者所持立场的自我表白。

---

① 在这个意义上，“话语分析”关注的是“语言”这一思考实践的基础结构，而“知识社会学”关注的则是思考实践的具体结果。

比如，在上面提到的“话语分析”当中，话语的自律性得到了过度的强调，作为“社会之物”的话语本身的形成基础，亦即作为关系性的社会自身遭到了漠视。与此相对，传统的知识社会学虽然内含关系性这一视点，然而由于它对“社会实在”的自律性缺乏反思，结果它对各个“社会之物”只能提供一种过于简单的因果决定关系的说明。为克服这种表面的认识，我们有必要将有关“社会”的关系性格认识贯穿社会研究实践的始终，从而得到深化的社会认识。要注意的是，话语分析方法并非没有注意到这里所言的社会关系；其问题在于，它对社会关系的理解并非是彻底的。

在我们讨论过的“话语分析”方法当中，知识被认为是话语的内部编制规则，其中“权力”必然成为焦点。就此而论，由于将“权力分析”内置于话语分析当中，话语分析获得了相应的社会现实性。问题在于，在以福柯的话语理论为基础的话语分析当中，权力自身的历史被局限于话语的内部。其中的问题点不仅仅在于权力容易被理解为话语的一种效果，其问题还在于，话语可能具有的社会性被还原为权力自身的社会性，换言之，权力被视为社会存在的基础。

事实上，如同日本社会学家盛山和夫曾经指出的一样，权力从根本意义上说乃是指“一种社会机制”，因而是一种“需要加以说明的现象”。[①] 从这一意义上说，以权力为说明各种社会之物的成因，那将陷入同义反复的循环论证。因此，从本文所强调的关系的彻底化的视点来说，作为内在于话语分析的福柯的权力概念具有如下的认识论缺陷。[②] 为了避免将权力加以实体化，福柯在社会构成体的水准上，比如在主体的平面上将权力理解为流动性的关系，这种努力显然是有其意义的。然而其代价却是，社会被还原为权力关系，从而被视为权力的说明变量而遭到了实体化。简言之，话语分析因突出了权力分析，知识所具有的普遍的政治性格得到了特别关注，在这一点上，它显然超过了传统知识社会学的说明关系，因而值得评价。不过，该方法渗透出来的权力一元论的性格所带来的认识论上的弊端也是明显的。

与此相对，从作为关系的总体的社会的角度来看，我们比较容易确定传统知识社会学的有效性。在曼海姆看来，为了将思想加以相对化，并没有对思想一一加以否定的必要；相反，这种相对化需要指出，“这些思想作为一个体系的各个部分，它们全体进一步构成为作为总体性世界观的一部分”。[③] 从总体性的角度理解各个思想的相

---

① 盛山和夫：《権力》，東京大学出版会，2000年，第185—186页。

② 参见福柯：《主体与权力》，《米歇尔·福柯：超越结构主义与解释学》（日译本），德雷法斯、拉宾诺著，筑摩書房，1996年。

③ 曼海姆：《知识社会学问题》，《曼海姆全集2知识社会学》（日译本），潮出版社，1975年，第22页。

对性，这一视点现在虽然常遭到漠视，然而它却是知识社会学的大前提；忽略了这一点，知识社会学的意义就将局限为繁琐的考证工作的意义。话语分析之所以获得广泛的关注，原因之一就在于它对知识社会学的大前提进行了颠覆性的批判与质疑。

第二，对知识与知识生产者的关系加以彻底的反思。如上所述，在知识社会学的新方法当中，我们必须克服对于“社会实在”的传统认识，因为就社会认识而言，社会实在自身是有待说明的对象。同样，对于话语分析有意放弃“主体”的积极作用的视点，我们也必须清楚其局限所在。

众所周知，现代结构主义的战斗口号就是“主体之死”。在结构主义当中，被书写的文本或被讲述的语言已经不再是完全的主体意识的表达，毋宁说是各种制度的结构原理所决定的。这种结构主义的语言观念的突出表达是“话语之外别无他物”、“话语使得诸事物得以存在”等说法。因此，前面提到的“社会建构主义”也可以理解为这种话语观念之下形成的研究纲领。在结构主义的认识论当中，社会世界自身仅仅是建构之物，主体与真理也仅仅是实践活动的结果。然而，问题并非就此终结。

事实上，揭示了权力/知识/真理三者复合结构的福柯话语理论并没有终结于“知识考古学”的分析，因而也并未终结于话语分析。毋宁说，福柯之所以针对社会现实问题进行发言与表达，正是因为他对权力/知识/真理三者的认识，这一点体现在他对知识分子的论述上。福柯指出，“知识分子的作用在于，……在作为权力目标的同时亦是权力工具的场所，换言之，在‘知识’、‘真理’、‘意识’、‘话语’领域中与权力的所有形态进行斗争”。[①] 因此，从社会分析的角度来说，福柯的话语分析并不排斥对“知识分子”这一社会实在的分析。知识社会学的新方法必须关注知识生产的主体，亦即知识分子这一独特的群体。

那么，我们将如何理解上述结构主义所提出的主体观念？我们有必要重新返回到结构主义自身的论述当中。实际上，结构主义对“主体”建构性格的论述显然是一种新的认识论，“建构”这一行为在相当大的程度上排除了“主体”与“真理”的角色。然而不应忘记的是，“建构”行为本身并非游离于各种社会实践本身，因而“建构”自身并无法保证结构主义自身的逻辑前提的有效性。

比如，前面提到的“批判的话语分析”的提倡者费克劳有意重新使用实在论—观念论这样一种二分法，认为建构主义者更倾向于观念论的方向，因此，在他看来实在论者可能对建构主义者进行如下的批判：“社会世界的各个侧面、比如说社会的诸制

---

① 福柯：《知识分子与权力》，《米歇尔·福柯思考集成Ⅳ》（日译本），筑摩書房，1999年，第259页。

度从根本上说尽管是社会性建构而成的，然而它们一旦得到建构，就会变成对社会世界的文本性的（或者‘话语性的’）建构产生影响或制约的各种实在。”[①]换言之，即使假定“主体”或“真理”是由话语建构而成的，这种“主体”或“真理”在一定的社会历史条件当中，将获得相应的实在性(reality)。因此，即便是从这种所谓战略的实在论的角度来看，新的知识社会学也必须关注主体的作用。

这里要注意的是，上面提到的知识生产的主体、亦即知识分子已经不再是传统知识社会学所假定的作为语言生产者的封闭“主体”。毋宁说，“知识分子”作为一个范畴已然处于话语的建构机制之下，因而也可以理解为话语实践的一种效果。有趣的是，在这个意义上，我们甚至已经不能坚持说话语分析不关注主体，因为只要我们使用了“话语”这一概念自身，“主体”就自动地回收到话语这一“社会之物”当中，成为内在于话语秩序的一种要素。总之，知识社会学的新方法需要以这种新的知识生产主体观念为前提展开研究。

另外，不同于传统知识社会学对作为社会实在的“主体”的假定，当社会研究者考虑到话语对主体的建构效果之时，这种主体失去了个别的性格，亦即可以通过其他社会实在比如阶级加以说明的性格；毋宁说，匿名性成为这种新主体观念的主要特征，因为这种主体是在作为语言存在形态的话语中建构而成的。显然，这种主体的匿名性并不意味着话语分析所主张的那种保证方法纯粹性的无主体性，也不意味着传统知识社会学假定的自律主体的自明性。这种知识分子接近曼海姆提出的字面意义上的“自由浮动的知识分子”的形象；不同之处在于，无论是“知识分子”范畴自身还是“自由”的观念，都必须从关系的角度加以重新的刻画与理解。

第三，在前两点方法论的自觉与实践的基础之上，知识社会学的新方法要求建构话语空间并对这一对象进行分析。如前所述，新的知识社会学是由于应对话语分析这一方法的冲击而形成的，它要求从话语内部秩序的角度对知识进行新的理解与分析。如本文讨论的一样，这种理解与分析并不排除对各种社会实践的指涉。就此而言，话语空间就是各种社会实践与话语相互作用的场所。

如果进一步详细规定，本附文所设定的话语空间(discursive space)概念可以表述如下：在一个具体社会当中，在围绕某一社会事象而出现的语言与论述当中存在着特定的政治机制，从宏观的社会变迁到微观的个体的日常社会生活都在某种程度上受到该种语言与论述的制约，那么这种语言与论述发生作用的场所就可以称为话语

---

① Fairclough, *Analysing Discourse: Textual analysis for social research*, Routeldge, 2003, p. 8.

空间。这样规定的话语空间既不同于游离于现实的话语分析所强调的资料集合体，也不同于意识形态斗争直接得以展开的具体领域；相反，话语空间的建构与分析必然会带来对资料集合体等的社会性格的深入理解。

五 结语：知识社会学方法的社会认识

最后，让我总结一下本附文的讨论。本附文通过对传统知识社会学与新近出现的话语分析的讨论，试图重新建构基于“知识”视点的社会认识方案，那就是本附文所言的“知识社会学方法的新规则”。当然，方法内在于对象本身，单纯的方法论并不能提供方法自身的正当性。就此而论，本附文试图提出的方法新规则的有效性还需要进一步在具体的社会分析中加以说明。不过，这种具体事例分析已然超出了本附文设定的范围，这里暂且存而不论。

这里要强调指出的是，在日本以及欧美社会科学领域中已然形成流派的话语分析并不如提倡者所言的那样具有革命性格；在本附文的讨论中，毋宁说话语分析的出现彰显并弥补了传统知识社会学的社会认识的局限性，因为在话语分析当中，作为话语的语言自身不再被视为与社会无关的、无色透明的概念工具，语言就是社会机制的生产与再生产的具体场所或曰场域。从社会学的社会认识的角度来说，传统知识社会学与新近的话语分析并非对立，而是一种相互补充的关系。

当然，从本附文提到的社会认识容易陷入的循环说明结构这一难题来讲，上面建构的知识社会学方法的新规则自身也是以特定的社会认识为基础的。尽管如此，这种新规则依旧具有积极的意义，这是因为，它不但对知识社会学的新旧两种方法的社会认识进行了讨论，而且还将自己的社会认识置于作为关系的总体的社会当中。就此而论，本附文所言的“知识社会学方法的新规则”的有效性至少获得了社会学自身的社会探究历史的支持。当然，这一新规则的最终必须以质疑现存的对作为关系总体的社会的认识为旨归；知识社会学方法的新规则的成败最终取决于社会学是否能贯彻自己最初的意识。

附录［2］

韦伯研究年谱

一　中国韦伯研究年谱（1980—2009）

凡例：

1. “韦伯著作翻译”作品前面的名字为译者，“韦伯研究文献翻译”括号内为著者名字；

2. “韦伯研究著作”包括部分韦伯研究章节的作品；

3. 台湾学者在大陆出版的韦伯翻译与相关研究著作，以“※”表示；

4. 本表不包括研究论文；研究论文情况请参见下面的“附表”。

年份	韦伯著作翻译	韦伯研究文献翻译	韦伯研究著作
1981	■ 姚曾廙：《经济通史》		
1986	■ 黄晓京、彭强等：《新教伦理与资本主义精神》		
1987	■ 于晓、陈维纲等：《新教伦理与资本主义精神》	■ 刘东、谢维和：《马克斯·韦伯》（弗兰克·帕金）	
1988	■ 黄宪起、张晓琳：《文明的历史脚步：韦伯文集》	■ 王容芬：《马克斯·韦伯》（汉斯·诺贝特·菲根）	■ 苏国勋：《理性化及其限制：韦伯思想引论》

续 表

年份	韦伯著作翻译	韦伯研究文献翻译	韦伯研究著作
1988	■ 王容芬:《学术生涯与政治生涯——对大学生的两篇讲演》	■ 赵立航:《世界热潮的中心人物——韦伯》(唐·麦克雷) ■ 王玖兴等:《理性的毁灭》(卢卡奇) ■ 张峰:《单向度的人》(马尔库塞)	
1989		■ 徐鸿宾等:《马克斯·韦伯与现代政治理论》(比瑟姆) ■ 孙乃修:《韦伯》(D. G. 麦克雷) ■ 顾海良等:《现代资本主义理论:对马克思、韦伯、熊彼特、哈耶克的比较研究》(Tom Bottormore) ■ 李小兵等:《现代文明与人的困境》(马尔库塞) ■ 张博树:《交往与社会进化》(哈贝马斯)	
1992	■ 朱红文:《社会科学方法论》	■ 孙传钊:《神话与理性:19 世纪末 20 世纪初欧洲的知识界》(上山安敏)	■ 冯钢:《非西方社会发展理论与马克思》
1994		■ 洪佩郁等:《交往行动理论》(哈贝马斯)	
1995	■ 王容芬:《儒教与道教》 ■ 洪天富:《儒教与道教》		
1997	■ 林荣远:《经济与社会》 ■ 甘阳编译:《民族国家与经济政策》 ■ 郑乐平编译:《经济·社会·宗教:马克斯·韦伯文选》		
1998	■ 李强:《经济、诸社会领域及权力(1—5 章):韦伯文选》(第 2 卷) ■ 冯克利:《学术与政治:韦伯的两篇演说》 ■ 张乃根:《论经济与社会中的法律》		■ 刘小枫:《现代性社会理论绪论》

续　表

年份	韦伯著作翻译	韦伯研究文献翻译	韦伯研究著作
1999	■ 田薇、李秋零:《社会科学方法论》 ■ 杨富斌:《社会科学方法论》	■ 郭锋:《马克斯·韦伯的生平、著述及影响》(迪尔克·克斯勒) ■ 刘建军:《马克斯·韦伯》(汉·诺·福根)	■ 冯钢:《马克斯·韦伯:文明与精神》 ■ 刘宗坤:《诸神时代的智者:马克斯·韦伯》 ■ 王威海编:《韦伯:摆脱现代社会两难困境》
2000	■ 韩水法编:《韦伯文集》		
2001			■ 李猛编:《韦伯:法律与价值》
2002	■ 陈平:《新教伦理与资本主义精神》 ■ 韩水法:《社会科学方法论》	■ 阎克文:《马克斯·韦伯传》(Marianne) ■ 刘北城:《马克斯·韦伯思想肖像》(本尼克斯)	■ 林端:《儒家伦理与法律文化:社会学观点的探索》※
2003	■ 王容芬·陈维纲:《入世修行:马克斯·韦伯脱魔世界理性集》	■ 彭刚:《自然权利与历史》(施特劳斯) ■ 张明德等:《社会行动的结构》(帕森斯)	■ 魏峰:《韦伯传》 ■ 黄小勇:《现代化进程中的官僚制:韦伯官僚制理论研究》
2004	■《韦伯作品集》(全12集)(2004—2007)※	■ 顾忠华:《理性化与官僚化》(施路赫特)※	■ 顾忠华:《韦伯学说》※
2005	■ 胡景北:《社会学的基本概念》	■ 葛智强等:《社会学主要思潮》(阿隆)	■ 顾中华:《韦伯〈新教伦理与资本主义精神〉导读》※
2006	■ 孙传钊:《韦伯论大学》		■ 郑戈:《法律与现代人的命运:马克斯·韦伯法律思想研究导论》 ■ 陈向澜:《理性与管理:论韦伯的管理哲学及其影响》
2007	■ 胡长明:《世界经济史纲》 ■ 杭聪:《经典通读第2辑:经济与社会》 ■ 张登泰、张恩富编译:《儒教与道教》 ■ 龙婧:《新教伦理与资本主义精神》 ■ 李修建、张云江:《新教伦理与资本主义精神》	■ 何蓉:《马克斯·韦伯与经济社会学思想》(斯威德伯格) ■ 郭忠华、潘华凌:《资本主义与现代社会理论:对马克思、涂尔干和韦伯著作的分析》(吉登斯)	■ 郭大水:《社会学的三种经典研究模式概论:涂尔干、韦伯、托马斯的社会学方》

续 表

年份	韦伯著作翻译	韦伯研究文献翻译	韦伯研究著作
2008	■ 王容芬:《伦理之业(最新修订译本):马克斯·韦伯的两篇哲学演讲》		
2009	■ 阎克文:《韦伯政治著作选》 ■ 李荣山:《罗雪尔与尼克斯:历史经济学的逻辑问题》	■ 朴玉等:《官僚制社会学》(佐藤庆幸)	■ 何蓉:《经济学与社会学:马克斯·韦伯与社会科学基本问题》

附表:CNKI 中国期刊刊登韦伯研究论文数量统计(1980—2009)

凡例:

1. 检索主题词为“韦伯”;
2. 同一篇文章分期出版的情形,统计时记为一篇;
3. 极少量国外学者的韦伯论的翻译,亦计入统计。

年份	1980	1981	1982	1983	1984	1985	1986	1987	1988	1989
数量	1	0	2	0	0	1	7	11	15	11

年份	1990	1991	1992	1993	1994	1995	1996	1997	1998	1999
数量	7	8	7	4	12	13	10	10	13	23

年份	2000	2001	2002	2003	2004	2005	2006	2007	2008	2009
数量	17	19	31	37	48	41	80	84	83	68

二 日本韦伯研究年谱(1905—2009)

凡例:

1. 本年谱 1905—1998 年部分系根据桥本直人编辑的《日本马克斯·韦伯研究史略年谱》(收录于《マックス・ウェーバーの新世紀:变容する日本社会と認識の転回》)编译而成;编译过程中,笔者参照其他文献对若干错误进行了订正。

2. 本年谱 1999—2009 年部分,系笔者自身收集、编撰而成。

年份	韦伯著作的翻译及译者	韦伯研究文献(著作)
1905		■ 福田德三:“德国社会政策学会总会”《国家学会杂志》19 卷 12 号
1910		■ 河田嗣郎:《资本主义的精神》
1925	■ 鬼头仁三郎:《限界效用学说与精神物理学的法则》(论文)	
1927	■ 黑正严:《社会经济史原论》	
1928		■ 本位田祥男:《资本主义精神》
1929		■ 新明正道:《德国社会学》
1930	■ 坂田太郎:《社会学方法的原理》 ■ 山根银二:《音乐社会学》	
1931		■ 吾妻东:《基督教与资本主义》
1932		■ 三木清:《社会科学概论》 ■ 原严:《基督教社会经济伦理》
1936	■ 富永祐治等:《社会科学方法论》 ■ 尾高邦雄:《以学术为业》	■ 大河内一男:《德国社会政策思想史》 ■ 古野清人等:《马克斯·韦伯:印度的宗教与社会》
1937	■ 户田武雄:《社会科学与价值判断的诸问题》	
1938	■ 梶山力:《新教伦理与资本主义的“精神”》	
1939	■ 清水几太郎:《政治的本质》(韦伯《以政治为业》与施米特《政治的概念》的合订本)	■ 新明正道:《社会学的基础问题》
1940	■ 细谷德三郎:《儒教与道教》	
1943		■ 出口勇藏:《经济学与历史意识》
1946	■ 杉浦宏:《美国资本主义与基督教》	
1947		■ 高桥幸八郎:《近代社会成立史论:欧洲经济史研究》 ■ 大塚久雄:《近代资本主义的系谱》

年份	韦伯著作的翻译及译者	韦伯研究文献(著作)
1948		■ 岗泽一夫编:《马克斯·韦伯研究》 ■ 户田武雄:《韦伯与宋巴特》 ■ 户田武雄:《马克斯·韦伯批判》 ■ 小原敬志:《美国资本主义的形式》 ■ 小松坚太郎:《马克斯·韦伯社会科学方法论》 ■ 大塚久雄:《近代化的人的基础》 ■ 大塚久雄:《宗教改革与近代社会》
1949		■ 岗田谦:《理解社会学》 ■ 重武威夫:《马克斯·韦伯研究》 ■ 增田四郎:《西洋市民意识的形成》 ■ 武藤光朗:《马克斯·韦伯的肖像》 ■ 福武直:《社会科学与价值判断》
1950		■ 出口勇藏:《马克斯·韦伯批判》 ■ 户田武雄:《马克斯·韦伯的生涯与学说》 ■ 青山秀夫:《马克斯·韦伯的社会理论》 ■ 川岛宜武:《法社会学中的法存在结构》 ■ 尾高邦雄:《社会科学方法论序说》 ■ 武藤光朗:《社会科学中的无产阶级与存在》
1951		■ 青山秀夫:《马克斯·韦伯》
1952	■ 西岛吉二:《以政治为业》	■ 林直道:《马克斯·韦伯的思想体系》
1953	■ 阿闭吉男等:《社会学的基础概念》 ■ 彬浦宏:《世界宗教的经济伦理Ⅱ》	
1954	■《世界大思想全集 韦伯》 ■ 阿闭吉男:《官僚制》 ■ 黑正严等:《一般社会经济史要论》 ■ 滨岛朗:《权力与统治》	■ 关根正雄等:《旧约宗教的社会学背景》 ■ 水田洋:《近代人的形成》
1955	■ 尾山力大塚久雄:《新教伦理与资本主义精神》(上卷) ■ 松井秀亲:《罗雪儿与克尼斯》	■ 大塚久雄:《共同体的基础理论》 ■ 田中丰喜:《经济史的对象与方法》
1956	■ 相泽久:《政治书简集》	■ 出口勇藏编:《历史学派的批判的展开》 ■ 大塚久雄:《欧洲经济史》

续 表

年份	韦伯著作的翻译及译者	韦伯研究文献(著作)
1957	■ 石尾芳久:《法社会学》 ■ 滨岛朗:《家产制与封建制》	■ 金子荣一:《马克斯·韦伯研究》
1958	■ 小野木常:《法社会学》	■ 小仓志祥:《马克斯·韦伯的科学与伦理》
1959	■ 山口和男:《农业劳动制度》 ■ 田中真晴:《民族国家与经济政策》	
1960	■ 世良晃志郎:《统治的社会学Ⅰ》(《经济与社会》全译开始) ■ 石尾芳久:《国家社会学》	
1961	■ 上原专禄等:《古代社会经济史》	■ 金子荣一:《费希特、韦伯与雅斯帕尔斯》
1962	■《世界思想教养全集　韦伯的思想》 ■ 梶山力/大塚久雄:《新教伦理与资本主义精神》(下卷) ■ 世良晃志郎:《统治的社会学Ⅱ》 ■ 内田芳明:《古代犹太教》	
1963		■ 住谷一彦:《共同体的历史结构论》
1964	■ 世良晃志郎:《都市的类型学》	■ 出口勇藏:《韦伯的经济学方法论》
1965	■ 森岗弘通:《历史是科学吗》(韦伯与马雅论争) ■《世界的大思想　韦伯政治、社会论集》	■ 安藤英治:《马克斯·韦伯研究》 ■ 大塚久雄等:《马克斯·韦伯研究》 ■ 大塚久雄编:《马克斯·韦伯研究》 ■ 马场明男等编:《马克斯·韦伯文献目录》
1966		■ 宇野弘藏:《社会科学的根本问题》 ■ 佐藤庆幸:《官僚制的社会学》
1967	■ 安藤英治等:《音乐社会学》 ■ 滨岛朗:《权力与统治》	
1968	■ 中村贞二等:《交易所》 ■ 林道义:《理解社会学的范畴》 ■《世界的大思想　韦伯宗教与社会论集》	■ 德永恂:《社会哲学的复权》 ■ 内田义彦等编:《资本主义的思想结构》 ■ 内田芳明:《韦伯社会科学的基础研究》
1969	■ 世良晃志郎:《古戈尔曼的社会组织》 ■ 林道义:《俄罗斯革命论》	■ 安藤英治等:《马克斯·韦伯的思想肖像》 ■ 细谷昂:《看社会科学的视角》 ■ 住谷一彦:《李斯特与韦伯》 ■ 折原浩:《危机中的人与学问》

年份	韦伯著作的翻译及译者	韦伯研究文献(著作)
1970	■ 森岗弘通:《儒教与道教》 ■ 世良晃志郎:《统治的诸类型》 ■ 池田昭等:《亚洲宗教的基本性格》(《印度教与佛教》第三章)	
1971	■ 木全德雄:《儒教与道教》	
1972	■ 大塚久雄等:《宗教社会学论选》 ■ 清水几太郎:《社会学的基本概念》 ■ 木本幸造等:《社会学、经济学中“价值自由”的含义》	
1973	■ 阿闭吉男等:《马克斯·韦伯　青年时代的书信》	
1974	■ 世良晃志郎:《法社会学》 ■ 池田昭:《亚洲宗教的基本性格》(《印度教与佛教》第二章)	
1975	■《世界的名著　韦伯》 ■ 鼓肇雄:《工业劳动调查论》	■ 高岛善哉:《马克思与韦伯》
1976	■ 松代和郎:《社会学与经济学中“价值自由”的含义》 ■ 武藤一雄等:《宗教社会学》	■ 阿闭吉男:《韦伯社会学的视界》 ■ 金子武藏编:《马克斯·韦伯:伦理与宗教》
1977		■ 厚东洋辅:《韦伯社会理论研究》 ■ 中野泰雄:《马克斯·韦伯研究》
1978		■ 上山安敏:《韦伯与其社会》
1979		■ 安藤英治:《人类智慧的遗产:马克斯·韦伯》
1980	■ 滨岛朗:《社会主义》 ■ 胁圭平:《作为职业的政治》	
1981		■ 折原浩:《涂尔干与韦伯》
1982	■《世界大思想　韦伯社会科学论集》 ■ 中村贞二等:《政治论集》	■ 山之内靖:《现代社会的历史相位》 ■ 滨井修:《韦伯的社会哲学》
1983	■ 深泽宏:《印度教与佛教》	■ 中野敏男:《马克斯·韦伯与现代》 ■ 柳父国近:《韦伯与特洛尔齐》
1984		■ 上山安敏:《神话与科学》

续　表

年份	韦伯著作的翻译及译者	韦伯研究文献(著作)
1986		■ 佐久间孝正:《韦伯与比较社会学》 ■ 田中丰治:《韦伯都市论的范围》 ■ 姜尚中:《马克斯·韦伯与近代》
1988		■ 折原浩:《马克斯·韦伯研究基础绪论》
1989		■ 今关恒夫:《清教与近代市民社会》 ■ 梅津纯一:《近代经济人的宗教根源》
1990	■ 海老原明夫等:《理解社会学的诸范畴》	■ 西谷敬:《社会科学的探求与认识》 ■ 小林纯:《马克斯·韦伯的政治与经济》 ■ 内田芳明:《韦伯接受与文化的相位》
1993		■ 佐野诚:《韦伯与纳粹主义》 ■ 牧野雅彦:《韦伯的政治理论》 ■ 佐藤俊树:《近代、组织与资本主义》 ■ 佐野诚:《韦伯与纳粹之间》 ■ 山之内靖:《尼采与韦伯》 ■ 雀部幸隆:《知识与意义的相位》 ■ 大林信治:《马克斯·韦伯与同时代人》 ■ 中野敏男:《近代法体系与批判》 ■ 牧野雅彦:《韦伯的政治理论》
1994	■ 梶山力译/安藤英治编:《新教伦理与资本主义"精神"》 ■ 祇园寺信彦等:《社会科学的方法》	■ 嘉目克彦:《马克斯·韦伯的批判理论》
1996	■ 内田芳明:《古代犹太教》(改译)	■ 折原浩:《韦伯〈经济与社会〉的再构成:躯干雕像的头部》 ■ 椎名重明:《新教伦理与资本主义》
1997	■ 雀部幸隆等:《俄罗斯革命论Ⅰ》	■ 向井守:《马克斯·韦伯的科学论》 ■ 山之内靖:《马克斯·韦伯入门》
1998	■ 祇园寺信彦等:《历史学的方法》 ■ 肥前荣一等:《俄罗斯论Ⅱ》 ■ 富永祐治等译/折原浩补译:《社会科学与社会认识的"客观性"》	
2000		■ 内田芳明:《韦伯——围绕历史意义的斗争》 ■ 桥本努等编:《马克斯·韦伯的新世纪》 ■ 牧野雅彦:《责任伦理的系谱学》

续　表

年份	韦伯著作的翻译及译者	韦伯研究文献(著作)
2001		■ 铃木章俊:《韦伯方法的未来》 ■ 嘉目克彦:《韦伯与近代文化人的悲剧》 ■ 雀部幸隆:《韦伯与魏玛——政治思想史的考察》
2002		■ 羽入辰郎:《马克斯·韦伯的犯罪》
2003		■ 中野元:《马克斯·韦伯与波兰问题》 ■ 折原浩:《韦伯学的推荐》
2005		■ 吉田浩:《韦伯与黑格尔、马克思》 ■ 折原浩:《韦伯学的未来》 ■ 龟嶋庸一编:《回想的韦伯:同时代人的证言》 ■ 折原浩:《韦伯学的未来:从〈伦理〉论文的解读中领会历史·社会科学的方法》
2006		■ 野口雅弘:《斗争与文化——马克斯·韦伯的文化社会学与政治理论》 ■ 川上周三:《韦伯社会科学的现代展开》 ■ 牧野雅彦:《马克斯·韦伯入门》 ■ 折原浩:《大众化时代的研究生院》
2007		■ 松井克浩:《韦伯社会理论的活力》 ■ 佐野诚:《韦伯与自由主义》 ■ 雀部幸隆:《公共善的政治学》 ■ 犬饲裕一:《马克斯·韦伯的历史社会学的展开》 ■ 中野元:《马克斯·韦伯:一位西欧派德国民族主义者的生涯》 ■ 羽入辰郎:《马克斯·韦伯的悲哀》
2008		■ 吉田浩:《韦伯的社会理论与意义、价值的问题》 ■ 桥本努等编:《日本马克斯·韦伯论争》 ■ 羽入辰郎:《何谓学问:〈马克斯·韦伯的犯罪〉之后》
2009	■ 今野元:《少年期韦伯的古代、中世史论》	

参考文献

[1] 韦伯作品

韦伯:《中国的宗教;宗教与世界》,康乐、简惠美译,广西师范大学出版社,2006 年。

韦伯:《学术与政治》,冯克利译,三联书店,1998 年。

韦伯:《经济与社会》,林荣远译,商务印书馆,2006 年。

韦伯:《儒教与道教》,王容芬译,商务印书馆,1997 年。

韦伯:《韦伯政治著作选》,阎克文译,东方出版社,2009 年。

韦伯:《社会科学方法论》,韩水法、莫茜译,中央编译出版社,1998 年。

韦伯:《学术生涯与政治生涯》,王容芬译,国际文化出版,1988 年。

韦伯:《民族国家与经济政策》,甘阳编选,三联书店,1997 年。

韦伯:《新教伦理与资本主义精神》,于晓等译,三联书店,1987 年。

韦伯:《新教伦理与资本主义精神》,康乐、简惠美译,广西师范大学出版社,2007 年。

韦伯:《学术与政治》,钱永祥等译,广西师范大学出版社,2004 年。

韦伯:《论俄国革命》,潘建雷、何雯雯译,上海三联书店,2010 年。

[2] 其他文献(姓氏拼音顺序)

艾四林:《哈贝马斯交往理论评析》,《清华大学学报》,1995 年第 3 期。

艾四林:《哈贝马斯对韦伯合理性理论的改造》,《求是学刊》,1994 年第 1 期。

Althusser, L., 1995, *Sur la reproduction : idéologie et appareils idéologiques d'État*(《论再生产》,日译本),平凡社,2005 年。

安藤英治:《ウェーバー歴史社会学の出立》,未来社,1992 年。

巴尔:《施米特的"政治神学"》,《施米特与政治法学》(增订本),刘小枫选编,华东师范大学出版社,2008 年。

贝拉:《德川宗教:现代日本的文化渊源》,王晓山、戴茸译,三联书店,1998 年。

贝纳加:《施特劳斯、韦伯与科学的政治研究》,陆月宏译,华东师范大学出版社,2010 年。

本迪克思:《马克斯·韦伯思想肖像》,刘北成等译,上海世纪出版集团,2007 年。

比瑟姆:《马克斯·韦伯与现代政治理论》,徐鸿宾等译,浙江人民出版社。

柏林:《俄国思想家》(第二版),彭淮栋译,译林出版社,2011 年。

巢峰主编:《简明马克思主义词典》,上海辞书出版社,1990 年。
陈刚:《马克思的工具理性批判思想——兼与韦伯思想的比较》,《科学技术与辩证法》,2001 年第 6 期。
陈江富:《评马克斯·韦伯〈新教伦理与资本主义精神〉》,《浙江社会科学》,1987 年第 4 期。
陈静:《简评韦伯的社会科学方法论》,《江淮论坛》,2001 年第 3 期。
陈来:《人文主义的视界》,广西教育出版社,1997 年。
陈向澜:《理性与管理:论韦伯的管理哲学及其影响》,吉林人民出版社,2006 年。
陈晓梅:《马克思与马克斯·韦伯——十八、十九世纪德国哲学思想影响下的两条道路》,《甘肃理论学刊》,2003 年第 6 期。
赤川学:《言説の歴史社会学·序説》,《日本社会学史評論》,2004 年,第 27 号。
赤川学:《言説の歴史を書く——言説の歴史社会学の作法——》,《〈社会への知〉/経験知の現在》,2005 年。
大西春樹:《ウェーバー·テーゼと歴史研究》,《マックス·ウェーバーの新世紀:変容する日本社会と認識の転回》,2000 年。
德赛:《马克思的复仇——资本主义的复苏和苏联集权体制的灭亡》,汪澄清译,中国人民大学出版社,2008 年。
邓正来:《研究与反思——关于中国社会科学自主性的思考》,中国政法大学出版社,2007 年。
邓正来、郝雨凡编:《中国人文社会科学三十年》,复旦大学出版社,2008 年。
杜维明:《"公共知识分子"与儒学的现代性发展》,《贵州师范大学学报》,2001 年第 1 期。
段涓:《马克斯·韦伯的科层论》,《江西社会科学》,1982 年第 6 期。
福柯:《尼采·谱系学·历史》,《米歇尔·福柯思考集成Ⅲ》(日译本),筑摩書房,1999 年。
福柯:《临床医学的诞生》(日译本),美玲书房,1969 年。
福柯:《知识考古学》(日译本),河出书房新社,1981 年。
福柯:《知识分子与权力》,《米歇尔·福柯思考集成Ⅳ》(日译本),筑摩書房,1999 年。
福柯:《主体与权力》,《米歇尔·福柯:超越结构主义与解释学》(日译本),德雷法斯、拉宾诺著,筑摩书房,1996 年。
Fairclough, *Analysing Discourse: Textual analysis for social research*, Routeldge, 2003, p. 8。
Fairclough, *Discourse and Social Change*, Polity Press, 1992.
冯钢:《马克思与韦伯:关于东方社会落后原因的探讨》,《社会学研究》,1992 年第 1 期。
冯钢:《马克斯·韦伯:文明与精神》,杭州大学出版社,1999 年。
甘阳:《政治哲人施特劳斯:古典保守主义政治哲学的复兴》,《自然权利与历史》,三联书店,2003 年。
甘阳:《韦伯研究再出发——韦伯文选第一卷编者前言》,《民族国家与经济政策》,甘阳选编,中央编译出版社,1998 年。
甘阳:《走向"政治民族"》,《读书》,2003 年第 4 期。
Giddens, A., *Politics and Sociology in the Thought of Max Weber*, London: Macmillan, 1972。
顾忠华:《韦伯〈新教伦理与资本主义精神〉导读》,广西师范大学出版社,2005 年。

顾忠华:《韦伯学说》,广西师范大学出版社,2004年。
哈贝马斯:《交往行为理论》(第一卷),曹卫东译,上海人民出版社,2004年。
哈贝马斯:《现代性的哲学话语》,曹卫东译,译林出版社,2011年。
何蓉:《经济学与社会学:马克斯·韦伯与社会科学基本问题》,上海人民出版社,2009年。
洪涛:《韦伯与马克思——论"文化—政治"与"经济—社会"》,《当代国外马克思主义评论》,2002年。
胡其鼎:《韦伯和蒙森的阐释》,《史学理论》,1987年第3期。
胡佛等:《社会科学方法论的思维》,张家麟译,韦伯文化事业出版社,2001年。
黄小勇:《现代化进程中的官僚制:韦伯官僚制理论研究》,黑龙江人民出版社,2003年。
霍克海默:《启蒙辩证法》,渠敬东等译,上海人民出版社,2006年。
姬金铎:《韦伯传》,河北人民出版社,1998年。
金林南:《生产、历史与批判——在与韦伯的比较中解读马克思的阶级理论》,《马克思主义与现实》,2005年第1期。
江远山:《实力政治与国家生存——马克斯·韦伯民族主义思想的政治解读》,《上海行政学院学报》,2006年,第4期。
金子栄一:《マックス・ウェーバー研究》,創文社,1957年。
吉野耕作:《文化民族主义的社会学》,刘克申译,商务印书馆,2005年。
今野元:《マックス・ウェーバー:ある西欧派ドイツ・ナショナリストの生涯》,東京大学出版会,2007年。
考德威尔:《关于卡尔·施米特的论战:近年文献的回顾评论》,《现代性的多元反思》,许纪霖主编,江苏人民出版社,2008年。
科兹等:《来自上层的革命——苏联体制的终结》,曹荣湘等译,中国人民大学出版社,2008年。
克斯勒:《马克斯·韦伯的生平、著述及影响》,郭锋译,法律出版社,2000年。
莱曼、罗特编:《韦伯的新教伦理:由来、根据和背景》,阎克文译,辽宁教育出版社,2001年。
莱斯诺夫:《二十世纪的政治哲学家》,冯克利译,商务印书馆,2002年。
李建立:《马克斯·韦伯的社会科学方法论述评》,《河北大学学报》,1994年第4期。
李猛编:《韦伯:法律与价值》,上海人民出版社,2001年。
李慎明主编:《历史的风:俄罗斯学者论苏联解体和对苏联历史的评价》,人民出版社,2009年。
李小方:《马克斯·韦伯的社会科学方法论述评》,《文史哲》,1988年第3期。
李永晶:《战后日本市民社会论的展开》,《太平洋学报》,2009年第7期。
利奥塔:《后现代的条件》(日译本),星云社,1986年。
林端:《儒家伦理与法律文化:社会学观点的探索》,中国政法大学出版社,2002年。
梁赞诺夫斯基等:《俄罗斯史》,杨烨等译,上海人民出版社,2007年。
刘军:《韦伯资本主义起源分析评价》,《世界历史》,1989年第3期。
刘万全编:《全国高等院校社会科学报1906—1949年总目录》,吉林大学出版社,1984年;《全国高等院校社会科学报1950—1966年总目录》,吉林大学出版社,1986年。
刘小枫:《施米特与自由主义宪政理论的困境》,《二十一世纪》,1998年6月号。

刘小枫:《多元的抑或政治的现代性》,《二十一世纪》,2001年第4期。
刘新华、刘欣:《试比较马克思与韦伯关于资本主义本质的思想》,《前沿》,2008年第3期。
刘宗坤:《诸神时代的智者》,河北大学出版社,1998年。
鲁尔:《社会科学理论及其发展进步》,郝玮等译,辽宁教育出版社,2004年。
罗岗:《"韦伯翻译"与中国现代性问题》,《中国比较文学》,2006年第3期。
罗岗:《面具背后》,上海教育出版社,2002年。
麦克雷:《韦伯》,孙乃修译,中国社会科学出版社,1989年。
曼海姆:《知识社会学问题》,《曼海姆全集2知识社会学》(日译本),潮出版社,1975年。
苗金春:《马克思、韦伯与历史唯物主义》,《潍坊学院学报》,2002年第3期。
モムゼン:《マックス・ウェーバーとドイツの政治1890—1920》,未来社,1994年。
默顿:《社会理论与社会结构》(日译本),美玲书房,1961年。
内田芳明:《ウェーバーとマルクス:日本社会科学の思想構造》,岩波書店,1972年。
内田隆三:《知の社会学のために——フーコーの方法を準拠にして》,《岩波講座　現代社会学5　知の社会学/言語の社会学》,井上俊ほか編,岩波書店,1996年。
橋本努:《ウェーバー的問題の今日的意義》,《マックス・ウェーバーの新世紀:変容する日本社会と認識の転回》,2000年。
橋本努、中野善郎編:《日本マックス・ウェーバー論争》,ナカニシヤ出版,2008年。
橋本務等編:《マックス・ウェーバーの新世紀:変容する日本社会と認識の転回》,未来社,2000年。
橋本務:《資本主義の精神における"教育"の契機》,《マックス・ウェーバーの新世紀:変容する日本社会と認識の転回》,2000年。
雀部幸隆:《ウェーバーと政治の世界》,恒星社厚生閣,1999年。
雀部幸隆:《ウェーバーとワイマール——政治思想史的考察》,ミネルビャァ書房,2001年。
雀部幸隆:《公共善の政治学》,未来社,2007年。
雀部幸隆:《折原浩の羽入辰郎批判の結末》,《日本マックス・ウェーバー論争》,2008年。
齐修远:《评社会科学方法论研究中的两个假设》,《哲学研究》,1996年第7期。
三苫利幸:《日本における〈倫理〉受容についての一考察》,《マックス・ウェーバーの新世紀:変容する日本社会と認識の転回》,2000年。
山之内靖:《日本の社会科学とウェーバー体験》,筑摩書房,1999年。
山之内靖:《現代社会の歴史的位相》,日本評論社,1982年。
山之内靖:《何故に日本のウェーバー研究はニーチェ的モーメントを欠落させてきたか》,《マックス・ウェーバーの新世紀:変容する日本社会と認識の転回》,2000年。
上山安敏:《神话与理性》,孙传钊译,上海人民出版社,1992年。
沈远泉:《对韦伯社会科学方法论中有关"价值"问题的浅析》,《理论观察》,2008年第5期。
施路赫特:《价值中立与责任伦理》,《韦伯作品集Ⅰ学术与政治》,钱永祥等译,广西师范大学出版社,2004年。
施米特:《政治的概念》,刘小枫编,刘宗坤等译,上海人民出版社,2004年。

施米特:《施米特与政治法学》(增订本),刘小枫选编,华东师范大学出版社,2008年。
Strauss, L., "What is Political Philosophy?" in *What Is Political Philosophy and Other Essays*, Chicago: The University of Chicago Press, 1959。
施特劳斯:《自然权利与历史》,彭刚译,生活·读书·新知三联书店,2003年。
施特劳斯,《现代性的三次浪潮》,《苏格拉底问题与现代性》,刘小枫编,华夏出版社,2008年。
施特劳斯:《政治哲学的危机》,《苏格拉底问题与现代性》,刘小枫编,华夏出版社,2008年。
施特劳斯:《斯宾诺莎的宗教批判》,李永晶译,华夏出版社,2013年。
石田雄:《日本の社会科学》,東京大学出版会,1984年。
石田雄:《1964年前後——日本におけるウェーバー研究の一転機》,《マックス・ウェーバーの新世紀:変容する日本社会と認識の転回》,2000年。
盛山和夫:《権力》,東京大学出版会,2000年。
盛山和夫ほか編:《〈社会への知〉/経験知の現在》,勁草書房,2005年。
斯宾诺莎:《知性改进论》,贺麟译,商务印书馆,2007年。
苏国勋:《马克斯·韦伯:基于中国语境的再研究》,《社会》,2007年第3期。
苏国勋:《理性化及其限制——韦伯思想引论》,上海人民出版社,1987年。
苏联科学院社会学研究所编:《社会学和现时代》(第一卷),潘培新等译,中国人民大学出版社,1979年。
司汉武:《马克思与韦伯社会学思想比较论》,《汉中师范学院学报》,1999年第4期。
孙耀君:《传统管理理论的系统化和韦伯的行政组织理论》,《经济管理》,1980年第5期。
唐木田健一:《"マックス・ウェーバーの犯罪"事件》,《日本マックス・ウェーバー論争》,2008年。
特纳:《探讨马克斯·韦伯》,《学术与政治》,冯克利译,三联书店,1998年。
丸山真男:《戦前における日本ウェーバー研究》,《丸山真男集》(第9卷),岩波書店,1996年。
Van Dijk, "Principles of Critical Discourse Analysis", in *Discourse & Society*, Vol. 4, No. 2,1993.
汪晖:《汪晖自选集》,广西师范大学出版社,1997年。
王利、张源:《施特劳斯所勾勒的韦伯思想肖像》,《现代性的多元反思》,许纪霖主编,江苏人民出版社,2008年。
王威海编:《韦伯:摆脱现代社会两难困境》,辽海出版社,1999年。
王伟光:《简论社会科学方法论及其基本原则》,《北京社会科学》,1995年第2期。
王亚南:《中国官僚政治研究》,商务印书馆,2010年。
王焱:《马克斯·韦伯:一位思想家的肖像(座谈会侧记)》,《读书》,1985年第12期。
王毅杰:《对韦伯社会学方法论的几点述评》,《社会科学研究》,1999年第3期。
王育民:《马克思社会研究方法与韦伯社会研究方法之比较》,《社会学研究》,1991年第1期。
魏峰:《韦伯传》,中国广播电视出版社,2003年。
沃格林:《自传性反思》,徐志跃译,华夏出版社,2009年。
吴文藻:《吴文藻社会学人类学研究文集》,民族出版社,1990年。

晓兵:《马克斯・韦伯政治思想概览》,《理论前沿》,1988 年第 36 期。
谢・卡拉-穆尔扎:《论意识操纵》,徐昌翰等译,社会科学文献出版社,2004 年。
鄢木秀:《韦伯的科层制及其在现代中国发展的困境与变革》,《河北理工大学学报》,2005 年第 4 期。
阎克文:《韦伯:民族主义,自由主义?》,《读书》,2001 年第 10 期。
阳勇:《论韦伯“新教伦理”与“和谐社会”》,《船山学刊》,2006 年第 1 期。
余英时:《士与中国文化》,上海人民出版社,1987 年。
羽入辰郎:《マックス・ウェーバーの犯罪——〈倫理〉論文における資料操作の詐術と“知的誠実性”の崩壊》,ミネルヴァ書房,2002 年。
羽入辰郎:《学問とは何か——〈マックス・ウェーバーの犯罪〉その後》,ミネルヴァ書房,2008 年。
郁喆隽:《两种繁荣夹缝中的文本——对汉语学术界关于马克斯・韦伯〈新教伦理与资本主义精神〉误读的类型学分析》,《基督教学术》,第八辑,上海三联书店,2009 年。
遠藤知己:《言説分析とその困難(改訂版)——全体性/全域性の現在的位相をめぐって——》,《言説分析の可能性——社会学的方法の迷宮から》,2006 年。
曾令华、戴彧:《文化科学的意义理解和价值判断——浅析马克斯・韦伯的〈社会科学方法论〉》,《武汉交通科技大学学报》,1999 年第 3 期。
札雷特:《对文本资料的利用和滥用》,《韦伯的新教伦理:由来、根据和背景》,莱曼、罗特编,阎克文译,辽宁教育出版社,2001 年。
赵一红:《浅论社会科学方法论中的价值中立问题》,《暨南学报》,1999 年第 1 期。
张盾:《马克思主义当代视域中的韦伯》,《南京大学学报》,2005 年第 3 期。
张美川:《价值自由与虚无主义:韦伯价值学说再审视》,《现代性的多元反思》,许纪霖主编,江苏人民出版社,2008 年。
张旭东:《全球化时代的文化认同》,北京大学出版社,2005 年。
张艳梅:《浅析马克斯・韦伯社会科学方法论中的“价值无涉”原则》,《沈阳工程学院学报》,2005 年第 1 期。
折原浩:《学問の未来——ウェーバー学における末人跳梁批判》,未来社,2005 年。
折原浩:《大衆化する時代の大学院——個別事例にみる研究指導と学位認定》,未来社,2006 年。
折原浩、シュルフター:《〈経済と社会〉再構成論の新展開:ウェーバー研究の非神話化と〈全集〉版のゆくえ》,未来社,2000 年。
郑戈:《法律与现代人的命运:马克斯・韦伯法律思想研究导论》,2006 年。
郑永年:《科学价值相对说和社会科学——读韦伯关于社会科学方法论的著作》,《读书》,1987 年第 8 期。
中河伸俊:《構築主義と言説分析》,《言説分析の可能性——社会学的方法の迷宮から》,2006 年。
中野善郎:《論争の精神——100 年前の論文をめぐって私たちはどう論争すればよいのか》,

《日本マックス・ウェーバー論争》,2008年。

周树华:《异化与理性化:工业社会的两重维度——马克思异化理论在韦伯语境的阐释与充实》,《东北大学学报》,2007年第3期。

周与沉:《现代性的中国探询》,http://www.douban.com/group/topic/ 9178033.

佐藤健二:《歴史社会学の作法——戦後社会科学批判》,岩波書店,2001年。

佐藤俊樹、友枝敏雄 ▪ :《言説分析の可能性——社会学的方法の迷宮から》,東信堂,2006年。

佐藤俊樹:《閾のありか——言説分析と"実証性"——》,《言説分析の可能性——社会学的方法の迷宮から》,2006年。

佐野誠:《ウェーバーとナチズムの間——近代ドイツの法・国家・宗教》,名古屋大学出版会,1993年。

佐野誠:《尊敬すべき敵対関係——シュミット〈政治的概念〉におけるウェーバーの批判的受容について》,《マックス・ウェーバーの新世紀:変容する日本社会と認識の転回》,2000年。

后　记

什么是社会科学？作为概念自身，“社会科学”这个说法成立的历史并不久远。据考证，1832 年的法国学界首先开始使用 science social 这个说法，其后英国与德国学者分别于 1843 年、1855 年开始使用与其对应的词汇（social science 与 Sozialwissenschaft）。那么，当中国学者看到这个词汇时，会产生怎样的联想与认识？在撰写及修订本书时，这个问题时常萦绕于我的头脑中。

事实上，“什么是社会科学”这个问题看似简单，但迄今为止从正面对其加以讨论的学者并不多见。作为一种对各种“社会事相”进行研究的学问的总称，我们在使用“社会科学”这个说法时感到非常便利——我们可以用其指包括政治学、经济学、社会学、法律学等具体的学科领域的称呼，也可以用于表明某种研究、某一具体学科所具有的经验性与实证性的特征；我们还可以用于指称与“自然科学”相对的关于社会与人的学问。若进一步区分，社会科学还可用于指称与“人文(科)学”(science of humanities)相对的、专门关于“社会”(the social)的学问。这么看来，“社会科学”总是首先可以从其对立面加以确认其领域范围，尽管这种界定依旧并不十分明确。

不过，我们不应该忘记的是，社会科学作为“科学”自身，其首要的对立面是各种非科学的事物——包括迷信、偏见以及意识形态等。正是在这些对立面面前，“社会科学”的存在及其意义变得明晰起来——社会科学首先是人们致力于摆脱迷信与偏见而形成的知识体系与研究手段。这种观念因其将人的存在自身置于自然—社会的复杂关联中加以思考与研究，它为我们理解迄今为止的人类文明进程提供了极其可靠的知识。尽管迄今为止它所提供的知识并不完备，但这种知识在人们远离苦难、在人们走向自由的途中，无疑以其对普遍人类的良善、温和、友好而让人们获得了信心，让人们看到了希望。在这个意义上，社会科学虽然不提供全能的、先知的、预言的知识，但它依旧会给我们带来心理上不可或缺的安慰。期求社会科学提供关于人类事务的全部知识，这是源于期求者对人类自身、对社会科学的不理解。社会科学不接受此种求全责备的指责。

人们可以对各种社会科学的观念及其研究纲领保留各自的看法，但下述说法应该成为我们进行这种保留的前提：良好的社会科学观念——这种观念的基础是致力于探求真理的学术研究的客观性、反思性与开放性——及其研究实践，正是人类文明进程的标志，也是人们继续推进文明进程的不可替代的手段。显然，这种手段关乎每一个个体的生活与命运。

※　※　※

本书的主要部分是我在复旦大学社会科学高等研究院从事博士后研究工作期间（2009 年 4 月—2011 年 3 月）的成果；这些成果大多先后发表在国内的学术期刊上，它们包括《中国社会科学辑刊》（第 30 期、第 33 期），《大观》（第 6 卷），《西方法律哲学家研究年刊》（第 4 卷），《知识分子论丛》（第 10 辑），《伦理与国际事务评论》（第 2 辑）以及《俄罗斯研究》（2011 年第 6 期）。在最终收录于本书时，我对部分文字又进行了相应的调整与改写。能有机会及时与读者分享自己的研究发现与心得，这是学者的幸福所在。在此，我谨向以上各刊主编与编辑致以真诚的谢意。

我需要特别提及的是如今已成为故人的邓正来先生。这并非仅仅因为在制度上邓先生是我从事博士后工作期间的指导老师，更是源于我对于一位真正的学者、一位真正的社会科学家的敬意。对邓先生的最初印象，源于我在东京大学读书期间的阅读。大约在 2003 年前后，我偶然读到邓先生撰写的关于“中国市民社会”的一篇文章，其中明晰的问题意识、深刻的理论洞见与细致审慎的阐述给我以深刻的印象。我意识到自己遇到了一位真正的中国社会科学家。2008 年春天我取得学位后，开始四处求职，其间冒昧与邓先生联系。最终在先生的支持下，我获得了在复旦大学从事博士后研究的机会。回想此间与先生的交流，让人感到深深的缅怀。

这里还要提及的是，本书的研究多完成于我在汕头大学法学院工作期间。在我毕业求职之际，当时汕头大学法学院、现湖南大学法学院的杜钢建先生与白巴根先生，及时给我提供了工作职位与优渥的待遇，这使得我能安心从事教学与研究工作。

借此机会，我再次向二位先生表达谢意。另外，在汕头工作与生活期间，我的同事与好友许寿童、铁木尔高力套、鄢圣华以及卢卓明伉俪在生活上分别给予了我各种不同的帮助；他们的友情构成了我珍贵而美好的回忆。

在此期间，我还有幸参与到“上海世界观察研究院”副院长于向东先生组织的《大观》小组及其学术活动当中。这些活动让我获得了全新的学术视野与问题意识，并不断地激发着自己的精进意志。由于《大观》小组的学术活动还在进行中，在此我对组织者及各位同仁谨致以特别的敬意。“子规夜半犹啼血，不信东风唤不回。”——这是他们的精神写照。

无须说，父母及家人给予了我最坚定而持久的支持。对于他们的支持，我除了继续认真读书、认真教书以外，无以回报。

本书的出版得到了华东师范大学新世纪学术著作出版基金的支持，在此对华东师范大学出版社，尤其对本书的编、校者付出的辛劳，也谨致谢忱。

2013 年 4 月 18 日记于沪上研究室

图书在版编目(CIP)数据

马克斯·韦伯与中国社会科学/李永晶著. —上海:华东师范大学出版社,2015.6
(华东师大新世纪学术著作出版基金)
ISBN 978-7-5675-3725-5

Ⅰ.①马… Ⅱ.①李… Ⅲ.①韦伯,M.(1864～1920)-哲学思想-研究②社会科学-研究-中国 Ⅳ.①B516.59②C12

中国版本图书馆CIP数据核字(2015)第135508号

华东师范大学新世纪学术著作出版基金资助出版
马克斯·韦伯与中国社会科学

著　　者　李永晶
项目编辑　夏　玮
责任编辑　阮光页
审读编辑　马丽群
封面设计　高　山

出版发行　华东师范大学出版社
社　　址　上海市中山北路3663号　邮编200062
网　　址　www.ecnupress.com.cn
电　　话　021-60821666　行政传真021-62572105
客服电话　021-62865537　门市(邮购)电话021-62869887
地　　址　上海市中山北路3663号华东师范大学校内先锋路口
网　　店　http://hdsdcbs.tmall.com

印 刷 者　常熟市文化印刷有限公司
开　　本　787×1092　16开
印　　张　14.25
字　　数　262千字
版　　次　2015年7月第1版
印　　次　2015年7月第1次
书　　号　ISBN 978-7-5675-3725-5/G·8397
定　　价　40.00元

出 版 人　王　焰